PETER DICKINSON
Zurück nach Babylon

Der vorliegende Band ist bereits in der Reihe Goldmann Kriminalromane der Chef-Auswahl erschienen.

Von Peter Dickinson
sind im Wilhelm Goldmann Verlag außerdem erschienen:

Helden scharenweise. 4256
Das Giftorakel. 4379
Tödlicher Ehrgeiz. 4235
Ein Tropfen Gift im Becher. 4242

PETER DICKINSON

Zurück nach Babylon

THE SEALS

Kriminalroman

WILHELM GOLDMANN VERLAG MÜNCHEN

KRIMI VERLAG AG WOLLERAU/SCHWEIZ

Die Hauptpersonen des Romans sind:

James Pibble	Chefinspektor bei Scotland Yard
Sir Francis Francis	Physiker
Schwester Dorothy	seine Betreuerin
Vater Überfluß	Oberhaupt der Sekte
Bruder Vorsehung	
Bruder Hoffnung	
Bruder Duldsamkeit	
Bruder Demut	
Bruder Geduld	Mitglieder der Sekte
Bruder Mut	dänische Dogge
Schwester Mildtätigkeit	
Schwester Rita	
Bruder Liebe	

Der Roman spielt auf Clumsey Island, einer Hebrideninsel, und auf hoher See.

Made in Germany · I · 1112

© 1970 by Peter Dickinson. Ins Deutsche übertragen von Norbert Wölfl. Alle Rechte, auch die der fotomechanischen Wiedergabe, vorbehalten. Jeder Nachdruck bedarf der Genehmigung des Verlages. Umschlagfoto: Bildarchiv Marion Schweitzer. Satz und Druck: Presse-Druck Augsburg · ze/hu
ISBN 3-442-04484-7

»Sie können ihn jetzt sprechen«, sagte die Stimme.

Pibble fuhr hoch und war noch halb in der Traumwelt, obwohl er sich nicht erinnern konnte, was er geträumt hatte. Sein nicht mehr ganz junges Herz pochte protestierend, aber als er den Kopf zurücklehnte, spürte er kein weichgepolstertes Kopfende, sondern durch sein schütteres Haar drang die Kälte von nacktem Stein. Er öffnete krampfhaft die Augen. Sie waren noch bleiern vom Schlaf. Er schloß sie wieder, um die grelle Wüstensonne nicht ertragen zu müssen. Dann blinzelte er nach seiner Uhr. Es war kurz vor drei.

Die Wüstensonne war nichts weiter als der warme Schein der Petroleumlampe, die die Frau trug. Sie hielt die Lampe in die Höhe, als wollte sie für die Freiheitsstatue Modell stehen, und berührte mit der Hand fast das hohe Gewölbe der Zelle.

Aha, Schwester Dorothy. Gedrungen, düster und schweigsam hatte sie vor ihm gestanden, als er ihr im Refektorium vorgestellt worden war. Tiefeingegrabene Linien zogen sich von der Nase zu den Mundwinkeln herab und verliehen ihr einen verbitterten Ausdruck. Sie war die Betreuerin des großen alten Mannes, und nun hatte sie gesagt, Pibble könne ihn sprechen.

Er schlug die rauhen Decken beiseite.

»Sie hätten mich nur zu fragen brauchen, dann hätte ich Ihnen einen Pyjama geliehen«, bemerkte sie mit einem Unterton, der einen unausgesprochenen Tadel enthielt: Wieder so ein schlampiger Kerl, der ohnehin meistens in Hose und Weste schläft. Hastig griff er nach seinem von der Reise nicht mehr ganz einwandfreien Hemd und der blauen Hose mit dem feinen Nadelstreifen, die immer noch weiße Flecken hatte, weil man ihm im Hubschrauber einen Karton Schulkreide auf die Knie gestellt hatte.

»Zum Ankleiden haben wir jetzt keine Zeit«, sagte sie. »Nach einer halben Stunde ermüdet er. Ich habe Ihnen eine Kutte mitgebracht. Ich werde draußen auf Sie warten.«

Sie stellte die Laterne auf den Boden. Beim Hinausgehen patschten ihre bloßen Füße wie die Flossen eines Meeresungeheuers auf den Steinboden. Pibble setzte sich auf die Bettkante und griff nach der Kutte. Sie war derb wie Sackleinen, aber grellorange gefärbt. Er hoffte, daß man sie sich umhängen konnte wie einen Bademantel, mußte aber feststellen, daß das ganze Kleidungsstück mitsamt den Ärmeln wie eine Art Röhre aus einem Stück Stoff geschnitten war. Das Ding war fast so primitiv wie ein gewöhnlicher Schal.

Er hob beide Hände und streifte sich die Kutte über wie eine Frau, die in ein Nachthemd schlüpft, dann ließ er die Falten bis auf seine Knöchel hinabfallen. Er bückte sich schon nach der Laterne, da merkte er, daß die Kapuze dummerweise vor seinem Kinn baumelte. Nun blieb ihm nichts anderes übrig, als mühsam wieder aus den Ärmeln zu schlüpfen, das Ding herumzudrehen und wieder hineinzufahren. Nach einer halben Stunde ermüdete der Alte also. Das bedeutete, daß für Socken und Schuhe keine Zeit mehr war. Pibble griff nach der Laterne und ging. Es gelang ihm mit den bloßen Füßen nicht, dieselben klatschenden Geräusche zu verursachen wie Schwester Dorothy. Also muß sie besonders fest aufgetreten sein, dachte er.

Sie wartete an der Tür, regungslos wie eine Ehrenwache.

»Tut mir leid, wenn es länger gedauert hat«, sagte er. »Ich habe die Kutte erst falsch herum angezogen.«

»Das machen alle beim erstenmal.«

»Hat die Farbe etwas zu bedeuten? Ich habe im Refektorium nur grüne oder braune Kutten gesehen.«

»Irgend so ein Quatsch von Vater Überfluß.«

Sie ging einen kurzen Korridor entlang und bog dann nach rechts ab. Der Fußboden war eiskalt und so uneben, daß Pibble sich schon vor der Biegung zweimal die große Zehe anstieß. Danach trat er auf wie jemand, der durch flaches Wasser watet: Er hob die Füße bei jedem Schritt und setzte sie senkrecht von oben auf, um nicht an die Unebenheiten zu stoßen, die überall von den Amateursteinmetzen zurückgelassen worden waren.

Schwester Dorothy hatte durch seine Stolperei einen kleinen Vorsprung gewonnen und bewegte sich unter den dunklen Bogen so sicher, als kenne sie jeden einzelnen Stein. Pibble hob die Laterne hoch, um nach weiteren Stolpersteinen Ausschau zu halten, und humpelte der blaugrünen Kutte nach, die er vor sich gerade noch erkennen konnte. Er fand keine Gelegenheit, einen Blick durch die Kolonnaden in den Klosterhof zu werfen, um festzustellen, wie das Wetter war, aber er hörte den scharfen Westwind um das Dach pfeifen und dahinter das dumpfe Rauschen des Meeres. Seltsam, daß er nichts von den vielen Möwen hörte, die er am Abend bei der Landung vom Hubschrauber aus beobachtet hatte. Wahrscheinlich mußten selbst Möwen manchmal schlafen. Nicht jedoch der Wind, dessen Salzgeruch ihm im Finstern noch eindringlicher vorkam – antiseptisch und romantisch zugleich, eine Verlockung für den Stadtmenschen.

Er wäre jetzt ohne weiteres zwölf Meilen weit am sternenhellen Strand entlangspaziert, nur hätte er dabei dreimal um die ganze Insel herumlaufen müssen.

Aus dem Nichts sprach sie eine Männerstimme an.

»Eine schöne Nacht«, sagte die Stimme mit deutlich kanadischem Akzent.

Pibble drehte die Laterne herum. In einer Wandnische hockte mit gekreuzten Beinen ein Mann, der trotz der kühlen Nacht nur ein Lendentuch trug. Vor zwanzig Jahren wäre es Pibble vielleicht gelungen, ein paar Sekunden lang so dazuhocken, bevor ihn der Krampf packte. Dieser Mann schien aber schon mehrere Stunden so zu sitzen und würde wohl auch noch den Rest der Nacht in dieser unbequemen Haltung verbringen.

Es war Bruder Hoffnung, ein Anhänger der Sekte wie der Hubschrauberpilot. Er hatte Pibble im Refektorium bewirtet und die Abwesenheit der übrigen Vollmitglieder – an den Fachausdruck erinnerte sich Pibble nicht mehr – entschuldigt. Dabei hatte er einen dicken und schwerfälligen Eindruck gemacht und während des spärlichen Mahls oft laut gelacht. Nun, da er mit nacktem Oberkörper in der Ecke hockte, wirkte er nicht mehr dick, sondern sein Torso wies Muskeln auf wie bei einem Bodybuilder. Die braunen Augen blickten traurig ins Laternenlicht, ohne jede Spur von Fröhlichkeit.

»Kommen Sie«, sagte Schwester Dorothy aus der Dunkelheit. »Ich bringe ihn zu ihm.«

Diese Erklärung war für Bruder Hoffnung bestimmt. So

monoton Schwester Dorothys Stimme auch klang, sie unterschied doch deutlich zwischen den beiden Personalpronomen, wobei das ›ihn‹ wegwerfend klang, als handele es sich bei Pibble um eine lästige Stallfliege im Schlafzimmer, und das ›ihm‹ voller Ehrfurcht, als beziehe es sich auf eine Gottheit.

»In Ordnung«, sagte Bruder Hoffnung. Dann ließ er den Kopf nach vorn sinken, bis die Tonsur mitten auf seinem Schädel wie ein kleiner Vollmond im Lampenlicht schimmerte. Ganz langsam blähte er die Lungen auf. Seine Bauchmuskeln traten hervor wie bei einer Statue. Kein Wunder, daß der Knabe so gut in Schuß war, wenn das seine üblichen Meditationsübungen waren.

»Kommen Sie«, wiederholte Schwester Dorothy im ungeduldigen Ton einer Mutter, die ihren Jungen endlich vom Schaufenster eines Spielzeuggeschäfts weglocken will. Sie war schon um die Ecke des Kreuzganges verschwunden, und Pibble dachte daran, wieviel von der kostbaren halben Stunde vergeudet worden war. In der Eile vergaß er zu waten, stieß sich noch einmal kräftig die Zehe an, verhedderte sich im Saum der Kutte und schlug nur deshalb nicht lang hin, weil er sich gerade noch an der anderen Wand abstemmen konnte. Mit einem Krach verlosch die Laterne.

Als er sich wieder erholte, merkte er, daß es ringsum nicht völlig finster war. Schwester Dorothy stand in einem schwachen Lichtschein, der aus dem Treppenhaus des großen Turmes fiel.

»Alles in Ordnung«, keuchte Pibble. »Ich komme schon.«

Sie stieg die Treppe hinauf. Humpelnd watete Pibble hinter ihr her. Der Lichtschein fiel aus einer halboffenen Tür am oberen Ende der ersten Treppenflucht. Im Vergleich zu der Funzel von vorhin wirkte das Licht fast blendend. Schwester Dorothy stand in einer Haltung neben der Tür, die deutlich ausdrückte, daß sie ihn nicht hineinzubegleiten gedachte. »Ich räume schon auf«, sagte sie.

Dann schloß sie die Tür hinter ihm.

Sir Francis Francis sah mit zweiundneunzig Jahren immer noch fast so aus wie auf dem Foto, das Armstrong-Jones vor neun Jahren von ihm gemacht hatte, als er mit seinem zweiten

Nobelpreis aus Oslo zurückgekommen war. Vielleicht wirkte er jetzt noch etwas haariger, insbesondere um die Ohren, aber das war auch schon alles. Er trug ein schwarzes Jackett und eine Hose mit Nadelstreifen. Seine Eton-Krawatte war um einen gestärkten, weißen Kragen geknotet, aus dem sein magerer Truthahnhals ragte. Aus dem runden, rosa gefärbten, von unzähligen Runzeln zerfurchten Gesicht blitzten blaue Augen. Er saß in einem Lehnstuhl am knackenden Feuer, die Hände über den Griff eines Spazierstocks aus Ebenholz gefaltet, und sah Pibble entgegen, als sei ihm dessen Besuch außerordentlich widerwärtig.

»Und wer sind Sie, Sir?« krächzte er.

»James Pibble.«

»Was soll denn dieser alberne Aufzug?«

»Ich lag schon im Bett. So ging es schneller, als wenn ich mich erst angezogen hätte.«

»Richtig. Sie sind also gekommen. Schnell gegangen, wie?«

»Ich bekam Ihren Brief erst gestern – oder vielmehr vorgestern – und nahm sofort den nächsten Zug. Sie haben den Brief an Clapham adressiert, aber wir sind schon vor dem letzten Krieg aus dem Haus ausgezogen.«

»In diesen verdammten Drecksgassen wohnt immer jemand, der weiß, wo alle anderen hingezogen sind.«

»Der Brief wurde an das Krankenhaus weitergeleitet, in dem meine Mutter starb, und das Krankenhaus hat den Boten an meine Wohnung weiterverwiesen. Von dort kam der Brief dann zu mir ins Büro.«

»Mann, hören Sie zu nörgeln auf. Ich mußte doch sichergehen, daß ich den richtigen Pibble erwische, nicht wahr?«

»Es gibt keine anderen. Ich habe im Londoner Telefonbuch noch einen Fischhändler gefunden, aber der schreibt sich anders.«

»Richtig. Willoughby Pibble, Mechaniker am Laboratorium Cavendish vor dem Ersten Weltkrieg – wie war er mit Ihnen verwandt?«

»Er war mein Vater.«

»Dachte ich mir. Irgendein böshafter Zeitgenosse hat mir einen Zeitungsausschnitt geschickt, in dem stand, daß Sie irgend etwas verpatzt haben, weil Sie Ihre Nase in Dinge steckten, die Sie nichts angingen. Genau der Stil des alten Will Pibble, sagte ich mir. Sie wissen doch, was ich meine?«

»Mein Vater hat bei Cavendish für Sie gearbeitet.«

»Als mein persönlicher Mechaniker. Ich habe ihn dafür natürlich nicht bezahlt, das konnte ich mir nicht leisten. Wir nannten die Leute auch nicht Mechaniker, das war damals ein verpöntes Wort. Als Forschungsassistenten kriegten wir sie billiger. Tja! J. J. hat Everett aus seiner eigenen Tasche bezahlt, und wir übrigen mußten uns um diese verdammten Mechaniker schlagen. Dann hat Ihr Vater sich an mich gehängt wie ein Straßenköter, den man irgendwo aufliest – man krault ihn hinter den Ohren, und er rennt einem nach. War auch sein Glück, daß er sich an mich gehängt hat, wenn man überlegt, bei wem er sonst hätte landen können. Aber er hat Ihnen sicher etwas über die anderen Leute erzählt.«

»Über seine Zeit bei Cavendish hat er nie gesprochen. Meine Mutter hat es manchmal getan.«

»Über seine Frau hat mir Ihr Vater nie etwas erzählt.«

»Die beiden haben erst nach Kriegsausbruch geheiratet. Aber sie lernten sich in Cambridge kennen.«

»Das ist genau der richtige Ort dafür.«

Bei den letzten Sätzen schien die aggressive Haltung von dem Alten zu weichen, und er saß grübelnd da. Pibble sah sich inzwischen in dem Zimmer um. Es erinnerte an die Studiokulisse eines Werbefotografen für irgendeinen Luxusartikel: zum Beispiel Portwein aus Cypern oder algerische Zigaretten. Alles Zubehör war vorhanden – in Schweinsleder gebundene Bücher, ein schmalbrüstiger, dunkler Eichenschrank, ein Schreibsekretär, nachgedunkelte Ölgemälde, Orientteppiche, blinkendes Silber. Aber die Kulisse wirkte unecht. Der Raum dahinter war kahl, kalt, aus rohem Stein.

»He«, rief der alte Mann plötzlich. »Ihr Fuß blutet!«

Pibble spreizte die große Zehe unter der Kutte hervor. Auf der Seite tropfte Blut herab.

»Macht nichts«, sagte er.

»Und ob es was macht«, entgegnete der Alte mit schriller Stimme. »Sie stehen nämlich auf einem verdammt wertvollen

Teppich. Ich habe ihn neunzehnhundertdreiundzwanzig bei einer Wette von Rutherford gewonnen. Wickeln Sie sich die Zehe ein.«

»Ich habe leider mein Taschentuch vergessen.«

Der alte Mann zupfte das blaue Seidentuch aus seiner Brusttasche und wedelte damit, als wollte er einem abfahrenden Ozeandampfer ein Lebewohl zuwinken. Pibble humpelte hinüber, nahm das Tuch und wickelte es sich um die Zehe.

»Der Teppich hat unter meiner verdammten Blase schon genug gelitten«, knurrte der Alte. »Da muß nicht noch Ihr verdammtes Blut dazukommen. Ein Lappen liegt im Kohlenkasten, Wasser steht da drüben in der Karaffe auf dem Spinett. Weichen Sie die Blutstellen gut ein.«

Pibble holte sich Lappen und Karaffe, kniete nieder und begann den Teppich zu reinigen. Er hatte sich die bevorstehende Unterhaltung während der endlosen Bahnfahrt genau zurechtgelegt, aber darauf war er natürlich nicht vorbereitet. Er träufelte noch mehr Wasser auf das kostbare Gewebe. Es war im übrigen kein sehr teurer Teppich, sondern ein braves, maschinengewebtes Stück aus der viktorianischen Zeit, rotgrün mit einem gotischen Muster. Pibble sah hinüber zum Kamin, um festzustellen, wie weit der Teppich reichte, und erblickte dabei etwas Funkelndes unter dem Bronzefuß des Schirms. Vor dem Hintergrund von Marmor leuchteten gekreuzte Drähtchen. Einen solchen Gegenstand hatte Pibble schon öfter gesehen, wenn auch meistens in größer. Es war ein Mikrofon.

»Sie sind verdammt schnell aufgetaucht«, sagte Sir Francis. »Warum die Eile?«

»Sie haben mir geschrieben, ich soll Ihnen nicht antworten, aber die Fahrt erübrige sich, wenn ich bis zum letzten Dienstag im März nicht hier sei. Das ist heute. Ich hatte nicht einmal mehr Zeit, zu Hause ein paar Sachen einzupacken.«

»So ist's brav, junger Mann. Das Denken ist nicht Ihre Sache. Wenn ich pfeife, haben Sie alles fallen zu lassen und zu kommen. Sollen die Studenten ruhig London anzünden, wie? Also kam Ihnen die Sache verdammt wichtig vor?«

Pibble hielt inne und betrachtete den versteckten Apparat unter dem Ofenschirm. Es war schon schlimm genug, der

Stimme antworten zu müssen, die ihn so von oben herab ansprach, aber waren seine Privatangelegenheiten wirklich für irgendein Tonbandgerät oder das Ohr eines scheinheiligen Lauschers bestimmt?

»Als mein Vater starb, war ich elf«, sagte Pibble bedächtig. »Meine Mutter hatte während des Zweiten Weltkrieges ihr Gedächtnis eingebüßt. Davor sprach sie oft über ihn, aber sie war eine sehr religiöse Frau, und das färbte vielleicht auf ihre Erinnerung ab. Bis jetzt habe ich niemanden gefunden, der ihn gut kannte, aber ich möchte gern alles über ihn erfahren – warum, weiß ich selbst nicht. Seine Zusammenarbeit mit Ihnen scheint jedenfalls sein ganzes Leben beeinflußt zu haben ...«

»Und ich kann schon im nächsten Augenblick tot umfallen, oder?«

Pibble schwieg. Die krächzende Stimme verstummte ebenfalls. Als der Alte dann die Unterhaltung wieder aufnahm, geschah es in gedämpftem Ton, als hätte auch er seine kleinen Geheimnisse.

»Ich wette, Sie fragen sich, warum ich Sie kommen ließ?«

Pibble nahm die Karaffe und kippte sie seitlich unter den Ofenschirm aus.

»He, Sie verdammter Narr, was haben Sie vor?« schrie Sir Francis. »Soviel Wasser brauchen Sie nicht.«

Pibble schob vorsichtig den Ofenschirm zurück, bis er den Rest des Wassers direkt ins Mikrofon gießen konnte. In dem Gerät knackte und spuckte es. Bei Scotland Yard war Pibble gelegentlich zu Abhörmethoden gezwungen gewesen, auch wenn sie ihm für einen Polizisten immer ein wenig abwegig erschienen. Dieses schleichende Schuldgefühl befriedigte er nun, indem er das lästige Mikrofon ruinierte. Als er den Kopf hob, grinste ihn der alte Wissenschaftler wie ein Wasserspeier an.

»Noch mehr von der Sorte?« flüsterte Sir Francis.

Pibble stand auf und sah sich in dem nach Leder riechenden Zimmer um. Natürlich bestand kaum Hoffnung, ein fachmännisch angebrachtes Mikrofon zu entdecken, aber das erste, das er ausgeschaltet hatte, war so ungeschickt versteckt gewesen, daß er damit rechnen durfte, zumindest eine Leitung zu finden. Er hob gerade ein Bild von der Wand, da fiel ihm ein, wie dick die Mauern waren. Drähte konnten nur durch bereits vorhandene Öffnungen hereingeführt werden; so lief zum Beispiel die Leitung des ersten Mikrofons vom Kamin aus unter dem Teppich hindurch und schlängelte sich dann in der Fuge des Türrahmens nach draußen. Am Fenster war nichts zu sehen.

Als Pibble sich umdrehte, kam der Alte gerade auf der anderen Seite durch eine schmale Tür herein und hielt ein Zahnputzglas voll Wasser in der Hand. Er machte sich mit ein paar zitternden Handzeichen verständlich; Pibble hob den Ofenschirm auf und stellte ein Stück Torf unter den Fuß, bis genug Platz war, um das Zahnputzglas hinzustellen und das ganze Mikrofon hineinzutauchen.

»Eine Teufelserfindung, diese Elektrizität«, bemerkte der Alte, als schimpfte er über einen aufsässigen Stallburschen. Dann ließ er sich vorsichtig wieder in den Ledersessel sinken und fuhr fort: »Man weiß, wie sie funktioniert, aber nie, ob sie funktioniert. Vielleicht trocknet das verdammte Ding und ist in dreißig Sekunden wieder so gut wie neu, oder es ist für immer kaputt. Ich habe oft Wochen und Monate damit zugebracht, irgendeinen verdammten Apparat zum Funktionieren zu bringen. Ganz am Anfang trieb mich einmal ein Mikromagnetometer fast zur Verzweiflung, bis ich eine einzige Messingschraube entdeckte, die in einem Stahlrahmen ihren eigenen Strom erzeugte. Wo waren wir stehengeblieben?«

»Sie haben mich gefragt, ob ich wüßte, warum Sie mich kommen ließen. Ich nehme an, es hat etwas mit Ihrem Buch zu tun – vielleicht wollten Sie eine Fußnote über meinen Vater einfügen.«

Sir Francis' Stimme krächzte noch heiserer. »Von was für einem Buch reden Sie da?«

»Ich habe in einer Sonntagszeitung Auszüge aus Ihren Memoiren gelesen. In der Einleitung hieß es, Sie hätten das Buch noch nicht ganz fertiggeschrieben und würden in umgekehrter chronologischer Reihenfolge arbeiten.«

»Damit müssen Sie einen anderen meinen, Sie verdammter Idiot.« Die Stimme klang wieder genauso arrogant wie vorher und machte deutlich, daß nur ein Dummkopf wie Pibble die Memoiren eines Sir Francis Francis mit denen eines wissenschaftlichen Emporkömmlings verwechseln konnte. Pibble betrachtete seine blau eingewickelte Zehe und dachte nach: Daran konnte man wieder einmal erkennen, wie weltabgeschieden Clumsey Island lag, wenn der Alte es für möglich hielt, daß irgend jemandem, ganz zu schweigen von Pibble, ein solcher Fehler unterlaufen konnte. Dieses Buch oder vielmehr der Auszug in der Zeitung war unverwechselbar. Pooter hatte die Memoiren in der ›Times‹ als ›Buchsensation des Jahrzehnts‹ bezeichnet: ›So viel Schmutz und so viel Weisheit! Lytton Strachey gekreuzt mit Bertrand Russell.‹ Schon die erste Folge hatte ihm recht gegeben.

Pibble antwortete bedächtig: »Die Stelle, die ich las, behandelte Ihre Mitarbeit beim Bau der ersten Atombombe.«

»Mein lieber Freund«, sagte Sir Francis, »dort waren ein paar Hundert redselige Primadonnen, und jede einzelne von ihnen hat ihre verdammten Memoiren geschrieben.«

»Der Ausschnitt enthielt eine längere Passage über die sexuellen Gewohnheiten einiger Ihrer amerikanischen Kollegen. Ich erinnere mich an die Erwähnung eines Physikers – sein Name wurde nicht abgedruckt –, der sich unbedingt von seiner Frau scheiden lassen wollte, aber um nichts in der Welt aus den üblichen Gründen; also trafen sie sich gelegentlich und erfanden irgendwelche seelischen Grausamkeiten, die sie bei dem Prozeß gegen ihn vorbringen sollte, aber dabei erregte sich ihre Phantasie jedesmal so sehr, daß die Besprechungen unweigerlich im Bett endeten. Über dieses Ehepaar habe ich in keinem der anderen Bücher etwas gelesen.«

»Blödsinn!« schrie Sir Francis. »Jeder kannte sie. Er war ein verdammt pingeliger Bostoner und sie eine Vollblutfrau aus New York, die sich an jeden heranschmiß und ihm erzählte, daß ihre Ehe in die Brüche ging. Sie roch immer nach Melonen.«

»Die Zeitung hat eine Manuskriptseite abgedruckt«, sagte Pibble. »Die Fotografie war sehr deutlich, und man konnte dieselbe Handschrift erkennen, die Ihr Brief an mich trug. Ganz unten auf der Seite war ein langes Wort durchgestrichen.«

Die harten, blauen Augen starrten ihn an und traten hervor, als wollten sie im nächsten Augenblick herausfallen und über den Teppich kullern. Die Backen des Alten hatten ihre unnatürlich gesunde Färbung verloren und wirkten fleckig.

»Wurde Ihnen ein Manuskript gestohlen, das Sie tatsächlich geschrieben haben, oder ist es eine Fälschung?« fragte Pibble.

»Ich habe das verdammte Zeug selbst geschrieben«, knurrte Sir Francis. »Aber wer sind sie, he?«

»Wer sind wer?«

»Die verdammten Kerle, die mein Buch gestohlen haben, Sie Narr. Was werden Sie gegen sie unternehmen?«

»Ich?«

»Sie sind doch Polizist. Verhaften Sie die Leute!«

»Ich könnte mir vorstellen, daß zumindest einige Mitglieder der Bruderschaft in die Sache verwickelt sein müssen, nur scheint keiner von ihnen sich für Geld zu interessieren. Und ein anderes Motiv fällt mir nicht ein.«

»Jeder interessiert sich für Geld. Ich weiß es. Ich war erst arm, dann reich, und jetzt bin ich wieder arm. Mein Buch ist eine schöne Stange Geld wert.«

»Aber die Leute müssen doch gewußt haben, daß Sie es merken.«

»Keineswegs. Auf der Insel gibt es keine verdammten Zeitungen und auch kein Rundfunkgerät, wenn man vom Radiotelefon absieht.«

»Aber Sie korrespondieren doch zweifellos mit Leuten, die Sie von früher her kennen?«

»In letzter Zeit bin ich nicht mehr sicher, ob ich alle meine Post in die Finger bekomme.«

»Deshalb haben Sie also geschrieben, ich soll Ihren Brief nicht beantworten?«

»Na klar, Sie Holzkopf. Wollte Sie auf die anderen loslassen und dann abwarten. Wieviel von meinem Zeug wurde abgedruckt?«

»Bisher ist nur ein Auszug erschienen, aber in der Einleitung wurden weitere Folgen angekündigt und das Erscheinen Ihres Buches im Herbst. So lange kann man die Sache doch unmöglich vor Ihnen geheimhalten. Aber ich könnte mir denken, daß sich die Diebe mit dem Honorar für die Vorabdrucke und mit einem Vorschuß auf das Buch zufriedengeben und dann abhauen wollen. Trotzdem kommt mir die Geschichte so riskant vor, daß nur ein sehr einfältiger Geist dahinterstehen kann. Vor zwei Jahren ist die ›Sunday Times‹ mit gefälschten Mussolini-Dokumenten schwer hereingefallen. Ich kann mir einfach nicht vorstellen, daß irgendeine größere Zeitung so etwas ohne nachweisbare Erlaubnis des Autors druckt.«

»Lassen wir das«, fauchte der Alte. »Noch etwas anderes ist verdammt komisch. Warum haben Sie das Mikrofon ertränkt, he? Ich könnte es ja selbst aus bestimmten Gründen versteckt haben, nicht wahr?«

»Daran dachte ich auch«, sagte Pibble. »Aber ich war ziemlich sicher, daß etwas Ungewöhnliches im Gange war. Sie empfangen mich zum Beispiel am frühen Morgen, während alle anderen schlafen. Sie haben dem Hubschrauberpiloten nicht gesagt, daß er mich abholen soll. Sie haben nach Clapham geschrieben, dabei hätten Sie genauso gut bei Scotland Yard nachfragen können, ob ich der richtige Pibble bin. Eine ziemlich umständliche Methode, mich ausfindig zu machen, was Ihnen beinahe nicht geglückt wäre. Dazu Ihre vorsichtige Ausdrucksweise, als Sie mich bei der Begrüßung nach meinem Job fragten. Das alles läßt darauf schließen, daß Sie meine Zugehörigkeit zur Polizei verheimlichen wollen.«

»Diese verdammten engen Gassen«, knurrte Sir Francis, »mit ihren gelben Bogenfenstern und den bunten Glasscheiben im Hauseingang. Ganze Generationen hindurch zieht niemand aus. Ich sagte doch schon, daß irgend jemand Ihre Adresse kennen mußte. Muß ich mich denn dauernd wiederholen, oder trauen Sie mir nicht?«

Einem Verräter trauen? dachte Pibble und schwieg.

»Ihr Vater hat mir vertraut«, fuhr Sir Francis fort. »Auch er hat immer voreilige Schlüsse gezogen, genau wie Sie. Was werden Sie mit meinem Buch machen, Pibble?«

»Wie viele Kopien existieren?«

»Keine. Ich schreibe alles mit der Hand – und ich habe eine verdammt gute Handschrift.«

Pibble erinnerte sich an die zierliche Schönschrift des Briefes, der jetzt in seiner Brieftasche steckte – in der Zelle, wo jeder seine Jacke durchsuchen konnte und der gar nicht viel aussagte;

außerdem hatte er den Brief bereits dem Hubschrauberpiloten gezeigt.

»Und Sie haben immer noch das gesamte Manuskript hier?« fragte er. »Es fehlen keine Teile?«

Der Alte erhob sich ächzend aus seinem Sessel, ging steifbeinig hinüber zu dem eckigen, schwarzen Schreibsekretär und schloß mit einem Schlüssel an seiner Uhrkette eine Schublade auf. Dann holte er ein dickes Bündel blaulinierter Bogen heraus, die von vorn bis hinten Zeile für Zeile mit derselben flüssigen und feinen Handschrift bedeckt waren, unverkennbar die klare, selbstbewußte Schrift eines Gentleman von vor sechzig Jahren. Auch mit zweiundneunzig waren die Schlingen sauber und rund.

Pibble sah ihm über die Schultern.

»Zu vier Fünftel fertig«, sagte Sir Francis. »Ich habe zuerst das geschrieben, was mir am meisten Spaß machte. Ich hatte Angst, ein paar von den Burschen, mit denen ich zusammengearbeitet habe, würden sterben, bevor sie lesen konnten, was ich über sie zu sagen habe.«

Er blätterte mit dem Daumen den Stapel durch. In dem Manuskript schien ein heilloses Durcheinander zu herrschen. Die Seiten waren zwar numeriert, lagen aber nicht in der richtigen Reihenfolge, und eine ganze Milchstraße von kleinen Sternchen wies auf Fußnoten und andere Textstellen hin.

»Dummerweise ist Schreiben so verdammt eindimensional«, stellte Sir Francis fest. »Man fängt vorn an und folgt bis zum Ende einem roten Faden. Aber das Leben ist ganz anders, besonders mein Leben ... Da hätten wir's. Ist das die Stelle, die Sie gesehen haben?«

Pibble las die Seite durch.

»Der Hinweis auf Linus Pauling wurde weggelassen«, sagte er. »Ich glaube zwar nicht, daß es sich um eine Verleumdung handelt, aber wahrscheinlich hielt der Redakteur die Stelle für geschmacklos.«

»Bleiben Sie bei der Sache«, fauchte Sir Francis. »Kommen Sie mir nicht dauernd mit Ihren verdammten bürgerlichen Vorurteilen. Wenn Ihre Zehe nicht mehr blutet, können Sie mir mein Seidentuch zurückgeben. Also, was werden Sie wegen meines Buches unternehmen?«

Während Sir Francis das Manuskript wieder in der Schublade verstaute, setzte sich Pibble ans Feuer und wickelte das Tuch von seiner Zehe. Sie blutete nicht mehr und sah nicht einmal besonders böse aus. Vor vierzig Jahren hatte Miss Fergusson, die Tochter eines Bischofs, die sich mit Tanzstunden für Handwerkerkinder ein paar Shillings verdiente, ihn immer den ›Pibble ohne Zehen‹ genannt. Seltsam, daß sie ihm gerade jetzt einfiel. Er starrte ins Feuer. Die Bruderschaft war wohl verarmt, hielt aber offenbar viel von ihrem Paradekonvertiten, wenn sie für ihn extra Kaminholz auf die baumlose Insel importierte. Außerdem hatte er elektrisches Licht. Das bedeutete, daß es irgendwo einen Generator geben mußte. Wenn irgendein Gauner dem Alten sein Manuskript stahl, mußte er am Ende entdeckt werden. Pibble überlegte: Dem alten Knaben geht's hier gut, er wirkt noch sehr lebendig, und ich schulde ihm nichts, rein gar nichts.

»Sie haben mich vorhin gefragt, ob ich Ihnen traue«, sagte er, »und Sie wollten wissen, aus welchem Grund ich alles liegen- und stehenließ, um hierherzueilen. Da ich nicht den Eindruck habe, daß Sie mir trauen . . .«

»Ich traue Ihnen schon, Sie verdammter Holzkopf!« schrie Sir Francis. »Vorausgesetzt, daß Sie nicht selbst zu denken anfangen.«

»Sie vertrauen mir, weil ich Polizist bin?«

»Natürlich nicht. Schnüffler sind genauso schräge Vögel wie alle anderen, nur noch schlimmer, weil sie mehr Gelegenheit haben. Ich vertraue Ihnen, weil ich Ihren Vater kannte, diesen Narren. Ich will Ihnen etwas sagen: J. J. Thomsons persönlicher Mechaniker Everett war ein erstklassiger Glasbläser und fertigte daher im Cavendish-Labor die meisten Vakuumbehälter an, die wir hauptsächlich für flüssige Luft brauchten. Er war mit einem reichen Tabakhändler befreundet, der ihm ein tolles Geschäft anbot: halbe-halbe bei der Herstellung von kommerziellen Wärmflaschen, beispielsweise für Tee, den man heiß zu einem Picknick mitnehmen will. Verdammt feine Sache, sollte man glauben, aber Everett hat abgelehnt. Thermosflaschen,

sagte er, sind nichts für irgendwelche idiotischen Sonntags-
ausflügler – gute Gläser gehören ins Labor. Als richtiger Quer-
kopf sprach er von seinen Pflichten gegenüber J. J., dabei hätte
er ein Vermögen machen können. Zwischen manchen Mechanikern und ihren Vorgesetzten bildete sich ein besonderes Ver-
trauensverhältnis heraus. Sie, junger Mann, sind zum Beispiel
sofort hergekommen, um etwas über Ihren verdammten Vater
zu erfahren, der seit dreiundvierzig Jahren tot ist. Und Ihr
Vater wäre in diesem scheußlichen, kleinen Haus geblieben, nur
für den Fall, daß ich nach ihm schicken könnte. Deshalb traue
ich Ihnen. Helfen Sie mir wieder zu meinem Sessel zurück.«

Er stand schwankend neben dem Schreibsekretär, schwer auf
seinen Stock gestützt, und wirkte plötzlich sehr zerbrechlich.
Pibble nahm ihn beim Arm, führte ihn zu dem Sessel und setzte
ihn so hin, wie er ihn am Anfang vorgefunden hatte. Er bekam
dafür nicht einmal ein Dankeschön.

»Es geht um folgendes«, sagte Sir Francis. »Ich habe das Zeug
keiner Menschenseele gezeigt, nicht einmal Dorrie. Trotzdem
hat es irgendein Schuft geklaut und dann an eine billige Sonntagszeitung verscheuert.«

»Mein Vater . . .«, begann Pibble.

»Halten Sie den Schnabel, Mann! Gleich klappe ich zusammen, ich spür's schon kommen. In drei Stunden und vierzig
Minuten bringt Dorrie Sie wieder her, dann können Sie mir
sagen, wen Sie verhaftet haben.«

»Jetzt? Mitten in der Nacht?«

»Warum nicht? Schicken Sie mir Dorrie herein, sie wartet vor
der Tür.«

»Um diese Zeit werde ich nichts herausfinden.«

»Lassen Sie mich doch damit in Ruhe. Sehen Sie denn nicht,
daß ich müde werde?«

Die Veränderung hatte sich ungewöhnlich rasch vollzogen –
aus dem stolzen Clanoberhaupt war ein kläglicher Greis geworden. Mit stumpfem Auge sah Sir Francis zu, wie Pibble das
Mikrofon aus dem Wasserglas nahm, den Ofenschirm wieder
zurechtstellte, das Glas in das spartanisch eingerichtete kleine
Schlafzimmer zurücktrug, Karaffe und Putzlappen wegräumte
und ging.

Schwester Dorothy erwartete ihn am oberen Ende der Treppe. »Geht es ihm gut?« zischte sie.

»Ich denke schon. Er sagte nur, daß er müde ist.«

»Sie waren zehn Minuten länger bei ihm, als üblich ist.«

Das klang wie eine Anschuldigung. Sie reichte Pibble ihre Laterne und verschwand ohne ein weiteres Wort im Zimmer.

Es war schwierig, unauffällig die Treppe hinunterzugehen und dabei im gelblichen Lichtschein der Lampe die Litze zu verfolgen. Glücklicherweise hatten die Baumeister so schlecht gearbeitet, daß es nicht auffiel, wenn Pibble immer wieder innehielt. Am unteren Ende der Treppe bog die Schnur ab und verlief in Richtung auf Bruder Hoffnungs Nische. Hier mußte Pibble rascher gehen, aber er stolperte an der richtigen Stelle und stellte dabei fest, daß die Leitung immer noch in dem Spalt zwischen Fußboden und Mauer verlief. Dann schlängelte sie sich zu der Nische hinauf.

»Entschuldigung«, sagte Pibble, »ich möchte gern einen kleinen Spaziergang machen. Ist irgendwo der Zutritt verboten?«

Langsam und zögernd kehrte Bruder Hoffnung aus der Trance in die Wirklichkeit zurück.

»Bitte?« murmelte er.

»Ich möchte einen kurzen Spaziergang machen. Darf ich irgendwo nicht hin?«

»Das ist gar nicht brav, sich so aufzuregen«, sagte eine seltsam schmeichelnde Stimme aus dem Nichts. Darauf quengelte Sir Francis: »Ich bin ganz . . .« Doch dann schnitt ihm Bruder Hoffnung das Wort ab, indem er sich am Hintern zu kratzen schien.

»Die Insel gehört Ihnen und Gott«, sagte Bruder Hoffnung. »Fühlen Sie sich wie zu Hause.«

»Danke«, murmelte Pibble und ging weiter.

Die Leitung lief natürlich nicht mehr an der Wand entlang. Die Elektrizität war schon eine unzuverlässige Sache. Ausgerechnet als Pibble sich vor der Nische befand, mußte das verdammte Mikrofon wieder zu funktionieren beginnen. Es gehörte schon eine sehr geringe Meinung von der Polizei dazu, wenn Bruder Hoffnung glaubte, daß Pibble nun nicht Lunte roch. Aber die Leute wußten ja gar nicht, daß er Polizist war.

Er mußte den Schein wahren und seinen Spaziergang machen, obgleich er sich nach seinem Kopfkissen sehnte. Er bog um die nächste Ecke des Kreuzgangs, da schwebte ihm eine Gestalt entgegen, schmächtige Arme schlangen sich um seinen Nacken, und seine Kinnlade empfing einen so stürmischen Kuß, daß er die Zähne durch den Stoppelbart spürte.

Der Kuß hörte auf.

»Ich bin außerordentlich glücklich, daß Euer Hoheit kommen konnten«, flötete eine übersanfte Frauenstimme. Pibble hob die Laterne aus den Falten seines Gewandes, um festzustellen, wer sich da so zärtlich und so knoblauchduftend an ihn heranschlängelte. Schwarzes Haar, ein totenbleiches, ovales Gesicht, etwa siebzehn, dazu ein seltsam kleiner Mund mit einer geraden Oberlippe und einer so weit herabhängenden Unterlippe, daß der Kiefer zu sehen war. Um die Mundwinkel spielte ein noch seltsameres Lächeln. Das Mädchen trug dasselbe grünblaue Gewand wie Schwester Dorothy. Plötzlich ließ sie ihn los und zuckte so erschrocken zurück, daß Pibble sich auf einen schrillen Aufschrei gefaßt machte.

»Euer Hoheit sind unzufrieden mit meiner armen Behausung«, sagte sie mit matter Stimme.

»Ganz und gar nicht«, widersprach Pibble mit Nachdruck. Um seine Zurückhaltung zu begründen, fügte er hinzu: »Es ist eine kalte Nacht.«

»Entschuldigen Sie«, dröhnte eine tiefe Stimme hinter ihm. Bruder Hoffnung trat aus der Dunkelheit und trug jetzt seine braune Kutte wie vorhin im Refektorium.

»Einer unserer Diener«, erklärte das Mädchen rasch. »Ich versichere Euch, alle sind der Sache treu ergeben.«

»Das ist Schwester Rita, Chefinspektor«, sagte Bruder Hoffnung. »Rita, du bist heute nacht auf eine große Schlange getreten. Ich bringe dich zurück zu Schwester Mildtätigkeit.«

Eine kräftige Hand schoß aus dem faltenreichen Gewand, packte das Mädchen beim Ellbogen und drehte sie mühelos herum. Mit einer Handbewegung machte er Pibble darauf aufmerksam, daß er Schwester Rita beim anderen Ellbogen nehmen und führen sollte. Aber noch bevor Pibble sich dazu entschließen konnte und den gelinden Schock darüber verwunden hatte, daß Bruder Hoffnung doch wußte, daß er Polizist war, schob das Mädchen schon ihren zarten Arm durch seinen und legte ihren Kopf an seine Schulter.

»Kommt«, sagte sie leise, »der brave Bursche wird uns den Weg weisen.«

»Bei welchem Quadrat warst du, Rita?« fragte Bruder Hoffnung ungerührt.

»Euer Hoheit werden den Dialekt etwas ungebührlich finden«, sagte das Mädchen. Doch ihre Stimme bekam einen unsicheren Klang wie bei einer Schauspielerin, die ihren Text nicht mehr auswendig weiß.

»Kannst du die Haare auf deinem Haupt zählen, Rita?« fragte Bruder Hoffnung.

Das Mädchen lachte schrill auf. Sie neigte reumütig den Kopf und murmelte: »Nur Gott vermag die Haare auf seinem Haupt zu zählen.«

Pibble erkannte ihre Stimme kaum wieder. Diese Frau besaß zwei verschiedene Stimmen. Bruder Hoffnung ließ ihren Ellbogen los, und sie gingen allein weiter.

»Kannst du die Sünden in deinem Herzen zählen, Rita?« fragte Bruder Hoffnung im Plauderton, als erkundigte er sich nach ihrem letzten Urlaub in Torquay.

»Nur Gott vermag die Sünden in seinem Herzen zu zählen«, sagte Schwester Rita. »Und er hat keine.«

»Und er hat keine«, wiederholte Bruder Hoffnung feierlich. »Was sagen dir die Steine zu deinen Füßen, Schwester Rita?«

»Der Prinz hat mir so wundervolle Sandalen geschenkt«, antwortete Rita mit ihrer anderen Stimme. »Ich werde sie zum Ball des Kardinals anziehen.«

Bruder Hoffnung seufzte im Dunkeln.

»Das war eine große Schlange, auf die du heute nacht getreten bist, Rita«, sagte er mitfühlend. »Du brauchst viele Leitern, bis du wieder das Quadrat von vorher erreicht hast. Gute Nacht, Chefinspektor. Ich begleite Sie bis hierher. Das Tor dort ist nicht verschlossen. Ich bringe Rita zu Schwester Mildtätigkeit zurück.«

Er nickte liebenswürdig und schob das Mädchen in den Seitengang. Pibble balancierte über den unebenen Boden und versuchte sich an das zu erinnern, was er in der Polizeischule über Schizophrenie gelernt hatte. Die Schizophrenen, denen er beruflich begegnet war, gehörten allerdings meist nicht zur harmlosen Sorte; sie hatten sich Macht- oder Rachephantasien hingegeben, die sich auf ihre Mitbürger bezogen.

Das dicke Holztor hing schief in den Angeln und öffnete sich krächzend, ruckweise. Pibble sah hinaus in die windgepeitschte Dunkelheit und machte sich Gedanken über seinen eigenen Geisteszustand. Wieviel Bedrängnis und Unglück mußte wohl zusammenkommen, um ein vernünftiges Gehirn in zwei Hälften zu spalten? Würde es bei ihm leicht dazu kommen? Sein Gehirn mochte scharfsinnig sein, aber er hegte den Verdacht, daß es nicht sonderlich widerstandsfähig war. Auch neigte er zum Grübeln. Seine Mutter war – abgesehen von ihrer Religion – so gesund gewesen wie ein selbstgebackenes Bauernbrot, bis das Greisenalter sie senil machte. Aber sein Vater? Eine schizoide Veranlagung mochte die Erklärung für jenen geheimnisvollen Krach im Cavendish-Labor sein – auch für die Tatsache, daß Vater danach seine Talente am Fahrkartenschalter von Clapham vergeudete und daß sich Mutter damit abfand.

Der eisige, salzige Wind pfiff durch die Kutte, als sei der derbe Stoff nicht vorhanden. Zum Glück schwor Mary auf wollene Unterwäsche. Um warm zu bleiben, schritt Pibble auf dem seltsamen Pfad rasch aus. Abgesehen von den Stellen, an denen Felsbrocken aus der Erde ragten, sah der Weg aus wie glatt gewalzt. Trotzdem hielt Pibble die Laterne vor sich und ging gebückt, um nicht noch einmal mit der Zehe gegen ein Hindernis zu stoßen.

Wer also hatte das Manuskript gestohlen und warum? War es überhaupt gestohlen worden?

Zum Teufel damit – warum hatte ihn Sir Francis überhaupt gerufen? Offenbar nicht wegen des Buches. Auch nicht, damit er den Dieb ausfindig machte, denn von dem Diebstahl hatte Sir Francis erst durch Pibble erfahren. Aber etwas anderes war Pibble aufgefallen: Als er erklärt hatte, sein Vater habe nie über das Cavendish-Labor gesprochen, war einiges von Sir Francis' ursprünglicher Aggressivität verschwunden.

Zum Teufel auch damit. Sein Verstand weigerte sich einfach,

zu einer Zeit, da er eigentlich fest schlafen sollte, geordneten Bahnen zu folgen. Immer wieder schweiften seine Gedanken ab und kehrten zurück zu der Gestalt jenes stillen Eisenbahnbeamten, der den kleinen James Pibble am Sonntagnachmittag an der Hand durch die Straßen Claphams führte und ihm geduldig alles erklärte: Wie ein Elektromotor funktioniert, als die Straßenbahn vorbeirumpelte; wie Lloyd George seine Seele und seine Partei verriet, als sie an einem abgerissenen Wahlplakat vorbeikamen; die Gesetze der natürlichen Auslese beim Anblick von Blackers Tulpengarten.

Die Erinnerungen hielten Pibble so sehr gefangen, daß er stehenblieb und den Kopf hob. Der Seewind trieb die Wolken so rasch vor sich her, daß die Sterne darüber westwärts zu rasen schienen. Sein Vater hätte an diesem Beispiel sofort das Phänomen der Parallaxe erläutert.

Aber wie war er wirklich gewesen? Wie sollte das jemand sagen können, der ihn nur entwurzelt kannte – zu einer Zeit, da seine Krankheit, der Krieg und der Streit mit Sir Francis ihn aus seinem angestammten Bereich gerissen hatten und er nur noch darauf bedacht war, für Frau und Sohn in dem kleinen Haus an der steilen Gasse Nahrung und ein warmes Zuhause zu beschaffen?

Nur einer konnte diese Frage beantworten, und der war seit dreiundvierzig Jahren tot. Seltsam übrigens, daß Sir Francis die Jahre so sorgsam gezählt hatte. Er hätte im Falle schizoider Tendenzen auch etwas wissen müssen. Pibble erinnerte sich noch an eine schlaflose Sommernacht, in der er heimlich aufgestanden war und sich auf den Überteppich gehockt hatte, der den kostbaren Teppichläufer schützte. Fast wie im Traum hatte er die Stimme seines Vaters gehört, die an Hand einer billigen Volksausgabe des ›Leichtfaßlichen Leitfadens zu Freud‹ die Nachbarn durchleuchtete: Warum Betty Fasting soviel Getue um ihre Mülleimer machte; warum Ted Fasting infolgedessen darauf bestand, seine preisgekrönten Zwiebeln im Vorgarten zu ziehen, wo jedermann sie sehen konnte; warum sich die Barton-Schwestern oft mit leise zischelnder Stimme über die richtige Behandlung ihrer Schildblumen stritten; warum Joe Pritchett die Straße überquerte, um einen Laternenpfahl anzufassen; und warum man auf den ewig verschnupften Mr. Martin, der immer die Miete abholte, ein Auge haben mußte, damit er sich nicht dem kleinen James näherte. Der begriff nichts von dem, was er zu hören bekam. Vaters mit ruhiger, ernster Stimme gesprochenen Sätze hingen körperlos im dunklen Treppenhaus, unterbrochen von Mutters erschrockenen, bewundernden und einfältigen Zwischenrufen. Klein-James war auf der Treppe eingeschlafen und wieder ins Bett getragen worden, vermutlich von seiner Mutter, denn die Lungen des Vaters hätten der Anstrengung nicht standgehalten. Aber am nächsten Morgen war er mit der Vorstellung aufgewacht, daß Mr. Martin mit den Glotzaugen ein Ungetüm war, obgleich er das Haus der Familie Pibble als einziges in der ganzen Straße nicht aufsuchte. Eine Woche lang überlegte sich Klein-James, wie er Sam Fasting warnen sollte, der ein ganzes Jahr älter und weiser als er war – ohne etwas von seinem geheimen Wissen zu verraten. Aber er überlegte zu lange und entschied sich zu spät.

Mit dem kindlichen Schuldbewußtsein im Herzen ging Pibble weiter. Der gutgeebnete Pfad überwand mit vielen Windungen den steilen Hang hinunter zum Hafen. In den Wind mischte sich jetzt feine Gischt. Pibble mußte sich der Stelle nähern, wo die mächtigen Meereswogen zornig an dem Inselchen zupften, wo der Ozean sich gegen den lächerlichen Krümel Land aufbäumte. Er hatte die Insel nur von oben gesehen, durch die Kabinenfenster des Hubschraubers, als dieser schräg zur Landung ansetzte. Selbst durch das dicke Sicherheitsglas war es Pibbles fachunkundigen Augen so vorgekommen, als sei dieser Hafen äußerst ungeschickt angelegt. Die Einfahrt öffnete sich nämlich genau nach Westen, wo unterhalb der Äußeren Hebriden das offene Meer heranrauschte.

Der Weg machte eine Biegung um hundertachtzig Grad und verlief genau unterhalb der Klippen. Von hier aus nahm Pibble schon das unverkennbare Geruchsgemisch aus Teer, Dieselöl und toten Fischen wahr, das jeden großen oder auch kleinen Hafen überlagert. Er ging über das ebene, rutschige Pflaster, als vor ihm zwei grüne Lichter im Dunkeln blinkten wie Augen. Aber für eine Katze lagen die Punkte zu hoch und für einen

Geist – Gott bewahre! – zu niedrig. Er hielt inne und streckte die Laterne aus.

Die Augen kamen näher und wurden größer. Ein Pferd? Aber es waren keine Huftritte zu hören. Nein, es war ein Hund!

Bleib ruhig stehen und fürchte dich nicht, pflegte Vater immer zu sagen. Also hielt Pibble still und schwitzte vor Angst, während das Tier in den Lichtschein der Laterne trat. Es war eine dänische Dogge. Schritt um Schritt, wie ein Polizist, der sich einem Verkehrssünder nähert, kam das Tier heran, stieß Pibble die Schnauze gegen das Brustbein und schnüffelte.

Dann benahm es sich friedlicher. Anscheinend hatte es keine Angst gerochen. Es senkte den Kopf und leckte Pibble die freie Hand. Pibble kratzte den Hund hinter den Ohren, ging noch ein Stück weiter und setzte sich auf einen kurzen Pfahl. Der Hund hockte sich sofort neben ihn, legte ihm den Kopf auf den Schoß und stubste ihn an. Pibble stellte die Laterne hinter sich und versuchte, im Dunkeln etwas zu erkennen. Hinter ihm ragte pechschwarz die Felsklippe auf, und der gedrungene Schatten rechts war ein Schuppen. Genau vor ihm spiegelte sich der Sternenschimmer im leicht gekräuselten Wasser. An einer Stelle wurde die fließende Bewegung unterbrochen; anscheinend ragte dort die Mole hinaus, um etwas Schutz vor den anrollenden Wogen zu bieten. Aber an zwei Stellen schien der Hafen gleichmäßiger zu schimmern. Dunkel in Dunkel glaubte Pibble im Westen den Horizont ausmachen zu können. Er folgte der geraden Linie mit den Augen und erkannte einen dunklen Umriß mit Masten – ein Schiff.

Er stand auf und ging den Kai entlang, treu begleitet von dem Hund, bis vor ihm ein weißer Bug mit den goldenen Buchstaben ›Wahrheit‹ aufragte. Links und rechts von dem Wort waren zwei mächtige Außenbordmotoren aus dem Wasser hochgezogen. Eine kurze Gangway führte hinüber an Deck. Pibble stellte schon einen Fuß darauf, da wurde er hart und feucht am Handgelenk gepackt und zurückgezerrt.

Es war die dänische Dogge, die ihn freundlich, aber ganz entschieden an seiner Absicht hinderte. Pibble ließ sich von dem Hund ein Stück von dem Boot wegführen. Kaum saß er wieder auf seinem Belegpoller, da kuschelte sich der Hund an ihn und lehnte seinen Schädel fast genau an die Stelle, an der Schwester Ritas Kopf gelegen hatte. Das rauhe Fell zitterte freudig. Pibble stellte wieder die Laterne hin, um den Hund streicheln zu können. Vier solcher Hunde, und er hätte es so warm gehabt wie ein Nachtwächter an seinem Kohlenfeuer.

Denk nach, Pibble! Er wollte dich aus einem bestimmten Grund hierhaben und war nicht sicher, wieviel du weißt. Vielleicht nur die Laune eines alten Mannes. Die Senilität kann auch andere Formen annehmen als die, die du so schrecklich kennenlerntest. Aber zumindest besteht a) die Möglichkeit, daß ein wertvolles Dokument gestohlen wurde, und b) weißt du nicht, wer dahintersteckt. Auf jeden Fall ist diese Sekte der falsche Ort für eine Schizophrene wie Rita.

Er schüttelte sich wie ein Arbeiter am Preßluftbohrer.

Der arme Pibble bemühte sich, auf Vernunft und Pflichtgefühl zu hören. Diese beiden verläßlichen Schutzengel jedes Polizisten rieten ihm, sich ohne Aufsehen umzuhören, nach Hause zu fahren und einen Bericht zu schreiben. Irgendein Kollege würde dann die Runde bei den Zeitungsredaktionen machen und ein anderer auf Clumsey Island landen, um die herbe Idylle der Mönche zu stören. Aber schon flüsterte ihm eine andere Stimme ein: »Wie willst du denn herausfinden, was damals im Labor von Cavendish wirklich geschehen ist? Das kann dir nur der alte Mann sagen, der letzte Augenzeuge, ein Kranker, dessen Kopf in vierstündigen Abständen vernehmungsfähig ist, dessen Kopf pünktlich wie ein Geysir Kränkungen von sich gibt. Er beschwindelt dich, wie er deinen Vater beschwindelt hat, nur kannst du ihm als Polizist, der die angeblichen Memoirendiebe sucht, doch hoffentlich Paroli bieten, wie?

Wenn Vater diese Motive erfahren hätte, wäre er blaß geworden, hätte dann den Zeigefinger zurückgebogen und nach einem mißglückten Anlauf dem kleinen James klar und unmißverständlich gesagt, er belüge und beschwindle sich selbst.

Ich sollte wirklich einen Bericht abfassen, sagte er sich. Darin müßte etwas über das Manuskript und über den Einfluß stehen, den die Bruderschaft auf Schwester Rita und andere anfällige Gemüter ausübt.

Ein kurzes mitternächtliches Gespräch mit einem fast schon

senilen Greis und ein Zusammentreffen mit einem übergeschnappten Teenager? Ein toller Bericht. Ach ja – und das Mikrofon.

Pibble sah auf den Hafen hinaus und merkte, daß er den Kai bis hinaus zu dem Leuchtturm erkennen konnte. Er drehte sich um und stellte fest, daß der Himmel über der Klippe fahl wurde und daß die Sterne allmählich zu verblassen begannen. Sollte das schon die Morgendämmerung sein? Der Hund seufzte, als Pibble aufstand, folgte ihm aber nicht hinauf auf den windigen Pfad. Für einen weiteren Aufenthalt von ein bis zwei Tagen würde es schon eine halbwegs ehrliche Ausrede geben. Die mußte Sir Francis liefern, indem er so tat, als wollte er für sein Buch mehr über die Familie Pibble erfahren. Das bedeutete noch weitere Unterredungen, in denen die Sprache unweigerlich auf Vater kommen würde.

Es war nicht die Morgendämmerung, sondern der Mondaufgang. Diese gleichgültige Sichel hatte wenig mit dem milden Vollmond gemein, der den Liebenden scheint. Sie war an einem Stück wolkenlosen Himmels links von den Klostergebäuden aufgegangen; in ihrem Licht wirkte der Mittelturm noch schiefer als sonst. Selbst diese Theaterbeleuchtung, die jeden Dreck und die schiefen Nebengebäude zugunsten der Gesamtsilhouette verdrängte, vermochte dem Bau keinen Anstrich von Würde zu verleihen. Sicher war die Anlage riesig und hatte unheimlich viel an menschlicher Arbeitskraft verschlungen; sie würde gigantisch sein, falls sie jemals vollendet wurde. Pibble sah in einer Art Vision die ganze Insel von pseudogotischen Pilzen überwuchert. Die verworrenen Proportionen verschleierten die wahre Größe. Die Anlage erinnerte irgendwie an das, was Ingenieure an den Rand eines Frontflugplatzes zu bauen pflegten – möglichst scheußliche Bauten aus dem häßlichsten Baumaterial, so auffällig wie nur möglich und gekrönt von einem rostigen Wassertank.

Aber im Augenblick bedeuteten diese Gebäude Schlaf und Wärme, falls überhaupt noch Wärme auf dieser Welt zu finden war. Pibble watete vorsichtig auf das Tor zu. Entweder hatte er sich inzwischen an das Barfußlaufen gewöhnt, oder seine Füße hatten jede Spur von Gefühl verloren.

2

»Sie können ihn jetzt sprechen«, sagte die Stimme wieder. »Wenn Sie in diesem Ding schlafen, wird es Sie jucken.«

Pibble wußte genau, daß er nicht geschlafen hatte – aber warum hatte er dann so verzweifelt nach einem untergegangenen Boot im Teich der Spielwiese gefischt, er, ein erwachsener Mann, in einem Matrosenanzug, der um keinen Preis schmutzig werden durfte? Er schlug die Augen auf.

Diesmal gab es keine Laterne. Tristes Morgenlicht und eisige Luft kamen durch das glaslose Fenster herein.

»Sie brauchen nicht zu warten, ich kenne den Weg«, sagte er.

»Sie haben ihn aufgeregt«, stellte Schwester Dorothy vorwurfsvoll fest.

»Ich fürchte, er hat sich selbst aufgeregt. Hat er Ihnen gegenüber jemals etwas von seinem Disput mit meinem Vater erwähnt?«

»Er spricht überhaupt nicht mehr mit mir. Versuchen Sie es bei Bruder Demut.«

Wieder keine Zeit für Hemd und Hose, aber wenigstens für Socken und Schuhe. Au! Seine linke große Zehe war vom letzten nächtlichen Spaziergang noch so angeschwollen, daß sie nicht richtig in die vertraute Lederhülle paßte. Die äußere Kante des rechten Fußes war auch empfindlich. Also nur Sokken? Nein. Wenn er genauso umherschlich wie die anderen, vergaßen diejenigen, die etwas wußten, vielleicht ihre Vorsicht. Vielleicht sollte er um eine grüne oder braune Kutte bitten, denn außer ihm trug offenbar keiner dieses knallige Orange. Er spürte ein Jucken am Unterarm und zog den Ärmel zurück. Im Schlaf hatte der rauhe Stoff ein Millimeternetz auf seine bloße Haut gemalt. Aus Angst vor namenlosen Pickeln und Entzündungen schlüpfte er aus der Kutte. Aber in zerknitterter blauer Hose und mit nackten Füßen mußte er auf Clumsey Island auffallen wie ein bunter Hund. Er zog die Kutte wieder über.

Schwester Dorothy wartete doch auf ihn.

»Verraten Sie mich nicht«, sagte sie. »Aber er ist nicht nur alt, er ist auch krank.« Dabei klang ihre Stimme nicht so spitz wie sonst, sondern man hörte einen Anklang jenes lockenden

Tons heraus, den Pibble aus dem versteckten Mikrofon vernommen hatte.

»Ärztliche Hilfe ist weit, nicht wahr?« fragte er.

»Bruder Geduld war Arzt. Er gibt ihm seine Medikamente.«

»Was?«

»Kortison.«

»Ist er deshalb so . . .«

»So behaart, meinen Sie?«

»Nein, ich wollte sagen . . .«

»Unerträglich?«

»So würde ich es nicht . . .«

»Solange ich ihn kenne, war er immer schon ein unmöglicher Mensch. Noch bevor wir auf die verdammte Insel kamen.«

»Warum sind Sie hergekommen?«

»Er hat der Stiftung alle seine Radiopatente geschenkt, und wir waren pleite. Früher segelte er hier, und ich . . . Psst!«

Sie kamen um die Biegung, da warf sie ihm einen Blick zu: Nicht vor den Hausangestellten! Bruder Hoffnung saß in seiner Nische, anscheinend immer noch tief in Trance versunken. Seine glatte Haut wies nicht die Spur einer Gänsehaut auf. Abgesehen davon, daß er Rita weggebracht hatte, schien er während der ganzen Nacht in dieser Pose verharrt zu haben. Er rührte sich auch jetzt nicht. Pibble erklomm die Treppe, gefolgt von der schweigenden Schwester Dorothy.

Seine Nase verriet es ihm noch vor den Augen, dann zwang ihn der beizende Gestank nach altem Holz und Gummi, der aus Sir Francis' Zimmer drang, zu husten. Ein kleiner Schuß Adrenalin brachte seine alten Muskeln so weit in Schwung, daß er zur Rettung des tatterigen Genies lospreschte – falls er den Alten in dem Qualm überhaupt finden konnte.

»Sind Sie es, Pibble?« krächzte die Stimme aus dem Hintergrund. »Seien Sie so nett und heben Sie den Klotz auf, der aus dem Kamin gefallen ist.«

»Ist Ihnen etwas passiert?«

»Natürlich nicht, Sie Idiot. Heben Sie das Holzscheit auf, ich bin im Schlafzimmer.«

Pibble trat einen Schritt zurück und holte tief Luft. Dann drang er frei nach Gedächtnis in das Zimmer ein. Er sah das

Scheit kaum, als er dicht davorstand. Es war höchst eigenartig herausgefallen und lehnte außen am Ofenschirm. Nicht einmal der Teppich war angesengt, denn jemand hatte ihn beiseite geschoben. Verbrannt war nur die dünne Leitung, die hier zum Mikrofon führte – daher auch der Gummigestank. Pibble ergriff das Stück Holz mit der Zange und warf es in das immer noch rotglimmende Feuer. Dann stolperte er blindlings, mit Tränen in den Augen, auf das Schlafzimmer zu. Wer hätte auch gedacht, daß ein kleines Holzscheit so infernalisch qualmen kann?

Sir Francis hockte, in Decken gehüllt, auf der Bettkante, aber seine vorstehenden Augen leuchteten.

»Draht durchgebrannt, wie?« flüsterte er.

»Ich habe vor lauter Rauch nichts gesehen«, antwortete Pibble. »Aber ich glaube nicht. Nur die Isolierung.«

»Der Teufel hole alles Wissen!« knurrte er. »Da sitze ich nun, bis obenhin vollgepfropft mit Wissen und bin vielleicht klüger als irgendein anderer Mensch auf der Welt. Da müßten mir doch tausend Möglichkeiten einfallen, wie man ein verdammtes Mikrofon absichtlich-unabsichtlich außer Betrieb setzen kann, he? Nur eine ist mir eingefallen, und die ist verdammt ungemütlich und verdammt mies.«

»Konnten Sie nicht einfach jemanden rufen und anordnen, daß er das Ding beseitigt?«

»Nein, so geht es nicht, ganz und gar nicht. Tür offengelassen?«

»Ja, der Rauch müßte bald abgezogen sein.«

»Den Kerl gefunden, der meine Papiere gestohlen hat?«

»Noch nicht«, sagte Pibble. »Ich kann doch nicht mitten in der Nacht herumlaufen und Fragen stellen.«

»Aber das tut die verdammte Polizei doch dauernd«, widersprach Sir Francis. »Sie schmeißt einen mitten in der Nacht aus dem Bett, man kriegt eine Decke über den Kopf und muß zur Vernehmung ins Kittchen. Warum können Sie das nicht machen?«

»Weil ich dazu nicht berechtigt bin.«

»Doch – durch mich.«

»Ich versichere Ihnen, Sir Francis, daß ich absolut nichts erreicht hätte, wenn ich Bruder Überfluß geweckt ...«

»Geht natürlich nicht. Und wer sitzt am Ende des Mikrofondrahtes?«

»Bruder Hoffnung.«

»Dann haben Sie ihn verhaftet? Er steckt mit drin?«

»Vielleicht, aber es ist nicht sicher. So weiß er zum Beispiel, daß ich Polizist bin, und wollte unter Umständen nur erfahren, was ich vorhatte – eventuell um Sie zu decken.«

»Pah!«

»Wenn Sie wollen, daß er verhaftet wird, muß ich ihn direkt vernehmen. Dann muß ich zurückfliegen, Bericht erstatten, meine Vorgesetzten von der Notwendigkeit einer Strafverfolgung überzeugen, die Zustimmung der örtlichen Polizeidienststellen einholen und mit voller Mannschaft zurückkommen, mit Haftbefehlen in der Tasche, die der zuständige Magistrat unterzeichnet hat. Da es um Sie geht, werden mich etwa dreihundert Journalisten begleiten.«

»Das kann ich nicht dulden, Sie Strohkopf.«

»In diesem Fall werde ich wohl inoffiziell, auf meine eigene Art, versuchen müssen, etwas herauszufinden. Das wird schon bei Tage schwierig genug werden, auch ohne daß ich Leute aus dem Schlaf reißen muß.«

»Schlaf ist verdammt langweilig. Ich schlafe seit siebenundzwanzig Jahren nicht mehr, Narkosen abgerechnet.«

»Ich habe beim Yard gerade keinen dringenden Auftrag und noch drei Tage Urlaub gut. Die könnte ich ausnutzen. Die beste Tarnung wäre zu behaupten, die Verbindung zwischen Ihnen und meinem Vater sei für Ihre Memoiren wichtiger gewesen, als Sie ursprünglich dachten.«

»Sie wollen mir alles über Ihren Vater aus der Nase ziehen, wie?« fragte Sir Francis scharf.

»Natürlich möchte ich alles wissen, was ich über ihn erfahren kann.«

»Um ihn nach all den Jahren zu entlasten?«

»Nein.«

»Ich würde keinen Penny dafür ausgeben, *meinen* Vater zu rechtfertigen.«

»Ich fürchte, ich weiß nicht viel über meinen«, gab Pibble zu.

»Ich auch nicht. In der Hauptsache erinnere ich mich an schmierige, dreckige Stiefel. Er hielt sich Otterhunde und ging deshalb pleite. Dann mußte er mich vom College in Eton nehmen. Ruinierte die Ausbildung seines Sohnes wegen einiger stinkender Hunde.«

»Ein interessantes Kapitel.«

»Nicht für mein Buch«, sagte Sir Francis. »Über Nullen schreibe ich nicht. Mein Alter war in jeder Hinsicht ein Niemand: kleiner Landedelmann, Züchter von Otterhunden, Frau im Kindbett gestorben, der einzige Sohn so schlau, daß er mit ihm nicht reden konnte, dann die große Pleite, erschoß sich in einer Pension in Vichy. Ein sehr niedriges Quadrat, wie meine Freunde in den braunen Kutten sagen würden.«

»Inwieweit gehören Sie zur Bruderschaft, Sir Francis? Wie ich sehe, tragen Sie nicht das Habit.«

»Habe ich versucht, aber das Zeug kratzt. Da bin ich schnell wieder zu normalen Anzügen zurückgekehrt.«

»Aber Sie akzeptieren einige ihrer Lehren?«

»Das geht Sie einen Dreck an, verdammter Schnüffler. Aber eins verrate ich Ihnen, weil Sie doch nicht wissen, was es bedeutet: Es ist eine Symbiose. Rauch abgezogen, wie?«

Pibble stand auf und sah nach. Der frische Wind hatte den größten Teil des Rauchs den Kamin hochgejagt. Um die Bücherregale schwebten noch leichte Nebel.

»Ist schon ziemlich klar«, rief er über die Schulter. »Aber ich habe die Tür offengelassen, da ist es kühl geworden.«

»Dann schließen Sie die Tür, und heizen Sie ordentlich ein«, befahl Sir Francis. Seine krächzende Stimme klang etwas lauter, als nötig gewesen wäre. Pibble gehorchte. Dann legte er den Schürhaken genau über den blanken Teil der Leitung und trat darauf, um einen guten Kontakt herzustellen. Sir Francis kam, in seine Decken gehüllt, hereingehumpelt, warf einen Blick auf den Schürhaken, knurrte zufrieden und ließ sich in seinem Sessel nieder.

»Hätte ich vorhin nicht sagen dürfen«, brummte er. »Willoughby Pibbles Sohn weiß natürlich, was Symbiose bedeutet.«

»Das dürften die meisten Leute wissen«, entgegnete Pibble.

»Heutzutage findet man überall populärwissenschaftliche Beiträge.«

»Müßte verboten werden.«

»Ich vermute, daß es den Mitgliedern der Bruderschaft schmeichelt, einen so großen Sohn in ihren Reihen zu wissen, und daß sich daraus für Sie gewisse Vorteile ergeben.«

»Im Selbstunterricht waren die Pibbles immer schon groß.«

»Nur scheint mir dieser Glaube hier ein bißchen – hm ... «

»Das hätte Ihrem Vater gefallen, daß sein Sohn sich über den Glauben anderer lustig macht! Pibble war ein regelmäßiger Kirchgänger. Sehr fromm. Wollte am Sonntag nicht mal ins Labor und meine Vakuumröhren auspumpen. Mußte das selbst machen – *ich!*«

»Aber er war doch Atheist«, sagte Pibble. »Allerdings hatte er es im Krieg sehr schwer, und vielleicht ... «

Es klopfte energisch an der Tür, dann trat Schwester Dorothy mit einem großen, schwarzen Tablett ein.

»Ich habe zwei Frühstücke gerichtet«, erklärte sie mit einem knappen Lächeln. »Damit Sie Ihre Unterhaltung nicht unterbrechen müssen. Mrs. Macdonald hat wieder ein paar Heringe geräuchert.«

Sie knallte Teller und Bestecke auf einen kleinen Klapptisch und patschte hinaus.

Pibble kannte keine geräucherten Heringe. So arm seine Eltern auch gewesen waren, seine Mutter hatte trotzdem kein Armeleuteessen auf dem Tisch geduldet. Mary ließ sich zwar manchmal von buntfarbigen Rezeptbeilagen beeindrucken, aber auch sie kaufte keine Heringe, weil ihr das ›lästig‹ war. Pibble wollte das Rückgrat herauslösen.

»Nein, nein!« keifte Sir Francis. »Lassen Sie mich das machen, Sie verdammter Idiot! Schieben Sie Ihren Teller herüber.«

Pibble tat es. Der berühmte Wissenschaftler drehte den Fisch um, häutete ihn mit drei flinken Bewegungen ab und löste dann ebenso rasch wie behutsam das zarte Fleisch von den Gräten darunter ab.

»Typisch Einfaltspinsel«, sagte er, »einen Hering verkehrt herum essen. Bin in meinem Leben nur sechs Leuten begegnet, die es richtig machten. Alle anderen waren Einfaltspinsel.«

»Ich hab's noch nie versucht.«

»Armeleuteessen, wie?« fauchte Sir Francis. »Sie wissen nicht, was Armut ist. Dann ißt man alles und kennt keinen falschen Stolz. Den anderen richten Sie selbst her, sonst wird meiner kalt.«

»Schmecken sehr gut«, stellte Pibble fest.

»Sollten sie wohl. Sie sind hier im Meer gefangen und auf der Insel geräuchert.«

»Von der Bruderschaft?«

»Aber nein, Sie Narr. Von den Macdonalds. Unsere Brüder können nur kleine Haie fangen. Bei Heringen würden sie alles falsch machen, vom Einsalzen bis zum Räuchern.«

»Ich dachte immer, Heringe muß man über Eichenholz räuchern.«

»Verdammter Snobismus. Auf der ganzen Insel steht kein Baum. Unsere braunen Brüder fliegen ein paar Scheite ein, damit ich mir die alten Knochen wärmen kann, aber sonst wird nur Torf gebrannt. Schmecken Sie das nicht?«

Der Alte türmte das ausgelöste Fischfleisch zu einer Pyramide auf, ergriff den Salzstreuer und schüttete, bis ein schneebedeckter Fudschijama daraus wurde. Dann nahm er eine weiße Pille vom Tablett, legte sie auf seine Zunge und spülte sie mit einem Schluck Tee hinunter.

»Schade um das schöne Essen«, knurrte er und begann seinen Gletscherkegel zu verspeisen. Zum erstenmal seit vielen Jahren fiel Pibble plötzlich ein Untermieter der Barton-Schwestern ein, für die ganze Straße ein offener Skandal, obgleich die beiden Damen die Fünfzig längst überschritten hatten – ein großer, lethargischer Mann mit seltsam dunkler Haut, der manchmal mitten in einer Unterhaltung einschlief. Der hatte es genauso gemacht: ohnehin schon salzige Speisen mit einem Haufen Salz überschüttet und dann gegessen. Vier Monate war er geblieben, ein düsteres Denkmal der Melancholie, dann brachte man ihn ins Krankenhaus. Ein echter Gentleman, wie die Damen Barton versicherten, nur mit seinen Drüsen stimmte etwas nicht.

»Komisch«, bemerkte Sir Francis, nachdem er seine Pyramide abgebaut hatte. »Ihr Vater wäre vor Freude verrückt geworden, wenn er mit mir hätte frühstücken dürfen, und Sie sitzen mißtrauisch da wie ein Bauer beim Rechtsverdreher.«

»War er in seinem Beruf tüchtig?« fragte Pibble.

»Schließen wir einen Vertrag«, sagte der Alte nach einer Pause. »Eine fade Sache, aber sie gilt: Sie stellen fest, wer in meinen Papieren wühlt, und dafür erzähle ich Ihnen alles, was mir über Ihren elenden Vater noch einfällt. Dabei hätte ich nicht übel Lust, Sie bei Ihren Vorgesetzten wegen Erpressung anzuzeigen.«

»Wie Sie wollen«, sagte Pibble gleichmütig. »Wenn ich die Sache auf eigene Faust bearbeiten soll, brauche ich eine Ausrede für meine Anwesenheit hier. Selbst dann kann ich Ihnen keine Ergebnisse garantieren. Auf dem offiziellen Weg ginge alles viel rascher: Holen Sie sich einen bevollmächtigten Beamten her, der Vernehmungen durchführen, Fingerabdrücke nehmen darf und so weiter.«

»Das geht nicht«, knurrte der Greis.

»Warum nicht?«

»Kümmern Sie sich um Ihren eigenen Dreck. Pibble, Sie sind ein Narr. Kein Wunder, daß die Verbrechensrate ansteigt. Sie brauchen doch nur so zu tun, als interessierten Sie sich für ihren idiotischen Glauben, als würden Sie eventuell der Sekte beitreten. Sobald die Burschen das Gefühl haben, sie könnten diesen orangen Blödsinn gegen einen grünen austauschen, wird man Sie bitten zu bleiben.«

»Was bedeuten die Farben eigentlich?«

»Braun, das sind Erde, Fels und Stein. Grün heißt Wachstum und Hoffnung. Das orange Ding, mit dem Sie herumlaufen, symbolisiert das ewige Feuer, das die braven Bürger Babylons verzehren wird. Ich kannte den verdammten Jargon mal ganz gut. Aber stellen Sie diese Fragen doch den Brüdern selbst, dann können Sie hinterher fragen, was Sie wollen.«

»Auch nach Ihnen und Ihren Papieren?«

»Sie können jede beliebige Frage stellen, vorausgesetzt, daß Sie es taktvoll tun. Natürlich sind Sie neugierig, was mich betrifft, das sind die meisten Idioten, die auf die Insel kommen. Ich bin nun mal die Hauptattraktion. Für wen sollten Sie sich denn sonst auf der verdammten Insel interessieren, he?«

»Es ist bereits bekannt, daß ich Polizist bin.«

»Ich dachte, das wollten Sie für sich behalten.«

»Ich habe mich nur als schlichter Beamter vorgestellt. Aber nach unserem Gespräch gestern nacht nannte mich einer der Brüder ›Chefinspektor‹.«

»Gar nicht sonderbar, mit Schnüfflern rechnet man überall. Die Brüder werden denken, daß Sie zum Spionieren gekommen sind und zum Beten hierbleiben. Das wird sie nicht überraschen, denn ihr größter Denker war mal Kanonier. Fangen Sie mit ihm an. Er ist ein Quatschkopf mit einem mächtigen Schnurrbart und belästigt mich zu den unmöglichsten Zeiten – ich mag ihn leiden. Er wird Ihnen alles erzählen. Tolle Sache, wenn er Sie bekehren könnte, wie?«

»Ich werde mich in acht nehmen.«

»Ohne Glauben sind Sie wehrlos, junger Mann. Mit welchem Quatsch hat Ihr ungläubiger Vater Sie eigentlich gefüttert?«

»Er war Atheist, aber nicht von der fanatischen Sorte. Meine Mutter nahm ihre Religion sehr ernst. Er hatte nichts dagegen, daß sie mich zur Sonntagsschule schickte, und so weiter.«

»Da haben Sie also Ihren halben Herrgott herbekommen? Nützt gar nichts, wenn die braunen Brüder Sie erst mal in die Mangel nehmen. Das hat mein Vater bei mir richtiger gemacht: Er hat mir alles zerschlagen. Ich glaube nur an mich selbst.«

»Sie haben mir noch nicht erzählt, wie tüchtig mein Vater in seinem Beruf war«, erinnerte ihn Pibble.

»Hartnäckiger, kleiner Terrier, wie? Ihr Vater war ein mittelmäßiger Mechaniker, aber ein verdammt guter Glasbläser. Nur dumm, daß er sich nie benehmen lernte. Erstens genügte es ihm nicht, für das Labor allgemein zu arbeiten, nein, er wollte mein persönlicher Mechaniker sein, so wie Everett für J. J. arbeitete. Zweitens wollte er bei jeder Arbeit mitdenken und Verbesserungsvorschläge machen. Er hat sich dauernd meine Fachzeitschriften ausgeliehen und sie verschlungen, dann kam er mit albernen Fragen daher, die zeigten, daß er irgendeine dämliche Theorie ausgekocht hatte, die vorn und hinten nicht stimmte. Ich konnte ihn nicht gut mundtot machen, weil ich ihn brauchte. Überstunden machten ihm nichts aus, nur am Sonntag rührte er keine Arbeit an. Dabei sah J. J. es nicht gern, wenn lange gearbeitet wurde – Strom war teuer. Ihr gottverdammter Vater war der einzige im Labor, der mit Glaskolben blasen konnte, die groß genug für meine Spielereien mit Glasplasma waren, es sei denn, ich rutschte vor Everett oder vor Fred Lincoln auf den Knien, und dann mußte ich noch vierzehn Tage warten. Also mußte ich seine ewigen impertinenten Fragen ertragen. Dabei dürfen Sie nicht vergessen, daß der Kerl als Mechaniker mehr verdiente als ich. Ich, der größte Geist meiner Generation, mußte mich für verdammte hundertzwanzig Pfund im Jahr mit einer Dozentur herumschlagen.«

»Konnten Sie denn davon leben?«

»Nein, aber ich hab's getan. Während der Studienzeit konnte man etwas vom Stipendium sparen. Für die anderen, Söhne kleiner Angestellter – da sehen Sie wieder, in welche Schicht mich mein Alter verdammt hatte! – war das weiter nicht schlimm. Aber ich war ja in Eton gewesen, ich mußte auf der Magdalenen-Bridge stehen und einem Trottel von Schulkameraden zusehen, wie er auf einem Gaul herumzappelte, der ihn mehr gekostet hatte, als ich im ganzen Jahr verdiente. Nach dem Studium bekam ich für meine Assistentenstelle im Labor von Cavendish neunzig Pfund und sollte noch stolz darauf sein. Für neunzig Kröten im Jahr haben wir die Knoten entwirrt, die das Universum zusammenhalten! Wenn einem von uns ein Posten angeboten wurde, funkelte uns der Alte nur an und wieherte – er hatte eine verdammt komische Stimme und ein lockeres Gebiß: ›Na, was bezahlt man Ihnen da? Tausend im Jahr?‹ Als ob man uns von Cavendish loskaufen mußte! Und er hatte sogar recht. Darum lebten wir von unseren Ersparnissen und dem Hungerlohn. Dabei hätte mir mein College leicht eine Stelle für fünfzehnhundert im Jahr beschaffen können, wenn ich mehr Latein gelernt und Befehle befolgt hätte. Waren unsere Ersparnisse aufgebraucht, dann gingen wir weg, oder wir hungerten. Ich hungerte.«

»Ich bin froh, daß Ihnen mein Vater etwas nützen konnte.«

»Ihr Vater war – abgesehen von seiner Glasbläserei – verdammt lästig. Hat er Ihnen nie etwas geblasen?«

»Mir?«

»Labormechaniker sind schlichte Gemüter, Pibble. Wenn sie

Kinder haben, blasen sie ihnen immer irgendwelchen Quatsch, den die lieben Kleinen dann innerhalb von zehn Minuten zerschlagen und an dem sie sich die verdammten Finger aufschneiden. Mein Alter hat mir höchstens stinkende, schwarze Gasblasen gemacht, die oben aus seinen Dreckstiefeln herauskamen.«

»Ich glaube kaum, daß mein Vater nach dem Krieg mit seinen Lungen noch Glas blasen konnte. Er hatte eine schwere Gasvergiftung.«

»Schade um sein einziges Talent. Jetzt habe ich Ihnen erzählt, wie tüchtig Ihr Vater in seinem Beruf war, nun können Sie zeigen, ob Sie in dem Ihren etwas taugen.«

»Gut«, sagte Pibble. »Wann haben Sie die Passage geschrieben, die von der Zeitung abgedruckt wurde?«

»Das war im vergangenen März. Ich kritzle nun schon drei Jahre lang an dem Schmöker herum, weil ich nie lange an einem Stück arbeite. Verdammt, ich bin ein alter Mann!«

»Und nach Ihrer Kenntnis lag das Manuskript stets in Ihrer Schublade, wenn man einmal davon absieht, daß es irgendwann herausgenommen und kopiert wurde?«

»Natürlich.«

»Sie haben die Insel nie verlassen? Wegen Ihrer Operation beispielsweise?«

»Wer hat Ihnen etwas über meine Operation erzählt?«

»Sie erwähnten eine Narkose.«

»Immer voreilige Schlüsse, genau wie Ihr hirnverbrannter Vater. Als ich herkam, um mein Buch zu schreiben, hatte ich die Schnippelei schon längst hinter mir. Ich will der Welt schließlich vor meinem Tod noch sagen, was ich von ihr halte.«

»Wenn Sie niemals schlafen und diese Zimmer niemals verlassen . . .«

»Wofür halten Sie mich eigentlich – für einen verdammten Krüppel? Wenn das Wetter einigermaßen anständig ist, gehe ich zu den Macdonalds hinüber. Sie bringen mir Gälisch bei.«

»Waren Sie gestern dort?«

»Was soll diese Frage?«

»Ich wollte wissen, ob das Mikrofon eventuell nach meiner Ankunft versteckt wurde. Sie haben dafür gesorgt, daß niemand im voraus über meinen Besuch unterrichtet wurde. Wenn

Sie gestern nicht ausgegangen sind, bedeutet das, daß dieses Mikrofon schon vorher angebracht wurde, und nicht nur, weil man Ihre Gespräche mit mir belauschen wollte.«

»Dorrie hat mich zur Weide hinaufgeführt, so gegen sieben. Die anderen waren vorher fischen.«

»Ich bin kurz nach fünf hier angekommen, bekam meine Zelle gezeigt und mußte bis zum Abendessen dort warten. Danach führte man mich in meine Zelle zurück und sagte mir, Schwester Dorothy werde mich holen, sobald Sie bereit seien. Wußten Sie, daß ich schon hier war, als Sie um elf Uhr – das stimmt doch, wie? – zu sich . . . hm, ich meine . . .«

»Natürlich habe ich's gewußt, aber mir war nicht nach einer Menge idiotischer Fragen zumute. Ich wollte schreiben.«

»Ich dachte, Sie wollten *mich* ausfragen.«

»Ha! Ich kenne doch die Pibbles! Weiter, Mann!«

»Nehmen wir einmal an, das Mikrofon sei gestern abend eingebaut worden, als Sie fort waren. Die Brüder wissen, daß ich Polizist bin. Bruder Hoffnung ist einer der Köpfe der Sekte, er hat gelauscht. Sie wissen besser Bescheid als ich – kann er es aus eigenem Antrieb getan haben oder für die Bruderschaft? Und wenn ja, warum? Fehlt es an Geld?«

»Wenn ich das alles wüßte, Sie verdammter Idiot, würde ich Sie dann ersuchen, es herauszufinden?«

»Könnte ich mir bitte das Schloß an der Schublade ansehen?«

»Es ist ein gutes Schloß. Alle College-Bediensteten stehlen. Hier haben Sie den Schlüssel.«

Der Schlüssel paßte zu allen Schubladen. Sämtliche Schlösser waren solide und so kompliziert gearbeitet, daß sie einem Amateureinbrecher standhalten mußten. Aber an der Innenkante des zweiten Schlosses war eine blanke Stelle zu sehen, an der ein kleiner Metallspan abgeschürft war. Sonst wies das ordentlich polierte Metall keine Kratzer auf. Pibble gelang es nicht, den Schlüssel so herumzudrehen, daß er damit die verdächtige Stelle abschürfen konnte. Also war der Einbruch zwar fachmännisch, aber keinesfalls von einem Künstler ausgeführt worden.

»Sir Francis, stoßen eigentlich viele Vorbestrafte zur Bruderschaft?«

»Woher soll ich das wissen, Sie Strohkopf? Oder glauben Sie, daß ich mit Wüstlingen auf du und du bin?«

»Hm, ich dachte . . .«

»Verdammt, ich bin müde. Hören Sie doch endlich auf, mich so zu quälen.«

Wieder war ganz unvermittelt der senile Ton in der alten, krächzenden Stimme aufgetaucht. Diesmal hatte der Greis länger durchgehalten. Vielleicht lag das an der enormen Salzmenge und der Pille – vermutlich Kortison.

Pibble stand auf.

»Ich werde sehen, was ich erfahren kann«, sagte er. »Soll ich in dreieinhalb Stunden wiederkommen?«

»Verdammter Trottel«, sagte der Greis gleichgültig. »Sie finden ja doch nichts heraus. Machen Sie, was Sie wollen, nur verschwinden Sie. Schwester Dorothy muß draußen warten. Schikken Sie sie mir herein.«

Aber vor der Tür stand niemand. Die Wache hatte ihren Posten verlassen.

Pibble murmelte einen alten Vers vor sich hin, da begegnete er am unteren Ende der Treppe Bruder Hoffnung. Der sah Pibble fragend an.

»Ein Gedicht, das mir gerade eingefallen ist«, erklärte Pibble. »Ich habe mich mit Sir Francis über meinen Vater unterhalten, da kehren dann plötzlich alte Erinnerungen zurück.«

»Ja, sicher«, sagte Bruder Hoffnung. »Wir nennen ihn Bruder Einfalt.«

Bruder Einfalt! Ausgerechnet. Jeder war nach einer anderen Tugend benannt. Und warum war dieser joviale Jogi, der sich ›Hoffnung‹ nannte, nicht zu dem Greis gerannt, als das Mikrofon versagte? Nun, ein Zustand der Trance mag für einen heimlichen Lauscher ein gutes Alibi sein, aber es platzt, wenn er allzu plötzlich aus der Trance erwacht.

»Ich soll ihm Schwester Dorothy hineinschicken, aber ich finde sie nicht«, sagte Pibble.

»Gut, ich werde sie suchen lassen.«

»Sie sind sicher stolz auf Sir Francis.«

»Ja, er ist für uns wirklich eine Bereicherung.«

Bruder Hoffnung kaschierte seinen Zynismus mit einem heiteren Lachen, wie es alle Mönche in allen Klöstern tun, wenn sie andeuten wollen, daß sie bedauerlicherweise zuweilen die Sprache dieser schmutzigen Welt sprechen müssen.

»Sind Sie zum Frühstück bereit, Chefinspektor?« fragte er.

»Ja, bitte.« Das war eine gute Gelegenheit, Fragen zu stellen. Beim Frühstück wäre ein Mangel an Neugier unnatürlich erschienen. Aber vielleicht wußte Bruder Hoffnung über die geräucherten Fische Bescheid.

»Das Frühstück ist immer meine Hauptmahlzeit«, erklärte Pibble.

»Ach so«, murmelte der Mönch. »Folgen Sie mir.«

Leichtfüßig wie ein durchtrainierter Sportler ging er den Kreuzgang entlang. Pibble bemühte sich, Schritt zu halten, und stieß sich prompt seine noch heile Zehe an einer Steinplatte an, die ihre Nachbarinnen um gut zwei Zentimeter überragte.

»Ein bemerkenswertes Gebäude«, sagte er tapfer. »Muß enorm groß werden, wenn es einmal fertig ist.«

»Zwölftausend Feld Wegs in jeder Richtung. Offenbarung, Kapitel einundzwanzig, Vers sechzehn.«

»Aber sie soll doch wohl nicht auch zwölftausend Feld Wegs hoch werden, das wären ja fast zweieinhalb Kilometer.« Seine Mutter hatte gerade die Offenbarung sehr gründlich studiert.

»Vielleicht ist das kein irdisches Maß. Bruder Demut arbeitet nach den Notizen von Vater Überfluß. – Hallo, Bruce!«

Sie kamen an einer Stelle vorbei, wo an den Kreuzgang im rechten Winkel ein unvollendetes Stück Mauer anschloß. Unter dem Tonnengewölbe stand inmitten vieler Steinsplitter ein Mann in grün-blauer Kutte und versuchte gerade, einen rohbehauenen Steinblock in eine Lücke der Mauer einzupassen. Auf Bruder Hoffnungs Ruf kam er sofort näher, blieb stehen und grüßte mit einer tiefen orientalischen Verbeugung, indem er die Hände vor der Brust faltete. Bruder Hoffnung beantwortete den Gruß auf dieselbe Weise.

»Bruce, bestell ein gekochtes Ei für unseren Gast«, sagte er. »Dann such Schwester D. und schick sie ins Turmzimmer.«

»Wessen Ei?« fragte Bruce mit dumpfer Stimme.

»Nimm Ritas Ei. Sie ist vergangene Nacht auf eine große Schlange getreten.«

Bruder Hoffnung sprach mit der Verbindlichkeit eines Vertreters, aber Bruce sah ihn ehrlich entsetzt an. Pibbles Blick wich er aus. Dann ließ er klappernd sein Werkzeug fallen und rannte weg.

»Am Dienstag essen wir Hafermehlfladen«, sagte Bruder Hoffnung. »Da es der dritte Tag der Schöpfung ist. Aber wenn das Frühstück Ihre Hauptmahlzeit darstellt . . .«

»Ich bin mit den Fladen ganz zufrieden«, erklärte Pibble hastig. »Ich möchte lieber nicht einem anderen . . .«

»Zerbrechen Sie sich darüber nicht den Kopf«, unterbrach Bruder Hoffnung. »Nach dieser Nacht wird Rita heute ohnehin nichts zu sich nehmen.«

Verdammt, das arme Kind, dachte Pibble. Ein heiliger Zorn stieg in ihm auf, wie er sich bei Kindesmißhandlungen immer meldete. Aber jetzt protestieren . . . Er betrachtete die fallengelassenen Werkzeuge, um sich abzulenken. Auch sie waren schwer mißhandelt worden – der Schlegel war nichts weiter als ein kurzer Holzpflock, auf der einen Seite von der Hand des Steinmetzen blank gescheuert, auf der anderen Seite zerfleddert. Am Meißel fehlte ein großes Stück der Schneide. Mit solchen Werkzeugen würde die Errichtung der Ewigen Stadt sicherlich eine Ewigkeit dauern.

Bruder Hoffnung führte ihn um die nächste Ecke und öffnete eine Tür.

»Kommen Sie«, sagte er, »zum Frühstück sind wir Tugenden unter uns.«

Pibble hatte damit gerechnet, wie zum Abendessen ins Refektorium geführt zu werden, aber er stand nun in einem kleinen Raum mit niedrigem Tonnengewölbe und kahlen, weißgetünchten Wänden ohne jeden Schmuck. Es roch angenehm nach Pfefferminz. In der Mitte stand ein alter Bauerntisch. Ein paar Krüge und zwei große Teller mit Haferfladen waren aufgetragen. Ein Dutzend Leute in braunen Kutten, darunter auch zwei Frauen, standen wartend da. Die beiden wurden mit einer orientalischen Verbeugung begrüßt. Bevor Pibble ungeschickt die Hände falten konnte, kam ein kleiner, stämmiger Mann mit ausgestreckter Hand auf ihn zugeschossen.

»Ich bin Demut«, sagte sein scharfgeschnittener Mund unter

dem rechteckigen Schnauzbart. »Wir haben uns gestern abend noch nicht kennengelernt. Sie müssen unbedingt zwischen mir und Vorsehung Platz nehmen. Hier bitte. – Alles bereit, Vorsehung.«

Der Bärtige an Pibbles anderer Seite hob beide Arme zum Gewölbe empor. Es wurde sehr feierlich.

»Die Opfer, die Gott gefallen, sind ein geängstigter Geist«, sagte er mit leichter, heller Stimme. Er schien es aber ernst zu meinen. Pibble stimmte automatisch in die Antwort ein.

»Ein geängstigt und zerschlagen Herz wirst du, o Gott, nicht verachten.«

Das war auch bei den Andachten seiner Mutter der Lieblingstext gewesen. Seltsam, dachte Pibble, wie alle religiösen Spinner ihre abstrusen Ideen mit denselben Bibelstellen untermauern.

»Er bekommt Ritas Ei«, sagte Bruder Hoffnung auf der anderen Seite der Tafel.

»Ausgezeichnete Idee«, sagte Bruder Demut. »Wasser, Chefinspektor? Mildtätigkeit sagt, daß Rita letzte Nacht auf eine große Schlange getreten ist.«

»Und ob«, bekräftigte Bruder Hoffnung.

»So etwas«, murmelte Bruder Demut. »Ich werde Ihnen nicht alle vorstellen, weil Sie die Namen sonst nur durcheinanderbringen. In dieser bösen Welt gehört schon einige Übung dazu, eine Tugend von der anderen zu unterscheiden, wie? Gestern abend fand eine Sonderberatung statt, sonst hätten Sie uns alle bereits näher kennengelernt.«

»Bruder Hoffnung hat sich sehr freundlich meiner angenommen«, sagte Pibble. »Ich habe ihn nach den Plänen dieses Bauwerks gefragt. Irgendwie habe ich mir das Neue Jerusalem nie so materiell vorgestellt, aus Granit.«

»Ah!« rief Bruder Demut eifrig. »Eine äußerst interessante Frage, auf die es eine ebenso interessante Antwort gibt. Verstehen Sie, die Papisten sind nicht die einzigen Haarspalter. Als Adam seinerzeit die Materie erschuf . . .«

»Das hatte ich ganz vergessen«, warf Pibble ein. Bruder Demut hatte eine kleine Kunstpause eingelegt, als erwarte er einen erstaunten Ausruf, aber Pibble reagierte auf sein Stichwort eine Spur zu spät. Das völlige Schweigen der übrigen Tugenden, die mit diesen Argumenten vertraut sein mußten, brachte ihn aus dem Konzept.

»Doch, doch«, versicherte Bruder Demut. »Die alten Kirchen haben das lange Zeit verschleiert. Da kommt Ihr Ei, lassen Sie es nicht kalt werden. Aber wenn Sie in der Genesis nachschlagen, werden Sie einwandfrei die Darstellung zweier Schöpfungen finden – eine im ersten und eine im zweiten Kapitel. Auch geht es um zwei Schöpfer. Der erste wird in unserer autorisierten Übersetzung ›Gott‹ genannt, der zweite ›Herrgott‹. Besser wußten die Bischöfe König James' nicht zwischen den beiden hebräischen Vokabeln zu unterscheiden. Nach Kapitel eins, Vers siebenundzwanzig erschuf Gott den Menschen nach seinem Bild, als Mann und Frau erschuf er sie. Vorsehung, reich mal das Salz herüber. Ich fürchte, die Eier auf unserer Insel sind nicht besonders frisch, Chefinspektor. Der Unsinn mit Evas Rippen kommt erst später. Aber in Kapitel zwei, Vers sechs bis sieben erfahren wir erst, daß Nebel über den Wassern schwebte, und dann, daß der ›Herrgott‹ den Menschen aus Staub formte. Die Sache ist sonnenklar, wenn man sie erst einmal durchschaut hat. Zuerst wurde der Mensch als Geist erschaffen – wie anders könnte Gottes Ebenbild aussehen? Dann machte ein anderer den Menschen aus körperlicher Substanz. Natürlich gab es damals noch nicht die abstrakte Philosophie, mit deren Hilfe sich alles präzise ausdrücken läßt, aber der Nebel war der geistige Fall Adams, er sah nicht mehr klar, verstehen Sie? Und die Sache mit dem Staub ist die Erschaffung der Materie, die sich immer noch vollzieht.«

»Also eine ewig andauernde Schöpfung«, murmelte Pibble, weil ihm das eigenartige Schweigen unheimlich wurde.

»Ha! Sehr gut!« sagte Bruder Demut. »Wie ich merke, haben Sie Fred Hoyle gelesen. Aber nein, nein, nein! Wir haben es mit Metaphysik und nicht mit Astrophysik zu tun. Was sich immer noch vollzieht, ist der materielle Fall Adams. Ähnliches hat sich auf jedem Planeten zugetragen, den Vater Überfluß bisher besuchte.«

»Das kann kein Zufall sein«, bemerkte Pibble.

»Hörst du das, Vorsehung?« sagte Bruder Demut. »Er entspringt der richtigen Wurzel.«

Der Mönch an Pibbles anderer Seite wandte ihm das Gesicht zu, aber in dem Bartgestrüpp nahm Pibble nichts wahr als ein Paar unglaublich heller Augen, die strahlten wie Malzwhisky. Ein zwingender Blick maß ihn sekundenlang, dann widmete sich Bruder Vorsehung wieder seinen Fladen. Pibble bekam eine Gänsehaut, als hätte er einen Besucher von einem anderen Planeten oder vielleicht aus einem anderen Leben gesehen.

»Wie Sie bereits sagten, kann es kein Zufall sein«, nahm Bruder Demut den Faden wieder auf. »Alles muß auf einen übergeordneten Plan zurückgehen, von dem das hier nur ein Teilchen ist.«

»Wie viele Planeten hat Vater Überfluß besucht?« erkundigte sich Pibble.

»Bisher siebenunzwanzig«, antwortete Bruder Demut.

»Am zwölften März waren es achtundzwanzig«, erklärte ein Bruder auf der anderen Tischseite. Er hatte blaue Beulen im Gesicht und stammte nach seinem Dialekt aus Nordengland.

»Hast du gestern abend eine Postkarte bekommen?« fragte Bruder Demut aufgeregt.

»Ja. Sie ist mit demselben Hubschrauber wie der Chefinspektor angekommen, aber ich konnte sie vor dem Rat nicht verlesen, da Hoffnung und Mildtätigkeit nicht anwesend waren. Soll ich sie jetzt vorlesen, Vorsehung?«

»Warum nicht, Bruder Mut.«

Bruder Mut zog eine bunte Postkarte, die tanzende Bauern vor hochaufragenden Bergen zeigte, aus seinem Habit.

»Er weilt immer noch in Nepal«, sagte er.

»Mathematisch gesehen, sind die Hänge des Everest die ideale Stelle für den Planetentransfer«, raunte Bruder Demut in Pibbles Ohr.

Bruder Mut senkte die Stimme zu einem feierlichen Murmeln, konnte aber seinen Dialekt nicht verbergen. »›Vierter Planet von Gamma Scorpionis‹«, las er vor. »›Wenn ihr nur hier sein könntet. Der gesamte Planet mit Wasser bedeckt. Meilenhohe Fluten. Vorherrschende Rasse intelligente Tintenfische. Geistige Verfassung wie gehabt. Ü. Hackenstadt.‹ – Ich werde natürlich eine Fotokopie der Karte anschlagen.«

»Nun«, unterbrach Bruder Demut mit einem dankbaren

Seufzer das gläserne Schweigen, »achtundzwanzig Planeten, das mag Ihnen angesichts ungezählter Milchstraßen nicht als ein repräsentativer Querschnitt erscheinen. Aber selbst wenn es um ein einfaches Entweder-Oder ginge, würden achtundzwanzig gleichartige Planeten ohne die geringste Variante schon eine Wahrscheinlichkeit von – warten Sie mal – ungefähr eins zu tausend Millionen ergeben. Noch einen Fladen?«

»Ja, bitte«, sagte Pibble, dankbar, etwas gegen den scheußlichen Geschmack des fast schon faulen Eis tun zu können.

»Sie wollten mir noch erklären, warum es richtig ist, das Neue Jerusalem aus ganz gewöhnlichem Stein zu erbauen.«

»Ach ja«, sagte Bruder Demut. »Ich habe mich leider mitreißen lassen. Aber ich habe nicht oft Gelegenheit, mit jemandem von draußen zu sprechen, der Ihren Intelligenzgrad aufweist, Chefinspektor.«

Pibble hatte glücklicherweise gerade den Mund voll und lief deshalb nicht Gefahr, sich anmerken zu lassen, daß er die frostige Warnung wahrgenommen hatte, die wie ein kalter Wind durch den Raum wehte. Der Haferfladen war nicht appetitlicher als das Ei. Als die Brüder gerade nicht hinsahen, ließ er ihn heimlich in seinem weiten Ärmel verschwinden und beförderte ihn von da aus in die weiten Falten vor der Brust. Es war wirklich nicht einzusehen, warum ein beiläufiger Hinweis auf seine bescheidene Intelligenz einen solchen Eindruck auf die heilige, wenn auch diebische Versammlung machen sollte, aber Bruder Demut würgte ausgiebig an einer Krume des harten Fladens und spülte mit einem kräftigen Schluck aus seinem Becher nach.

»Es geht um folgendes: Jeder Fall muß sich von einer höheren auf eine tiefere Ebene vollziehen. Was anderes könnte das Wort sonst bedeuten? Wir sind wohl allesamt Platoniker, haha! Also sind die Dinge in unserer materiellen Welt in Wahrheit weniger körperlich, weniger substantiell als die Dinge in jener geistigen Welt. Je körperlicher sie uns erscheinen, um so flüchtiger werden sie den Bewohnern jener Welt vorkommen. Durchsichtiger, exotischer.« Er schlug die flache Hand auf den Tisch. »Das hier muß *ihnen* seltener, kostbarer als Topas erscheinen. Verstehen Sie?«

»Ich denke schon«, antwortete Pibble. »Der neunte Grund-stein bestand aus Topas, nicht wahr?«

»Wird bestehen«, verbesserte Bruder Demut. »Für uns ist aber wichtiger, wie die Straße der Stadt beschrieben wird: ›wie durchscheinendes Glas‹.«

»Mich erstaunt, daß Sie Zeit fanden, so viel zu bauen«, sagte Pibble. »Ich hätte gedacht, daß Sie auf einer solchen Insel nur für Ihren Lebensunterhalt arbeiten.«

Bruder Vorsehungs angenehme Stimme antwortete ihm von der anderen Seite her: »Leider falsch, Chefinspektor. Das war der Irrtum, dem die mittelalterlichen Orden verfielen.«

»Der äußere Irrtum«, verdeutlichte Bruder Demut.

Bruder Vorsehung fuhr fort: »Uns, die wir das Siegel erhiel-ten, blieben ihre geistigen Fehler natürlich erspart. Aber die Mönche begingen alle denselben Irrtum. Sie bauten ihre Klöster, Kirchen und Schlafsäle, sie legten Gärten an, und sie beteten. Wenn ihre Bauwerke beendet waren, hatten sie auf einmal Zeit übrig. Deshalb gestalteten sie ihr schlichtes Leben immer kom-plizierter. Sie pflanzten Pfirsiche. Sie priesen ihren Gott durch die Erfindung delikater Soßen. Sie schmückten ihre Manu-skripte mit Darstellungen aus einer Welt, der sie angeblich ab-geschworen hatten. Die Disziplin unserer Gemeinschaft dagegen besteht darin, äußerst bescheiden zu leben – wir können uns also auf das Bauen konzentrieren. Wir haben Zeit, für eine Ewigkeit zu bauen.«

»Das klingt sehr, sehr überzeugend«, sagte Pibble und ver-suchte, Zweifel und Begeisterung in der Waage zu halten.

Diesmal ging eine andere Art von Erregung durch den Raum: wie die bei einem Schachturnier, wenn sich ein scheinbarer Rou-tinezug plötzlich als eine Aktion entpuppt, die noch nicht rich-tig analysiert wurde. Nur Bruder Vorsehung schien die Verän-derung nicht zu bemerken.

»Wenn es Sie interessiert, führe ich Sie später durch unsere Gemeinde«, bot er an. »Bis ich meine Aufgaben beendet habe, könnten Sie auf der Insel spazierengehen.«

»Ich bin schon letzte Nacht spazierengegangen«, sagte Pibble. »Dabei ist mir der größte Hund begegnet, den ich jemals gesehen habe.«

Als Bruder Vorsehung das Stichwort ›Aufgaben‹ erwähnte, standen die Tugenden auf und verließen nacheinander den tristen Raum. Schwester Mildtätigkeit hielt an der Tür inne. Ein plötzliches Lächeln verschönte ihr leeres Gesicht.

»Sie haben Bruder Liebe kennengelernt?« fragte sie. »Ist er nicht schlau?«

»Schlau ist das richtige Wort«, sagte Bruder Hoffnung knapp. Dann packte er Schwester Mildtätigkeit beim Ellbogen und bugsierte sie ohne sichtbare Mühe hinaus, so wie eine Hausfrau den halbgeflickten Pyjama ihres Mannes rasch verschwinden läßt, wenn unangemeldeter Besuch erscheint. Die braunen Kutten wehten hinaus, Pibble blieb mit Bruder Vorsehung allein zurück. Er wußte inzwischen, daß dieser Mann – zumindest in Abwesenheit von Vater Überfluß das Oberhaupt der Sekte war. Falls die Tugenden gemeinschaftlich am Diebstahl von Sir Francis' Manuskript schuldig waren, hatte Pibble hier den Haupttäter vor sich.

»Sie sind solche Fragen wahrscheinlich gewöhnt«, begann Pibble vorsichtig. »Wer hierherkommt, muß von dem, was Sie tun, fasziniert sein.«

Die seltsamen Augen betrachteten ihn nachdenklich. Der mächtige Schädel nickte.

»Sir Francis' Anwesenheit ist für Sie vermutlich eine große Attraktion?« Schwierig, Konversation zu machen, ohne sich zu verplappern.

»Eine große Verantwortung«, sagte Bruder Vorsehung.

»Soll das heißen, daß Sie alles für ihn regeln müssen – und so weiter?«

Bruder Vorsehung sah Pibble durchdringend an und fuhr sich mit der Hand über den Bart.

»Bedenken Sie doch«, sagte er nach längerem Schweigen. »Diese große Seele, so nahe dem Dahinscheiden, und so weit davon entfernt, die richtige Zahl zu würfeln. Wer weiß schon, welche Schlange zwischen ihm und seinem endgültigen, seinem letzten Quadrat lauern mag?«

Die Augen hatten ihren fernen Blick verloren. Unter der Oberfläche schienen glühende Kohlen zu funkeln. Der Vollbart verhüllte das übrige Gesicht und zwang zur Konzentration auf diese Augen – genau das Gegenteil des Effekts, den manche Leute erzielen wollen, wenn sie mitten im Winter eine Sonnenbrille tragen. Um sich vor einer drohenden Hypnose zu bewahren, betrachtete Pibble die Nase, ein knochenloses Fleischgebirge, dessen bläuliche Äderung er auf Alkoholgenuß und Zigarrenrauchen zurückgeführt hätte, wenn es auf der Insel etwas anderes als Fladenbrot und Wasser gegeben hätte.

»Ich bin froh, daß mich Sir Francis kommen ließ«, sagte er. »Obwohl es zunächst eine Störung war. So alte Menschen können manchmal recht beherrschend sein.«

»Die neuesten Steine sind die weichsten«, sagte Bruder Vorsehung. »Sie sind natürlich am leichtesten zu formen. Aber am lohnendsten ist der alte, harte, verwitterte Stein. Sollen wir uns in etwa einer Stunde vor Ihrer Zelle treffen?«

»Gut«, antwortete Pibble.

»Noch eine Kleinigkeit: Normalerweise verkehrt der Hubschrauber nur am Dienstag und Freitag, aber wenn Sie Ihr Geschäft mit Bruder Einfalt abgeschlossen haben und abreisen möchten, kann ich jederzeit dafür sorgen, daß Sie hinübergebracht werden.«

»Bitte nicht. Die klaren Augenblicke sind bei Sir Francis ziemlich kurz, und ich muß mich an Dinge erinnern, die fast fünfzig Jahre zurückliegen. Deshalb schaffen wir bei jeder einzelnen Sitzung nur wenig. Wenn es Ihnen lieber ist, kann ich natürlich abreisen und später wiederkommen, aber ich würde es sehr vorziehen, zu bleiben.«

Übertrieb er vielleicht? Das selbstverständliche Nicken des Mönchs sprach dagegen. Im Stehen wirkte Bruder Vorsehung kleiner als im Sitzen, aber genauso imposant. Man sah ihm jetzt auch an, daß sein gewaltiges Knochengerüst früher einmal ein größeres Gewicht getragen hatte.

»Darf ich mich überall frei bewegen?« fragte Pibble.

»Selbstverständlich.«

»Ich dachte nur daran, daß Sie in Ihrer Gemeinschaft ein paar – hm – nicht ganz zurechnungsfähige Mitglieder haben und deshalb bestimmte Regeln aufgestellt haben, zum Beispiel im Hinblick auf den Hubschrauber und die Steilklippe. Ich möchte nicht gegen solche Regeln verstoßen.«

»Die Welt, an die Sie gewöhnt sind, muß doch melodramatischer sein als unsere, Chefinspektor. Wir nennen sie Babylon. Hat man Ihnen die Gästetoilette gezeigt?«

»Ja, danke.«

Sie verließen den Raum und hörten draußen ein eigenartiges, rhythmisches Ächzen, das von den Tonnengewölben widerhallte, aber Bruder Vorsehung schien es ebensowenig wahrzunehmen wie das pausenlose Krächzen der Möwen. Er nickte Pibble zu und ging über den unebenen Boden davon. Pibble trat vorsichtig auf, entfernte sich in die andere Richtung und entdeckte hinter der nächsten Ecke die Ursache des Geräusches. Acht Menschen in blaugrünen Kutten hievten mit einem dicken Tau einen rohbehauenen Steinbrocken hoch. Jedesmal wenn sie anzogen, ächzten alle acht gleichmäßig, und zwischendurch murmelten sie vor sich hin. Dann wurde der Brocken auf einem Rollenschlitten den Gang entlanggezerrt. Pibble trat beiseite und hörte bei dieser Gelegenheit, daß immer dieselben Worte gesprochen wurden: ›Die Steine sind meine Brüder, die Steine sind meine Brüder.‹ Zwischen den einzelnen ›Haurucks‹ war gerade Zeit für eine zweimalige Wiederholung dieser Formel. Keiner der acht Leute an dem Tau gönnte Pibble auch nur einen Blick. Aber zumindest ein kleines Geheimnis war damit gelöst: Der Weg zum Hafen war deshalb so eben, weil ihn die Rollen glattgewalzt hatten.

Bruce hatte sich wieder an seine Arbeit begeben und klopfte von einem Sack, der offenbar feucht geworden war, einzelne Brocken Zement ab. Dann schlug er mit seinem Schlegel darauf; manche Brocken zerfielen, wie es sich gehörte, zu feinem Staub, andere verwandelten sich im Krümel und waren als Kitt ebensowenig verwendbar wie Kies am Strand.

»Das Zeug scheint nicht mehr viel zu taugen«, sagte Pibble.

»Der Staub ist mein Bruder«, antwortete Bruce mit einem frommen Blick.

Aber wieder sah er dabei Pibble nicht in die Augen, sondern der Blick wich zur Seite ab, bevor er Pibbles Augenhöhe erreichte. Dieses Ausweichen hatte Pibble schon oft beobachtet. In London gibt es weitaus mehr Verbrecher als Polizisten. Außerdem sind die Diebe anonym, ihre Häscher aber bekannt.

Deshalb war Pibble es gewöhnt, mitten in der Menschenmenge von scheinbar Fremden erkannt zu werden, und das Anzeichen dafür war immer dieses rasche, seitliche Abgleiten des Blickes. Lächelnd ging Pibble weiter. Dieser Bruce mit seiner El-Greco-Visage mußte doch wohl zu identifizieren sein. Ein gewöhnlicher Gauner auf dieser frommen Insel, ein Mann, der einem Heiligen ähnlicher sah als die meisten übrigen Klosterinsassen. St. Bruce?

Nein, St. Bruno. Hier war er also gelandet. Bei Scotland Yard galt er schon als verschollen, und die Anekdoten über seinen legendären Ehrgeiz und seine Dummheit verstaubten bereits. Das war der Mann, den ein Met trinkender Gelehrter dazu überredet hatte, T. S. Eliots 5. Quartett ›Stoke Newington‹ zu fälschen. Auf dem Mall war es ihm beinahe gelungen, Touristen sehr überzeugende Einladungen zu einer Gartenparty im Buckingham Palace für zehn Guineas pro Stück anzudrehen. Bei Kapmarken war es ihm nicht geglückt, das Geld für die Fälschungen zu kassieren, weil seine Imitation der Briefmarke dem Original weitaus ähnlicher war, als die des ursprünglichen Fälschers.

Er mußte Pibble im Refektorium wiedererkannt und den anderen Bescheid gesagt haben.

Damit waren es schon zwei: die schizophrene Rita und der klassische Dummkopf Bruno. Berücksichtigte man noch dazu das gespannte Schweigen am Frühstückstisch, als Bruder Demut auf Pibbles Intelligenz angespielt hatte, die Art, wie Schwester Mildtätigkeit die dänische Dogge erwähnte . . .

»Das kann kein Zufall mehr sein«, sagte Pibble laut.

Das Echo im Gewölbe pflichtete ihm bei, als gerade eine braun gekleidete Tugend vorbeihuschte. An seinen Namen – oder vielmehr seine Tugend – erinnerte sich Pibble nicht mehr, aber der Mann sah ihn durchdringend an und sagte sehr eindringlich: »Achtundzwanzig verschiedene Planeten!« Dann ging er weiter.

Sir Francis hatte also seine letzte Wohnung auf einer Insel von Idioten, in einem Paradies der Diebe aufgeschlagen. Bruno war nicht der einzige Vorbestrafte, denn da war ja noch der Schlösserspezialist. Doch so ungewöhnlich war das auch wieder nicht. Man mußte schon auf Idioten zurückgreifen, wenn man Glaubensbrüder suchte, die klaglos schufteten, um diese verrückte Kathedrale zu erbauen. Es war klar, daß einige von ihnen aus Gefängnissen kamen. Viele Kriminelle sind im Kopf nicht ganz richtig, und viele sind nur dann glücklich (falls man es so nennen kann), wenn jeder Moment ihres Tages einer Ordnung wie im Gefängnis unterliegt, und diese Ordnung hatte das Evangelium der Steine zu bieten. Es wäre interessant herauszufinden, dachte Pibble, auf welche Weise sich die Bruderschaft mit Leuten in Verbindung setzt, die schwach im Kopf und in der Seele sind. Und ob jemals einer fliehen konnte.

In einem leichten Anfall von Platzangst stieß Pibble das Tor zur Welt auf.

3

Ein gleichmäßiger Wind trieb gewaltige, weiße Wolken über den blauen Himmel. Ein richtiges Wetter zum Drachensteigenlassen.

Theoretisch hatte Vater genau gewußt, wie Drachen funktionieren und erklärt, es sei wesentlich billiger, sie selbst zu bauen, als im Geschäft zu kaufen. Aber nie war ihm ein Drachen geglückt, der dann auch tatsächlich flog. Pibble sah Vater noch vor sich, wie er mit Schnüren und Streben hantierte und immer wieder das Diagramm im Lehrbuch zu Hilfe nahm, bis er zuversichtlich mit dem Ding losmarschierte, während Klein-James bis an die Knie im taufeuchten Gras stand und die Kordel abwickelte. Dann hielt sein Vater den Eigenbau hoch in die Luft und rief: »Jetzt!«

James rannte gegen den Wind über die Wiese davon, die Schnur in seiner Hand veränderte ihren Winkel, der Drachen stieg und stieg, bis ihm Vater von weitem bedeutete – zum Schreien waren seine Lungen zu schwach –, mehr Schnur nachzulassen. Dann schwankte der Drachen, geriet ins Schaukeln, erholte sich noch einmal, wenn James die Schnur kurz wieder anspannte, und stürzte schließlich kopfüber ab. Inzwischen hatten die Buchan-Jungen, die kleiner als James waren, ohne Hilfe ihres Vaters den fertig gekauften Drachen hoch emporsteigen lassen, bis er ruhig in der stetigen Brise schwebte.

Genauso schwammen jetzt einige Möwen eine halbe Meile entfernt im Wind. Dort erhob sich die Insel zu einem Hügel, an den sich ein kleines, plumpes Haus duckte. Die Vögel schrien aufgeregt, das konnte Pibble trotz der Entfernung hören. Sie mußten irgend etwas auf dem Strand darunter gesehen haben, vielleicht sogar einen gestrandeten Wal, den die Klosterbrüder wieder in sein rettendes Element zurückwälzen konnten. Für einen Polizisten, der sich nicht in seinem angestammten Element befand und der darüber hinaus fünfzig Minuten totzuschlagen hatte, lohnte sich schon ein rascher Blick. Pibble ging den Pfad entlang auf das Bauernhaus zu, umgeben von dichtem Heidekraut, das zwei Drittel der ganzen Insel bedeckte. Vom Hubschrauber aus hatte es so ausgesehen, als hätte ein Künstler das ganze Eiland mit Tarnfarbe gestrichen.

Auch dieser Pfad war einmal glatt gewalzt worden, aber schon vor längerer Zeit, wie das frisch wuchernde Unkraut verriet. Als Pibble sich dem Haus näherte, erkannte er auch den Grund. Hier wies der Rasen viereckige Löcher auf, die an Hünengräber erinnerten. Einst war hier ein Dorf gewesen, aber alle Häuser waren verschwunden: nicht eingestürzt, sondern Stein um Stein abgetragen und den Pfad hinuntergerollt. Nur die eine Hütte stand noch.

Aus der Tür kam ein magerer Collie gestürzt, als Pibble mit seinen bloßen Zehen einen Stein ins Rollen brachte.

Glücklicherweise war der Hund an einer langen Schnur am Türpfosten angebunden, so daß Pibble ihm im weiten Bogen ausweichen konnte. Die Tür wurde mit einem Rechen aufgestoßen, doch kein Gesicht erschien.

Hinter der Hütte wurde der Pfad unebener, aber er schien hier häufiger benutzt zu werden. Er schlängelte sich um den Hügel herum und senkte sich dann hinab zu einer versteckten Bucht. Pibble verließ den Pfad und suchte sich einen Weg zwischen den pilzförmigen Steinen, bis er den Klippenrand erreichte und quer über die Bucht hinweg zu dem höher aufragenden Steilufer auf der anderen Seite blicken konnte. An den

Möwen, die den Aufwind ausnutzten, konnte man erkennen, wie der Wind sich an diesem Felsen brach. Sie preschten so schnell auf die Steine zu, daß man glauben konnte, sie würden wie Mücken auf der Autoscheibe daran zerschellen, aber dann schleuderte sie der Aufwind empor zu ihren Artgenossen. Es war eine Bewegung wie bei jenen Spielzeugautos, die auf die Tischkante zurasen, aber im letzten Augenblick mit dem Bugrand die Gefahr ertasten und abwenden. Erheitert trat Pibble bis an den äußersten Rand des Felsens vor.

Die Bucht besaß keinen Strand, sondern nur harte Felsen. Hier lag auch kein Wal, sondern ein gedrungenes, dreckiges Fischerboot, das fast kreisrund war. Das braune Segel war heruntergelassen, aber nicht gerefft. Achtern vom Mast konnte man ein Durcheinander von Netzen und Leinen erkennen. Vor dem Mast saßen, mit dem Rücken zu ihm, zwei Frauen und machten gleichmäßige, aufeinander abgestimmte Bewegungen. Dann erkannte er, daß sie Fische ausnahmen und die Eingeweide als Beute für die Möwen über Bord warfen. Es mußten die Macdonalds sein. Sie trugen nicht die Tracht der Bruderschaft, sondern graue Pullover, Tweedröcke und braune Schals auf den Köpfen.

Pibble hockte fünf Minuten lang auf der Felskante und achtete eigentlich nur auf sein Gleichgewicht, auf die Raubmöwen, auf Wind und Meer. Jenseits der Bucht rollten schwerfällig die Wogen heran und brachen sich in zwei schräg zueinander verlaufende, weißgekrönte Berge. Sicher war es ungemütlich, bei diesem Seegang zu segeln, und er war recht froh darüber, daß ihn der Hubschrauber jederzeit zum Festland hinüberbringen konnte. Als es ihm zu kühl wurde, stand er wieder auf und schlenderte zurück.

Wieder ging der Collie auf ihn los, wieder machte Pibble um ihn einen weiten Bogen und überlegte sich, wie froh er sein durfte, in der letzten Nacht dem liebenswürdigen Bruder Liebe begegnet zu sein und nicht diesem verrückt spielenden Wachhund. Auf seinem Umweg verließ er den Pfad und erreichte eine Stelle, wo sich das Gras unter seinen bloßen Sohlen fast weich anfühlte. Für seine Verabredung mit dem finsteren Bruder Vorsehung war es noch zu früh, und er verspürte wenig

Lust, auf demselben Weg, den er gekommen war, zurückzukehren. Deshalb beschloß er, am Steilufer entlangzugehen und seinen Freund von der vergangenen Nacht zu besuchen.

Aber schon nach dem ersten flachen Höhenrücken verwandelte sich das weiche Gras in rauhes Heidekraut, und er mußte sich mühsam einen Weg suchen. Unter dem wallenden Gewand wurde jeder Schritt zu einem schwerfälligen Tasten auf dem krümeligen Boden unter dem Heidekraut. Die Oberkante der Klippe verlief in Wellenlinien, so daß er sich manchmal nur ein paar Meter über den gischtumwobenen Felsen befand und dann wieder hoch droben sich gegen den Wind stemmen mußte. Für die halbe Meile bis zum Hafen brauchte er fast vierzig Minuten.

Zuletzt ging das Heidekraut wieder in weiches Wiesenland über, wenn auch übersät mit Steinbrocken. Von der anderen Seite hörte man das gleichmäßige Klirren von Hämmern auf Stein. Pibble nahm an, daß sich die Wiese auf der anderen Seite des Hügels sanft zum Hafen hinabsenken würde, aber statt dessen sah er plötzlich in einen senkrecht gähnenden Abgrund: Es war der Steinbruch, aus dem die gewaltigen Felsblöcke für das häßliche Gebäude drüben am östlichen Horizont gebrochen wurden. Am Boden des Steinbruchs arbeiteten einige grüngekleidete Klosterbrüder an zwei riesigen Brocken, die von einer Stelle stammten, wo natürliche Sprünge im Granit bereits die rechteckige Form in etwa vorzeichneten. Das Bemühen der kleinen Figürchen kam Pibble lächerlich vor, bis er sich an Marys Farbfotos vom Steinbruch in Mykenä erinnerte, ein Foto, das sie achtzehn Monate lang jedem zeigte, der seinen Fuß über die Schwelle des Hauses setzte. Die alten Paläste waren nach ähnlichen Methoden erbaut worden wie diese Kathedrale.

Am Rand des Steinbruchs erhob sich eine Balkenkonstruktion, die Rutsche, über die fertig behauene Felsbrocken zum Kai hinuntergelassen wurden, von wo man sie mittels Rollen zum Kloster emporzog. Typisch, daß die Rutsche so konstruiert war, daß jeder Felsen, der sich zufällig aus den Seilschlingen löste, sofort auf das Boot stürzen mußte, das unten im Hafen lag. Pibble fragte sich, ob der Mechaniker im braunen Habit, der sich gerade über den Außenbordmotor beugte, auch nur den Kopf hob, wenn die Bausteine hinuntergelassen wurden. Oder fühlte er sich sicher in der Überzeugung, sein Engel werde ihn schon beschützen?

Pibble ging etwas nach rechts, um eine Bewegung am Strand zu beobachten, die durch das Balkengerüst halb verdeckt wurde. Im nächsten Augenblick schrie er den Steinmetzten unten etwas zu und zeigte auf eine Stelle hinter ihnen. Sie hoben die Köpfe und folgten dann mit ihren Blicken seinem ausgestreckten Arm. Doch Pibble rannte bereits am äußeren Rand des Steinbruchs hinab, die Kutte bis zu den Hüften geschürzt, und wäre um ein Haar auf das Hüttendach ein paar Meter tiefer abgestürzt. An dieser Stelle lag der Boden des Steinbruchs links von ihm kaum tiefer als der Hügel selbst, deshalb sprang er hinab und rannte zu der Rutsche. Die Steinmetzen starrten ihm entgegen und nicht etwa hinüber zu der Stelle, wo Schwester Rita rücklings auf dem Boden lag, bedroht durch die entblößten Fänge von Bruder Liebe.

»Kommt doch!« schrie er und balancierte auf dem Rutschengerüst entlang. Es war so steil gebaut wie ein Ziegeldach und länger, als er vermutet hatte, aber er hielt nicht im Lauf inne.

Das Geräusch seiner patschenden Füße auf dem rauhen Holz wurde von dem neu aufklingenden Gehämmer hinter ihm übertönt.

Fast hätte er es geschafft. Aber als er kurz vor dem unteren Ende zu bremsen versuchte, verlor er das Gleichgewicht, seine Beine rutschten unter ihm weg, und er schlug mit dem Kopf so hart gegen einen Balken, daß er nicht einmal mehr die Splitter spürte, die ihm durch Kutte und Hose ins Gesäß eindrangen. Mach dich schlaff, befal er sich automatisch, aber bevor seine verkrampften Muskeln gehorchen konnten, lag er schon auf den Pflastersteinen.

Halb blind vor Schmerz und Benommenheit, erhob er sich auf Händen und Knien und tastete nach der Kante des Kais. Den Kopf konnte er vorerst nicht heben, aber er schlug mit einiger Mühe die Augen auf und starrte auf eine graugrüne Fläche, in deren Mitte eine rote Halbkugel aufragte. Dann entdeckte er eine zweite und eine dritte – Blutstropfen, die aus seiner Nase auf das Moospolster eines Steines fielen. Pibble stand auf und ging schwankend wie ein Betrunkener auf den Hund

und das Mädchen zu. Sie lag regungslos wie eine Tote, aber man sah die Spannung der Angst in ihren Schultern. Der Hund hatte ihr die Vorderpranken auf die Brust gestemmt und die Lefzen von den Fangzähnen zurückgezogen, die Nackenhaare sträubten sich wie bei einem Indianer. Diesmal verspürte Pibble nicht die geringste Angst, da er sich auf die in der vergangenen Nacht angeknüpfte Freundschaft verließ.

»Braver Hund«, sagte er mit ruhiger, fester Stimme.

Schlagartig veränderte sich das Bild. Die dänische Dogge fuhr knurrend herum und duckte sich schon zum Sprung. Pibble blieb regungslos stehen und sagte mit lockender Stimme: »Nun komm schon, braver Junge.« Da warf der Hund den Schädel zurück und stieß ein langgezogenes Heulen aus. Pibble trat einen Schritt näher. Knurrend ging der Hund auf ihn los, und Pibble hob schützend den Unterarm vors Gesicht. Der Hund knurrte immer noch wie eine Kreissäge, die sich durch einen dicken Ulmenstamm frißt, aber er stellte sich wieder breitbeinig über Schwester Ritas Körper.

»Langsam, langsam, Liebe«, sagte eine sanfte Tenorstimme.

Sofort legten sich die gesträubten Nackenhaare an. Die Fänge verschwanden hinter liebenswürdig grinsenden Lefzen. Der Schwanzstummel wackelte fröhlich. Bruder Liebe tänzelte wie ein junges Hündchen, erhob sich dann senkrecht und stellte die Vorderpranken dem braungekleideten Bruder, der am Motor der ›Wahrheit‹ gearbeitet hatte, auf die Schultern. Er ließ sich von dem Hund gründlich abschlecken.

Als er das Tier endlich beiseite schob, erkannte ihn Pibble: Es war der Hubschrauberpilot, der ihn gestern herübergeflogen hatte, ein Mann mit kräftigem Gesicht und kurzgeschnittenem Haar, der dauernd ohne jeden Grund lächelte. In Oban hatte er sich liebenswürdig gezeigt, wenn auch ein wenig nervös angesichts des unerwarteten Begleiters. Hier wirkte er kindisch und überheblich, als verleihe ihm der Granit dieser Insel Sicherheit.

»Die Eile konnten Sie sich sparen, Sir«, sagte er. »Sie haben sich ganz umsonst aufgeregt. Liebe ist nämlich ausgezeichnet dressiert. Er kann alles – im Gegensatz zu unserer kleinen Rita hier. Nun steh schon auf, Rita, und schleich nicht wieder ungebeten um mein Boot herum.«

Schwester Rita durchlief ein Schauder, dann drehte sie sich herum und kroch auf die Stelle zu, wo Pibble, von Schmerz und Entsetzen immer noch benommen, schwankend stand. Sie schlang ihre Arme um seine Hüften und preßte ihren Kopf an seinen Schoß.

»Mein Retter«, hauchte sie.

»Bring den Herrn hinauf zu Bruder Geduld«, sagte der Pilot mit einem Augenaufschlag gespielter Verzweiflung. »Ich wette, er hat sich ein paar Splitter an einer empfindlichen Stelle eingezogen.«

»Euer Hoheit sind verletzt«, stieß Rita hervor und erhob sich besorgt.

»Und unterwegs nicht trödeln«, ermahnte sie der Pilot. »Dann kommst du sofort wieder zurück zum guten, alten Bruder Duldsamkeit. Du mußt einen ganz neuen Würfel schneiden, bis du wieder für das nächste Quadrat würfeln kannst, nicht wahr? Drum schlag es dir aus dem hübschen Köpfchen, bei meinem Boot herumzuspionieren.«

»Mir ist nichts passiert«, sagte Pibble, »bis auf den kleinen Sturz vorhin. Aber sollten Sie nicht lieber . . .«

»Mir ist Salzwasser in den Zylinder gekommen«, unterbrach ihn der Pilot herablassend. »Ich weiß zwar, die Ventile sind meine Brüder und so weiter, aber wenn ich sie einrosten lasse, muß eine ganze Menge gefeilt werden, bevor sie wieder laufen.«

»Verzeiht den rüden Ton unserer Bauern«, sagte Rita mit sanfter Stimme, »sie wissen es nicht besser.«

Pibble wollte wieder protestieren, aber der Pilot ging auf ihn los und spuckte förmlich vor Wut.

»Meine alte Windmühle interessiert Sie einen Dreck.« Er deutete auf den geheimnisvollen Schuppen. »Soll ich Sie vielleicht auf meinen eigenen Schwingen hin und her tragen, he? Sie kommen daher und machen mir bei meinen Freunden Ärger, dann lassen Sie mir nicht einmal Zeit, die notwendigen Reparaturen auszuführen. Wollen Sie vielleicht, daß uns der Rotor auf halbem Weg davonfliegt, damit Sie das übrige Stück schwimmen können? Ist Ihnen diese Todesart lieber? Mir nicht!«

»Kommt«, seufzte Rita. Sie bot Pibble ihren Arm und führte ihn zum Küstenpfad.

»Vergiß ja nicht, wiederzukommen, Rita, du mußt noch deinen Würfel schneiden«, rief ihr der Pilot boshaft nach. »Die Steine sind deine Brüder, verstanden, Schätzchen?«

»Die Steine sind meine Brüder«, sagte Rita mit ihrer anderen Stimme und zog rasch ihren Arm zurück wie ein Kind, das im Badezimmer eine Spinne angerührt hat. An der Abzweigung eines schmalen Pfades hinüber zum Steinbruch blieb sie stehen.

»Ich muß meinen Würfel schneiden«, sagte sie dumpf. »Diesmal muß ich ihn genau quadratisch machen, dann kann ich wieder beginnen.«

»Wollen Sie mich nicht vorher zu Bruder Geduld führen?« fragte Pibble. »Er hat's doch gesagt.«

Er deutete zurück zu dem Hubschrauberpiloten, der immer noch am Kai stand und ihnen nachsah, die eine Hand auf die Schulter der prächtigen Dogge gelegt. Aus der Ferne wirkten die beiden wie Modelle zu einem Gemälde des heiligen Franziskus.

»Im obersten Quadrat stehen so viele Regeln«, sagte Rita traurig. »Ich kann sie nicht alle gleichzeitig verstehen.«

Aber sie wandte sich doch vom Steinbruch ab und ging den steilen Weg hinauf. Pibble empfand den Druck der Verantwortung, da er nun wußte, daß die Bruderschaft, wenn auch vielleicht in guter Absicht, ihren Verstand nur noch mehr verwirrte. Ihr Geist flatterte wie eine blinde Fledermaus in den Abgrund hinunter, hin und her gerissen zwischen ihrer eigenen Phantasie und der von Vater Überfluß.

»Wie lange sind Sie schon auf der Insel?« fragte er.

»Eine lange Zeit und auch eine halbe Zeit«, antwortete sie.

»Wie sind Sie hergekommen?«

»Bruder Demut hat mich hergebracht. Er zog mich aus einem tiefen Sündenpfuhl. Ich war dem Wohlleben in Babylon verfallen, kleidete mich in feines Linnen, und die Könige der Erde ... Mir fallen die Worte nicht mehr ein. Ich habe solchen Hunger.«

Das war ihre dritte Stimme, die Stimme eines kleinen Mädchens, das einen wirklichen Kummer hat. Auch diese Stimme klang echt; es waren weder die Wahnvorstellungen aus der Apokalypse noch das goldene Märchenland irgendeiner Kinderbibliothek. Daß Pibble langsamer ging, lag nur zum Teil daran, daß seine angeschlagene Hüfte zu schmerzen begann. Teufel, dachte er, drei Tage Urlaub wegen dringender Familienangelegenheiten, und schon lädt man sich eine solche Verantwortung auf. Geschieht dir ganz recht, Pibble, wenn du das System angreifst. Jetzt wirst du die arme Mary verrückt machen, indem du vierzehn Tage lang deine freien Abende dazu benutzt, einen ausführlichen Bericht über die Bruderschaft zu tippen und ihn an alle erdenklichen Behörden zu schicken, die eventuell etwas für die Ritas dieser Insel tun können. Aber es ist kaum mit Erfolg zu rechnen, denn überall wiehert der Amtsschimmel. Du erreichst damit nichts, du ruinierst dir höchstens den Rest deiner Karriere, weil dich jeder für übergeschnappt halten wird, während die arme Rita und der heilige Bruno und die übrigen wehrlosen Seelen . . .

Die Erinnerung an das seltsame Schweigen im Frühstückszimmer bei der Erwähnung seiner Intelligenz erinnerte ihn auch an den muffigen Fladen in seiner Tasche. Er fischte ihn heraus und bot ihn Rita an. Sie ließ den Fladen heimlich wie eine Ladendiebin in den Falten ihrer eigenen Kutte verschwinden und sah sich dabei verstohlen nach allen Seiten um. Dann hob sie die linke Hand, um eine schwarze Locke zurückzuschieben, und steckte dabei gleichzeitig eine Ecke des Fladens zwischen ihre kaum geöffneten Lippen. Pibble ließ ihr Zeit, bevor er seine nächste Frage stellte.

»Sind Sie hier glücklich?«

»Ich hasse es. Ich hasse es. Ich hasse es.«

»Warum gehen Sie dann nicht? Man kann Sie nicht zurückhalten.«

»Weil . . . weil . . . ach, wenn Euer Hoheit nur wüßten, wie gern wir alle für die gute Sache leiden. Wir geben unser Leben für Euch, Sir. Ich bin eine schwache Frau, aber ich werde bis zum letzten Blutstropfen für den Tag kämpfen, an dem Eurem Vater Gerechtigkeit wird.«

»Meinem Vater?«

Er stellte diese Zwischenfrage mit ungewollter Schärfe, aber Rita schien es nicht wahrzunehmen.

»Ja, Sir. Der Tag wird kommen, und er kommt schon bald,

an dem Euer Vater wieder auf seinem Thron sitzen wird und alles im alten Reich seine Ordnung haben wird.«

Wieder fuhr sie sich mit der linken Hand an die Stirn und schob dabei ein Stückchen Kuchen in den Mund. Wenn man bedachte, welches Leben sie hier führen mußte, war es erstaunlich, wie sauber und glänzend ihr die Locken auf die Schultern fielen. In gewisser Weise war sie schön, wenn auch nicht Pibbles Typ. Doch ihre Hände und die Fingernägel waren gezeichnet von der schweren Steinmetzarbeit, ihre Wangen eingefallen von Hunger und Müdigkeit, doch ihre Haut war glatt und sauber, und ihre Augen glänzten, wenn sie ihren romantischen Quatsch von sich gab. Wenn der Wind ihr die grobe Kutte an den Leib preßte, sah Pibble, daß sie eine durchaus attraktive Figur hatte, feste, gutentwickelte Brüste, eine sehr schmale Taille und ausladende Hüften. Genau richtig für die Könige dieser Welt in Babylon. Die Wirkung wurde durch ihr Gesicht teilweise wieder aufgehoben – dieses ungewöhnliche Lächeln und die längliche Nase, die nicht ganz zu ihrem Charakter paßte. Auch ohne ihre Geisteskrankheit wäre sie wahrscheinlich dumm gewesen.

Richtet nicht, auf daß ihr nicht gerichtet werdet.

Sie war allein durch die Vitalität ihrer Jugend schön. Aber noch einige Monate, vielleicht nur Wochen, und die strenge Disziplin der Bruderschaft würde unwiederbringlich ihre Kerben hinterlassen. Das Wichtigste war, sie von hier wegzubringen. Später konnte dann ein Fachmann sich darum bemühen, sie behutsam auf den Weg geistiger Gesundung zu geleiten.

Pibble hatte schon immer auf jedem Gebiet ein gesundes Mißtrauen gegen Amateure gehegt. Nun betrachtete er das Durcheinander von Bauwerken, dem er sich näherte, und fragte sich, ob es nicht an der stumpfsinnigen Architektur lag, daß er von Anfang an gegen diese scheinbar so harmlose Bruderschaft eingenommen gewesen war. Wenn alles von solchem Zement zusammengehalten wurde, wie ihn der arme heilige Bruno auseinandergeklopft hatte, dann würden nur die wahrhaft zyklopischen Grundmauern für einige Zeit stehenbleiben.

»Die treuesten Freunde meines Vaters wohnen jenseits des Meeres«, sagte er.

»Ich weiß«, schrie sie, »ich weiß!«

»Sehen Sie deshalb das Boot an?«

»Ja, ja! Der Diener hat es repariert, und ich wollte sichergehen, daß es für Eure Flucht bereitsteht.«

»Für unsere Flucht«, sagte Pibble.

»Euer Vater ist hier«, flüsterte sie. »Ich habe es nicht gewußt.«

»Er verbirgt sich hier, er ist verkleidet. Sie müssen ihn unbewußt oft gesehen haben, aber Sie müssen auch mitkommen – Komteß, ohne Ihre Leitung gelangen wir nicht in die Freiheit.«

»Ich bin Euer bis in den Tod!« schrie sie.

»Pst«, machte er. »Unsere Feinde sind nahe, wir müssen wieder so tun als ob. Nun führen Sie mich zuerst zu Bruder Geduld, damit er meine Wunden versorgt.«

Wortlos ging sie weiter und bewegte ihre Lippen in unverständlichen Worten.

»Die Steine sind meine Brüder«, sagte sie dann laut.

»Das war die falsche Stimme, Komteß.«

Sie sah ihn verblüfft an und versuchte es noch einmal.

»Langsamer«, korrigierte er. »Dumpfer.«

Diesmal brachte sie eine recht überzeugende Nachahmung ihrer Schwester-Rita-Stimme zustande. Pibble zwinkerte ihr aufmunternd zu, und sie wurde rot. Dann durchschritten sie schweigend das Haupttor, von dem sich nicht ganz gotische Bögen ein wenig unsymmetrisch bis zu einer Stelle emporschwangen, wo die Steinmetzen einen mehrere Zentimeter breiten Sims erfinden mußten, damit der Deckenstein paßte. Pibble betete darum, daß diese Stelle mit etwas besserem Zement gebaut war.

Der Kreuzgang war erfüllt vom Klirren der Meißel und dem Ächzen beim Transport der schweren Steinbrocken. Gleich hinter der ersten Ecke duckten sich einige Klosterbrüder beiderseits eines Felsbrockens von einer halben Tonne Gewicht. Rita blieb stehen, als seien sie und Pibble lärmende Touristen, die gerade einen feierlichen Ritus gestört hatten. Schweigend sank die ganze Gruppe in die Knie und legte die Hände flach auf die Kanten des Felsens. Pibble warf einen Blick nach links in den unvollendeten Korridor und entdeckte die Lücke, in die dieser Stein passen mußte. Sie lag etwa einen Meter über dem Fußboden. Auf ein geheimes Zeichen hin begannen alle leise zu singen, doch jedes Wort war klar zu verstehen: »Es soll an jenem Tage geschehen, wenn du den Jordan überschreitest in das Land, das der Herr dir verleihet, dann sollst du große Steine auftürmen.« Nach einem Schweigen von mehreren Sekunden erhoben sie sich wie ein aufflatternder Taubenschwarm.

Der kleine Klosterbruder am Kopfende des Steins blickte den Korridor entlang und kratzte sich am Kinn. Er sagte: »Die Frage ist nur, ob wir ihn auf Rollen hinschieben oder aufrichten und kippen?«

»Ziemlich weit zum Kippen«, bemerkte einer der anderen.

»Aber hier haben wir noch Platz zum Aufrichten«, wandte der kleine Mann ein.

»Dort drüben müßte es auch gehen«, sagte der zweite. »Schließlich haben wir es mit einem ebenso großen Würfel im Gang der Einsamen Zellen geschafft.«

»Du hast recht«, gab der Kleine zu, »aber den mußten wir nicht halb so hoch einsetzen.«

»Sieh mal«, meinte der zweite, »wir schieben ihn da hin, bauen eine Stufe, kippen ihn darauf, bauen noch eine Stufe, und dann, glaube ich, kriegen wir ihn auf dreimal hinauf.«

»Dann brauchen wir aber etwas zum Anbinden«, sagte der Kleine.

»Wir haben furchtbar viele Seile aufgerieben«, erklärte ein dritter.

»Kein Grund zum Knurren«, antwortete der Kleine, »ihr habt gehört, was Bruder Mut gesagt hat: Es sind keine mehr da.«

Rita zupfte Pibble am Ärmel, und er ließ sich von ihr weiterführen. Abgesehen von seinen Schmerzen wäre er gern hiergeblieben, um zuzusehen, wie eine Verbindung von Muskelkraft und inständigen Gebeten das waghalsige Manöver des Entsetzens eines so großen Steinbrockens bewältigte. Als sie um die nächste Ecke kamen, sahen sie Bruder Vorsehung auf sich zuschreiten.

»Ich habe mich leider verspätet«, entschuldigte sich Pibble. »Ich bin gestürzt.«

»Nur fünf Minuten, Chefinspektor. Wir, die wir das Siegel tragen, haben warten gelernt.«

Bruder Vorsehung sprach mit sehr ruhiger Stimme, betrachtete dabei aber mit starrem Blick nicht Pibble, sondern Rita. Sie hielt diesem Blick stand, doch Pibble glaubte zu spüren, wie sie sich innerlich duckte – ein Hund, der genau weiß, daß gleich der nächste Schlag kommt.

»Der Bruder unten im Hafen, der Pilot, hat Schwester Rita gebeten, mich heraufzubringen«, sagte er. »Sie sollte mich zu Bruder Geduld begleiten.«

»Jaja«, murmelte Bruder Vorsehung zerstreut. »War es wirklich so schlimm? Ich werde Sie selbst hinführen. Rita, geh jetzt wieder hinunter, schneide deinen Würfel. Möge der Große Steinmetz deine Hand kräftigen und dein Auge leiten.«

Sie beugte das Haupt, machte kehrt und ging. Erst als sie um die Ecke verschwunden war, wandte Bruder Vorsehung seinen starren Blick von der schmalen, traurigen Gestalt ab. Schmieriger Alter, dachte Pibble automatisch. Aber nein, das war nicht der Blick, mit dem ein greiser Chef das wackelnde Hinterteil seiner jungen Sekretärin betrachtet – es war Frank Trueloves Blick. Frank war ein Kollege von Pibble, ein tüchtiger, pflichtbewußter Polizist, der ein besonderes Geschick darin besaß, verschwiegenen Gaunern – insbesondere den jüngeren – Geständnisse zu entlocken.

»Ich bin die Rutsche vom Steinbruch aus hinuntergelaufen«, erklärte Pibble. »Dabei habe ich das Gleichgewicht verloren.«

»Und am unteren Ende fanden Sie vermutlich unseren Zerberus«, sagte Bruder Vorsehung.

»Ja«, antwortete Pibble. »Dort war Bruder Liebe.«

Pibble wußte nicht, welchen besonderen Strom Bruder Vorsehung für Rita eingeschaltet hatte, jedenfalls hatte er vergessen, ihn für Pibble wieder auszuschalten, und Pibble sah sich gezwungen, den Blick vor diesen gelben, starren Augen zu senken. Ein Feuer steckte dahinter, das auch in vielen Jahren nicht vergehen würde. Mit einem solchen Blick pflegen alte Männer vom Rollstuhl aus Testamente zu ändern, um sich des letzten Vergnügens nicht zu berauben: die Unterwürfigkeit ihrer Erben zu erleben.

»Bruder Geduld braucht höchstens fünf Minuten, um mich zusammenzuflicken«, sagte Pibble. »Dann wäre es nett von Ihnen, wenn Sie mich ein wenig herumführten und mir die Regeln der Bruderschaft erklärten. Das interessiert mich wirklich sehr. Eine solche Organisation ist mir noch nie begegnet.«

»Gut, gut«, murmelte Bruder Vorsehung. »Geduld ist sehr geschickt in solchen Dingen. Hier entlang. Wir brauchen seine Künste nur selten. Eine der ersten Sprossen der Leiter, die wir erklimmen, erhebt uns über die Krankheiten des Fleisches. Er ist mehr mit dem richtigen Abstimmen unseres Essens beschäftigt.«

Er führte Pibble noch ein Stück den Kreuzgang hinunter, vorbei an der Treppe zu Sir Francis' Zimmer und der Nische, in der Bruder Hoffnung seine elektronische Nachtwache gehalten hatte, dann an der nackten Wand des Refektoriums entlang. Genau vor ihnen lag ein fertiggestellter Gang, welcher parallel zu dem verlief, der zu Pibbles Zelle führte. Pibble war in Gedanken immer noch mit dem eigentümlichen Frank Truelove beschäftigt, aber ein Eckchen seines Verstandes registrierte eine architektonische Anomalie: Zu beiden Seiten gingen Türen von dem Flur ab, doch konnten die auf der rechten Seite höchstens in winzige Kammern führen oder in Zellen ohne Fenster. Sein eigener Flur, der nur auf der anderen Seite Fenster aufwies, lag viel zu dicht daneben, um für mehr Raum zu lassen.

Bruder Vorsehung stieß die letzte Tür auf, ohne anzuklopfen, und sagte: »Geduld, jetzt kannst du beweisen, ob deine Hand immer noch so geschickt ist, wie sie in Babylon war. Unser Gast ist böse gestürzt.«

Bruder Geduld erhob sich von dem derben Bauerntisch, an dem er gearbeitet hatte. Pibble erkannte die Schachtel Schulkreide, die er im Hubschrauber auf den Knien balanciert hatte. Er erinnerte sich, den Arzt in der Mönchskutte beim Frühstück gesehen zu haben, wo er zweifellos der älteste der Tugenden gewesen war – es sei denn, daß die faltige Haut seiner eingefallenen Wangen auf eine überstandene schwere Krankheit zurückzuführen war.

»Du liebe Zeit«, sagte er, »ziehen Sie Ihre Kutte aus, dann will ich sehen, was ich für Sie tun kann.«

Seine Stimme war so heiser, daß sie fast tonlos klang wie die eines langjährigen Kettenrauchers, doch Pibble bezweifelte, daß es auf der ganzen Insel auch nur eine einzige Zigarette gab. Selbst wenn die Sekte aus Vorbestraften bestehen sollte, durfte wohl keiner von ihnen rauchen.

»Ich gehe ein oder zweimal um den Kreuzgang«, sagte Bruder Vorsehung freundlich und machte sich auf den Weg. Pibble streifte die Kutte ab.

»Ich habe mir den Kopf angestoßen, und meine Nase hat ein wenig geblutet. Dann muß etwas mit meiner Hüfte passiert sein. Vermutlich habe ich mir auch den Hintern aufgeschürft, ohne es zu merken, denn die Stelle schmerzt mehr als alles andere.«

»Du liebe Zeit«, sagte Bruder Geduld ungerührt. »Wissen Sie, wann Sie die letzte Tetanusspritze bekommen haben?«

»Im vergangenen April.«

»Dann ist ja alles in Ordnung. Ich fange oben an. Vielleicht haben Sie einen Schädelbruch, aber der ist nicht so ernst, wie er klingt. Wie alt sind Sie denn?«

»Vierundfünfzig.«

»Hm. Für Babylon ist Ihre Verfassung nicht übel. Sagen Sie Bescheid, wenn es irgendwo ungewöhnlich weh tut. Sie werden es schon merken.«

Seine Hände fuhren durch Pibbles Haar, kräftige, zielsichere Hände, obgleich sie ständig zitterten.

»Ohne Durchleuchtung kann ich nichts feststellen«, erklärte er schließlich. »Ihr Ohr wird nicht mehr so hübsch werden, wie es einmal war, und daß der Knochen in Ordnung ist, darum können wir nur beten.«

Eine leise Angst befiel Pibble. Mühsam wand er sich aus der engen Weste und hielt die Gelegenheit für günstig, eine schwierige Frage zu stellen.

»Schwester Rita ist schizophren, nicht wahr?«

»So bezeichnet man das in der üblichen Sprache«, sagte Bruder Geduld nach einer kurzen Pause.

»Sollte sie nicht behandelt werden? Ich meine, braucht sie nicht eine umfassendere Behandlung, als Sie sie hier durchführen können?«

»Tut das weh?«

»Ja, aber nur oberflächlich. Was meinen Sie?«

»Sie haben eine kräftige Beule, aber Ihre Rippen sind offenbar noch in Ordnung.«

»Glauben Sie als Arzt, daß die strengen Regeln dieser Gemeinschaft für Schwester Rita das Richtige sind?«

Bruder Geduld richtete sich seufzend auf.

»Als ich noch Arzt war, hätte ich Ihnen vielleicht beigepflichtet«, sagte er. »Nun trage ich das Siegel, habe mich viele Quadrate von Babylon entfernt und weiß, daß meine Ansicht falsch gewesen wäre. Die Stadt, die wir erbauen, erfüllt die Wünsche aller Kranken, sei es im Geiste oder im Fleisch. Von Vorsehung bis Liebe werden wir alle behandelt, alle geübt. Ziehen Sie die Hose 'runter. Keine noch so mitfühlende Klinik in Babylon könnte Rita die Behandlung angedeihen lassen, die sie hier erhält, da keine Klinik in Babylon wahrhaft die Natur ihrer Krankheit versteht. Großer Gott, da haben Sie sich wirklich etwas zugezogen, alter Junge. Ich hole Ihnen die Splitter 'raus, falls ich meine Pinzette finde. Hier ist sie ja. Aber das wird weh tun. Es ist Ihre unsterbliche Seele, die hier geheilt wird, und nicht nur der schwache Geist im vergänglichen Fleisch. Halten Sie still, Mann. Fleisch, Knochen, Gehirn, Nerven, Ich, Über-Ich – das ist alles Unsinn. Ich muß Jod nehmen, da ich nichts anderes hierhabe. Was Ihnen zustößt, spielt eigentlich gar keine Rolle, da die Seele das eigentlich Wirkliche ist. Das wird jetzt auch schmerzen.«

»Aber hätte ihre Seele nicht eine bessere Chance, wenn Rita insgesamt erst mit sich ins reine kommen könnte? Sie scheinen ihr schwer zuzusetzen. Au!«

»Ich habe ja gesagt, es wird weh tun. Sie dürfen nicht glauben, alter Junge, daß wir darüber nicht nachgedacht hätten, denn ziemlich dasselbe sagte ich auch schon zu Bruder Vorsehung. Er hat mich abgewiesen. Auf dieser Seite sind keine Splitter, aber sie ist aufgewetzt. Beißen Sie die Zähne zusammen, alter Junge. Heiliger Strohsack, was war das für ein Geräusch?«

Pibble hatte es nicht gehört. Er war dem ehemaligen Mediziner schon dafür dankbar, daß er auf den geschmacklosen Witz mit der anderen Backe verzichtet hatte. Aber dann weinte er plötzlich vor Schmerz.

Vater hätte nie ein Kind geschlagen, nicht einmal sein eigenes. Aber Ted Fasting hatte den kleinen James einmal erwischt, als er im Zwiebelbeet stand und sich nach einem Schulheft bückte, das Sam aus Spaß über den Gartenzaun geworfen hatte. Der dicke Mr. Fasting in seiner Weste lief dunkel an vor Zorn, packte einen Stock, hielt James mit seiner klebrigen Hand am Genick fest und schlug mit der anderen zu, bis das Blut kam. Genauso biß das Jod jetzt in der Wunde. Durch den Schleier seiner Tränen konnte Pibble den ordentlich abgestochenen Torfrand rings um das Zwiebelbeet sehen; die braunglänzenden Knollen, auf denen das frische Grün sproß.

»Das müßte reichen«, sagte Bruder Geduld. »Sie werden etwa eine Woche lang im Stehen essen.«

Pibble richtete sich auf und schüttelte den Nebel aus seinem Kopf. Mutter wollte damals Strafanzeige erstatten, aber Vater war am Abend nur die Straße hinuntergegangen, um sich mit Mr. Fasting zu unterhalten. Von da an hatte zwischen den beiden Familien eine seltsame Kühle geherrscht, die anders war als die häufigen Streitereien in der Straße, bei denen man dann zehn Tage lang nicht miteinander sprach. Seit Jahren hatte Pibble nicht mehr an diese Tracht Prügel und ihr Nachspiel gedacht, aber nun wurde ihm klar, daß sein Vater bestimmt versucht hatte, Mr. Fasting die Natur der inneren Triebe klarzumachen, die ihn veranlaßt hatten, einen Jungen zu versohlen.

»Bitte«, sagte eine Stimme von der Tür her. Pibble sah dort einen schlanken, grüngekleideten Mann stehen: Er hatte sich vorhin über den Mangel an guten Seilen beschwert. In seinen Augen sah Pibble zum erstenmal seit der Landung im Hubschrauber das Aufleuchten echter Freude und Erregung, wenn man von der Ekstase in Bruder Liebes traurigen Doggenaugen absah.

»Ja«, sagte Bruder Geduld im ungeduldigen Ton eines Arztes, dem eine Unterbrechung lästig ist. Pibble zog rasch die Hose hoch.

»Bruder Vorsehung sagt, du sollst bitte kommen«, sagte der Mann. »Das Seil ist gerissen, und wir haben einen riesigen Würfel auf Gavins Knöchel fallen lassen. Du hättest seinen Schrei hören sollen.«

»Wir haben ihn gehört«, antwortete Bruder Geduld ruhig und verließ den Raum. Pibble zog seine Weste an, aber noch bevor er die Kutte wieder überstreifen konnte, war der Arzt schon wieder da und holte die große, achteckige Flasche Jod sowie vier oder fünf alte Verbände aus einer Schublade. Kein Schmerzmittel, wie Pibble feststellte. Kein Morphium, nicht einmal Aspirin, nur das beißende Desinfektionsmittel.

Als Pibble angezogen war, sah er sich um. Die Praxis war dürftig eingerichtet wie die eines Zauberdoktors: zwei Thermometer in einem staubigen Becher, ein Stethoskop, ein Marmeladenglas voll Tupfer, eine Flasche mit weißen Pillen und dem Etikett ›Kortison‹, die offenbar Sir Francis gehörte, Band I von einem Nachschlagwerk über Krankheiten. Neben dem Karton Schulkreide stand auf dem Tisch ein Mörser mit Stößel und etwas weißem Pulver. Dann eine Eierschale. Eine Blechschachtel mit sechs weiteren weißen Pillen und ein gelötetes Stück Metall, das aussah wie eine Spielzeugbratpfanne, mit der eine Puppe acht Kekse von Pillengröße backen kann.

Pibble betrachtete diese Kollektion, summte vor sich hin und vergaß seine Schmerzen. Aha, dachte er: Man bestellt Schulkreide vom Festland, man mahlt sie und mischt sie mit Eiweiß. Über Nacht backt man acht Pillen. Zwei bekommt der Alte, bleiben noch sechs. Die legt man in Blechschachteln. Pibble durchsuchte die Schubladen, fand aber nichts, was nach Gift aussah. Also blieben ihm noch ein bis zwei Tage Zeit.

Beim Schnüffeln ließ er sich lieber nicht erwischen. Er legte alles wieder so hin, wie er es vorgefunden hatte, und griff nach dem einzigen Lesbaren im ganzen Raum.

Das Buch klappte auf einer Seite auf, das einen nackten, mondgesichtigen Mulatten auf einem schlechten Foto zeigte. Er war in Seitenansicht zu sehen und demonstrierte, wie der Text erläuterte, eine Drüsenkrankheit. Da erwachte plötzlich der unberechenbare Hüter von Pibbles Gedächtnis: Der Untermieter der Bartons hatte die Addisonsche Krankheit gehabt, eine Fehlfunktion der Nebennieren. Salz hatte mit zu seiner Behandlung gehört.

Und ausgerechnet an dieser Stelle hatte sich das Buch zufällig geöffnet. Pibble blätterte die übrigen Seiten durch und stellte fest, daß das Glanzpapier aneinanderklebte, als sei das Buch nur selten aufgeklappt worden. Nur die wenigen Seiten am Ende des Buchs waren weich vom vielen Umblättern. Er las rasch und lauschte dabei, ob sich nicht der Schritt bloßer Füße näherte. ›Lethargie: plötzliches Einschlafen, charakteristische Pigmentierung der Haut, Behandlung mit Kortison und Hydrokortison, zweimal täglich, wobei ältere Patienten das Kortison nur mit Salz anstelle des Hydrokortisons bekommen sollten, Gefahr sekundärer Infektionen, erste Symptome zeigen sich häufig nach physischem Druck, insbesondere bei Operationen. Unterbrechung der Behandlung führt wahrscheinlich zu raschem Kollaps und irreversibler Hirnschädigung.‹

Sir Francis hatte eine rosa und keine braune Hautfarbe, aber das lag vielleicht am Kortison. Im Text stand nichts darüber, daß die Lethargie in gleichmäßigen Intervallen auftrat, auch nichts von der Schlaflosigkeit seit siebenundzwanzig Jahren; aber alles andere paßte haargenau. Die weiße Pille war Kortison, dazu kam das Salz, weil der Patient schon alt war. Er war operiert worden, vielleicht an der Prostata, denn Sir Francis hatte die Schäden erwähnt, die seine verdammte Blase Rutherfords Teppich zugefügt hatte. Der alte Mann konnte also niemanden bitten, das Mikrofon zu entfernen, das ging irgendwie nicht zu machen. Wenn er der Bruderschaft unbequem wurde, brauchte man ihm nur das Kortison vorzuenthalten, und innerhalb von vierundzwanzig Stunden würde der berühmteste Geist Europas in Umnachtung fallen.

In dieser klaren Sekunde erkannte Pibble, auf wessen Seite er stand. Bisher hatte er sich neutral verhalten – in der Mitte zwischen seinen beiden Erbfeinden, dem Verräter seines Vaters und den Verführern seiner Mutter. Da Mr. Toger nicht zur Stelle war, mußte die ganze Bruderschaft für ihn herhalten.

Aber Mord bleibt Mord.

Der Staubrand auf dem Regal zeigte an, wo das Buch gelegen hatte. Genauso legte Pibble es wieder hin. In der Flasche war noch etwa ein Dutzend der echten weißen Pillen übrig, und Pibble überlegte schon, ob er nicht sechs davon stehlen und sie gegen die gefälschten Pillen in dem Blechbehälter austauschen sollte. Aber man sah ihnen den Unterschied an, und das Risiko war zu groß. Geduld würde sicherlich die glattesten der selbstgedrehten Pillen aussuchen und dabei bemerken, daß alle anderen plötzlich perfekt, also maschinell hergestellt waren. Niemand ist sich der Mängel seiner Arbeit so bewußt wie der Fälscher selbst.

Pibble nahm nur zwei Pillen aus der Flasche und knotete sie in eine Ecke seines Taschentuchs ein. Er hätte gern mehr genommen, aber das Fehlen einer größeren Anzahl wäre noch eher aufgefallen.

4

Die einzige andere unverdächtige Pose eines Wartenden war, zum Fenster hinauszusehen. Im peitschenden Wind war gestochen klar die Linie zu erkennen, wo Himmel und Meer sich trafen; der Wind rüttelte an einer schlechtsitzenden Fensterscheibe. Dann quietschten Türangeln.

»Fertig?« fragte Bruder Vorsehung.

»Ich hoffe, es wurde niemand schwer verletzt«, sagte Pibble.

»Verletzt?«

»Ist nicht jemandem ein Felsbrocken auf den Knöchel gefallen?«

»Ach, Chefinspektor, diese Denkweise vergißt man ganz. Gott hat uns gestraft, indem er einem kräftigen Arbeiter das Bein brach. Im Vergleich zu diesem Schock bedeutet die Verletzung nichts – nur eine Illusion gefallener Materie.«

Also bedeutete auch das Jod nichts, ganz zu schweigen von dem Stock in Ted Fastings Hand.

»Kommen solche – hm – Strafen öfter vor?« fragte Pibble.

»Bisher hat es so etwas noch nie gegeben.«

»Hoffentlich bin ich es nicht, der Ihnen das Unglück gebracht hat.« Die Gegenwart des bärtigen Mönchs schien bei Pibble zu bewirken, daß ihm Glattheiten nur zu leicht über die Lippen kamen. Außerdem stellte diese Bemerkung einen Fehler dar, und zwar nicht wegen ihrer Albernheit, sondern aus einem

anderen unerfindlichen Grund. Bruder Vorsehungs Elfenbein-
blick wurde durchdringend, der Ton seiner Stimme düsterer.

»Auch Glück ist eine Illusion«, sagte er. »Nichts geschieht
ohne Grund. Wir beginnen mit dem Turm.«

Schwester Dorothy kam durch den Kreuzgang auf sie zu,
einen dampfenden Blechnapf in der Hand. Pibble, der an die
Verkehrsregeln in der Londoner Innenstadt gewöhnt war, wich
ein Stückchen nach links aus und erwartete von ihr dasselbe.
Aber sie ging einfach stur weiter und schien ihn erst wahrzunehmen, als sie nur noch ein paar Zentimeter entfernt war. Sie
wollte etwas sagen, ließ es jedoch bleiben, als sie gegen ihn
prallte und ihm heißes Wasser über den Bauch kippte. Leise fluchend, taumelte sie auf eine Säule zu, hielt sich mit dem freien
Arm daran fest und wartete, bis das restliche Wasser in dem Ge-
fäß nicht mehr schwappte. Dann marschierte sie ohne ein Wort
der Entschuldigung weiter. Die kühle Luft hinter ihr stank wie
eine Kneipe in Dublin.

»Schwester Dorothy ist ein recht ungewöhnliches Mitglied
dieser Bruderschaft, wie mir scheint«, murmelte Pibble.

»Sie war blau«, erklärte Bruder Vorsehung ruhig.

»Ich wußte gar nicht, daß Sie geistige Getränke zu sich nehmen«, sagte Pibble. Er sprach dabei in dem scharfen Ton von
Mr. Toger, an den er sich genau erinnerte. Mr. Toger, Mitglied
des Vorstands der Abstinenzlersekte, der Mutter angehört hatte,
war eines Abends erschienen, nachdem Mutter ein paar
Schlucke von ihrer ›Medizin‹ zu sich genommen hatte. Das
mußte Anfang der dreißiger Jahre gewesen sein.

»Auf der ganzen Insel gibt es keinen Alkohol«, sagte Bruder
Vorsehung genauso ruhig. Eine Glaubenslehre, deren Begründer
sich mit intelligenten Tintenfischen unterhielt, wußte sicher
auch diesen einfachen Widerspruch zu deuten. Nur wurde die
Unterhaltung auf diese Weise schwierig.

Die Tür zum Turm lag als einzige dem Eingang zu Sir Francis' Zimmern genau gegenüber. Während Bruder Vorsehung in
der grünen Kordhose, die er unter der Kutte trug, nach dem
Schlüssel suchte, sah Pibble verstohlen hinüber zu der Stelle, wo
die Mikrofonschnur gelegen hatte. Sie war weg.

»Das ist die erste verschlossene Tür, die ich auf dieser Insel sehe«, bemerkte Pibble.

»Nach dem Glauben der Siegelträger haben Treppen eine besondere Bedeutung. Man will die Schlichteren unter den Brüdern nicht dazu verleiten, diesen sündigen Stein mit der geistigen Wirklichkeit zu verwechseln.«

»Aber ich dachte immer, Stein sei für Sie – hm – okay.«

»Es gibt sündigen Stein, Chefinspektor, und sündiges Fleisch. Beide bestehen aus sündigen Atomen. Wir in unserer gefallenen Natur können unseren Geist nicht entsprechend den vollkommenen Quadraten formen, aus denen sich das Große Brett zusammensetzt, aber wir können uns an Steinen üben. Nicht umsonst wird der rechte Winkel so genannt, aber es gehört Disziplin dazu, ihn zu erreichen.«

»Au«, schrie Pibble, weil er sich die malträtierte Zehe an einer besonders undisziplinierten Fußbodenplatte angestoßen hatte.

»Die Steine sind deine Brüder«, sagte Bruder Vorsehung.

»Soll das heißen, daß die Stadt, die Sie hier bauen, nichts weiter ist als eine Art Metapher?« fragte Pibble.

Sein Fremdenführer setzte sich seufzend auf eine Treppenstufe. Mit Rücksicht auf seine Verletzung blieb Pibble stehen und lehnte sich an die Außenmauer. Bruder Vorsehung hatte sich eine Stelle ausgesucht, wo durch einen Fensterschlitz graues Licht hereinfiel, das sein bärtiges Gesicht beleuchtete, während sein übriger Körper in Dunkel getaucht war. Der Kopf schien körperlos in der Luft zu schweben, und das Treppenhaus verlieh seiner Stimme die grausige Resonanz eines Grabgewölbes.

»Chefinspektor, Sie gebrauchen schreckliche Worte in einer unbedachten, frivolen Art. Ich zittere um Ihre unsterbliche Seele. Zunächst muß man begreifen, daß es Abstufungen der Wirklichkeit gibt. Die zentrale Wirklichkeit ist Gott, und alle Religionen stellen instinktive Versuche zur Erlangung dieser Wirklichkeit dar, aber in unserer gefallenen Natur haben sich alle bisherigen Glaubensbekenntnisse geirrt, sie führen ihre Anhänger oft nur noch tiefer in die Illusion. Der nächste Grad der Wirklichkeit ist die Beziehung der Seele zu Gott. Das Opfer Gottes ist ein gebrochener Geist. Diese Wahrheit steht über allen anderen. Ein gebrochener Geist, das ist ein Geist, der in seine Grundelemente aufgegliedert wurde, damit er neu geformt werden kann und eine Gestalt annimmt, in der er, befreit von allen Scherben gefallener Materie, zu Gott gelangen kann. Der dritte Grad der Wirklichkeit ist die Methode, durch die man diese Umformung erreichen kann – und die einzige Methode, die wir kennen, ist der Glaube der Gesiegelten. Diese Stadt hier ist Bestandteil des Glaubens. Von einer höheren Stufe aus gesehen, mag der Glaube tatsächlich, wie Sie sagen, nicht mehr als eine Metapher darstellen, aber für die zahllosen Grade darunter ist er machtvolle Wirklichkeit.«

Der Mann konnte hypnotisieren. Nur die eigenen Schmerzen, für ihn absolute Wirklichkeit, bewahrten Pibble vor einer Kapitulation.

»Sie meinen also, Ihr Glaube ist ein Werkzeug, um den Geist der Menschen zu brechen«, sagte er.

»So kann man es auch ausdrücken. Aber vergessen Sie nicht, daß man ein Werkzeug fest in der Hand halten muß, wenn es nützen soll. So ist es auch mit dem Glauben. Ein kraftvoller Geist muß ihn erfassen, bevor er richtig angewandt werden kann.«

»Sind nicht auch Analogien gefährlich?«

Er mußte den Mönch ab und zu unterbrechen, um seinem Bann zu entrinnen.

»Die meisten sind in der Tat unfruchtbar, Chefinspektor. Aber einige wurden in unsere Sprache eingestreut, sie sind in den Menschengeist hineingeflossen, Hinweise, die uns zu unserer wahren Bestimmung führen. Sie werden zum Beispiel bemerkt haben, daß wir häufig von der Beziehung der Brüderlichkeit sprechen. Das soll uns an die Tatsache erinnern, daß wir – um ein poetisches Wort zu gebrauchen – der absoluten väterlichen Fürsorge absagen müssen . . .«

»So war mein Vater ganz und gar nicht«, unterbrach Pibble ihn interessiert, weil er schon wieder in dem Spinnennetz zappelte. Bruder Vorsehung erhob sich, seufzte noch einmal und ging die Treppe hinauf. Pibble folgte ihm und überlegte, ob seine leichte Benommenheit von einem verspäteten Schock nach dem Sturz herrührte oder von dem Bewußtsein, einen plötzlichen Überfall abgewehrt zu haben. Teufel, war das ein scheußlicher Glaube. Oder vielleicht war er auch nur scheußlich deutlich. Selbst damals, als der fünfzehnjährige James mit der zerrissenen Schultasche unter dem Arm die Straße entlangkam, hatte er gespürt, daß Mr. Toger bei seiner Strafpredigt viel lieber das Haus betreten hätte, anstatt nur auf der Schwelle stehenzubleiben – er hätte die immer noch hübsche Witwe zu gern nicht nur mit geistigen Traktaten getröstet.

Wo konnte dieser Bruder Vorsehung herkommen? überlegte Pibble. Was war er in Babylon gewesen? Er hatte etwas von einem Spötter an sich. Seine Art war Pibble zuerst arrogant erschienen, aber er hatte sich geirrt. Er spürte den weltmännischen Unterton, die gefällige Ausdrucksweise, die auf ein Leben unter den oberen Zehntausend hindeutete. Hinzu kam das vage Gefühl, daß dieser Mann Pibble genauer kannte als Pibble ihn. Ein unangenehmes Gefühl.

Am oberen Ende der Treppe hob Vorsehung eine Falltür auf und ließ helles Licht und das schrille Geschrei der Möwen herein.

»Was für ein wunderbarer Blick«, sagte Pibble.

»Alle Königreiche dieser Erde.«

»Wirklich?«

»Nach unseren Begriffen wirklich, nach Ihrem nur eine Metapher.« Hier lauerte kein Hinterhalt. Sein Lächeln war das eines modernen Theologen, der im Fernsehen eine paradoxe Stelle erläutert und doch genau weiß, daß seine vier Millionen Zuschauer zu dumm sind, um die Höhenflüge seines Geistes zu begreifen.

»Ich bin meiner Begriffe nicht so sicher wie Sie der Ihren«, sagte Pibble.

»Sagen Sie mir, weshalb Sie hergekommen sind, Chefinspektor. Ich weiß, daß Einfalt es fertiggebracht hat, Sie einzuladen, ohne uns zu verständigen, aber eine solche Einladung muß einem vielbeschäftigten Polizeibeamten doch sehr ungelegen kommen, und Sie machen gar nicht den Eindruck eines Mannes, der eine mühsame Reise auf sich nimmt, nur um einen berühmten Mann kennenzulernen.«

»Das ist schwer zu erklären«, antwortete Pibble. »Ich war

ein Einzelkind und erst elf Jahre alt, als mein Vater starb. Er bedeutete mir sehr viel, und ich wollte immer schon mehr über ihn wissen – man könnte fast sagen, ich war besessen von diesem Wunsch. Jedenfalls arbeitete mein Vater vor dem Ersten Weltkrieg mehrere Jahre lang für Sir Francis, und als Sir Francis mich hierherbestellte, hoffte ich auf eine letzte Gelegenheit, einem Menschen zu begegnen, der Vater kannte. Der Brief hat mich auf Umwegen erreicht; der heutige Tag war als letzter Termin genannt, so daß ich mich beeilen mußte.«

»Warum hat er das getan?«

»Er dachte vielleicht, der Brief würde mich nicht erreichen, und setzte daher einen Termin fest, um nicht dauernd auf mich warten zu müssen.«

»Eine seltsame Art, Informationen für ein Buch zu sammeln. Er kann von Ihnen doch kaum wesentliche Beiträge erwartet haben.«

»Ich dachte, dieses Buch sei geheim.«

Bruder Vorsehung lachte nachsichtig.

»Mein lieber Freund«, sagte er, »wie kann es denn ein Geheimnis sein? Ich denke, daß die bereits vollendeten Teile zu diesem Zeitpunkt in etwa vierzig Sprachen übersetzt werden. Ich bedaure nur, daß ich es nie lesen werde, weil ich Babylon verlassen habe.«

»Ich meinte, ein Geheimnis für die Bruderschaft.«

»Seltsam.«

»Auf jeden Fall hat niemand darüber gesprochen, wie man doch hätte annehmen können. Es muß für Sie alle eine aufregende Sache sein.«

»Unsere Abenteuer sind nicht von dieser Welt, Chefinspektor.«

»Ich wollte damit sagen, daß es sicher störend wirkt, wenn Verleger und Redakteure kommen und gehen.«

»Einfalt muß alle Verhandlungen brieflich abgewickelt haben. Von dem Buch erfuhren wir erst, als zwei Journalisten in einem Boot ankamen und ihn interviewen wollten. Das war vor ungefähr fünf Wochen, aber wir sagten ihnen, wie krank er sei, da fuhren sie wieder ab. Ich glaube, er hat in seinem Vertrag zur Bedingung gemacht, daß er nicht durch Besucher jener Verlage, die seine Auszüge abdrucken, gestört werden darf.«

»Wie krank ist er denn?«

Bruder Vorsehung lächelte gütig. Der Wind zauste in seinem Bart und preßte ihm die Falten der Kutte gegen die Beine.

»Ach, Chefinspektor«, sagte er, »Sie sind uns auf die Spur gekommen. Wir haben uns gegenüber der Presse einiger Übertreibungen schuldig gemacht. Auf einen groben Klotz gehört ein grober Keil, nicht wahr?«

»Meine Frau hat mir von einem Gerücht über seine Krankheit erzählt, das sie in ihrer Zeitung gelesen hat«, sagte Pibble. »Woher wußten Sie übrigens, daß ich Polizeibeamter bin?«

»Einige der Siegelträger sind vorbestraft, und unter ihnen war zufällig einer, der einmal durch Ihre Hände gegangen ist und Sie wiedererkannt hat. Sie würden ihn jetzt wahrscheinlich nicht wiedererkennen.«

Das war wohl ein Witz, ein kleiner Spaß auf Pibbles Kosten. Man merkte es an der Stimme von Bruder Vorsehung, obgleich der Bart jedes Lächeln verbarg. Aber es konnte durchaus wahr sein, und Sir Francis log – wer einen Pibble betrogen hat, wie Mutter immer behauptete, der konnte durchaus auch einen zweiten betrügen. Beinahe hätte Pibble mit der Hand in die Tasche gefaßt, um nachzusehen, ob die beiden Pillen noch da waren. Lieber sah er sich in der eintönigen Landschaft um, betrachtete die noch langweiligere See. Am nördlichen Horizont ragte die Insel Tiree auf. Im Osten lag Schottland, aber die Wolkenbänke versperrten die Sicht dorthin. Im Südosten funkelte der Leuchtturm von Dubh Artach, doch abgesehen davon fühlte man sich ins finsterste Mittelalter zurückversetzt.

»Sie bewahren vermutlich den Hubschrauber im Schuppen am Kai auf, damit der Hund ihn und das Boot gleichzeitig bewachen kann.«

»Ja, Liebe schafft das schon.«

»Sie scheinen sehr modern ausgerüstet zu sein, wenn man bedenkt . . .«

»Daß wir so bewußt spartanisch leben, wollten Sie sagen. Sprechen Sie es ruhig aus, mein Lieber. Wir haben keine Gefühle, die Sie damit verletzen könnten. Aber wir brauchen das

Boot, den Hubschrauber und das Radio für die Verbindung mit dem Festland. Auf Funk könnten wir verzichten, aber Boot und Hubschrauber sind wichtig für die Verpflegung. Bis es dem Herrn gefällt, uns mehr Erfolg bei unseren eigenen Ernten zu gewähren. Das Radio wird von den Behörden auf dem Festland gefordert.«

»Und wahrscheinlich haben Sie auch einen Generator, um Sir Francis mit elektrischem Licht zu versorgen.«

»Und auch für das Radio, aber für sonst nichts.«

Hier war der Nachdruck etwas zu deutlich. Wofür konnten sie wohl den Generator sonst noch verwenden?

»Sollen wir wieder hinuntergehen?« fragte Bruder Vorsehung. »Wie ich sehe, tragen Sie keine Hose, da wird Ihnen bei dem Wind kalt werden.«

»Ihnen auch«, sagte Pibble.

»Der Wind weht, und es bedeutet uns nichts. Nur gefallene Materie von der irrationalsten Sorte.«

»Bruder Hoffnung verfügt über eine ungewöhnliche Konstitution. Ich habe ihn letzte Nacht bei der Meditation gesehen.«

»Er hat es mir gesagt. Leider störten Sie ihn in einem erregenden Augenblick. Nach Vater Überfluß war Hoffnung der erste der Gesiegelten. Bisher ist er als einziger Vater Überfluß in der Fähigkeit des Seelentransfers nahegekommen. Dieser stellt im Glauben der Gesiegelten eine zentrale Technik dar, die uns in die Lage versetzt, nach Völkern zu suchen, die auf dem Pfad der Neuschöpfung schon weitergelangt sind als der arme, gefallene Mensch. Letzte Nacht stellte Hoffnung zum erstenmal Kontakt mit den Seelen einer anderen Sphäre her, und Sie haben ihn zurückgerissen. Hörten Sie etwas?«

»Es klang wie Stimmen«, sagte Pibble.

»Ja, wahrscheinlich. Es müssen natürlich Stimmen von einem anderen Planeten gewesen sein. Diese Technik stellt so etwas wie einen starken geistigen Strom dar, der überall Wirbel erzeugt und lokale Phänomene auf eigenartige Weise verzerrt. Als Vater Überfluß unter uns war, mußten wir uns daran gewöhnen, Gesprächsfetzen aus benachbarten Räumen zu vernehmen.«

»Ich habe mit solchen Dingen keine Erfahrung«, sagte Pibble zweifelnd. »Tut mir leid, wenn ich gestört habe.«

»Die Unterbrechung war der Wille des Herrn«, sagte der Mönch, »und Gavin wurde der Knöchel gebrochen, um seinen Willen zu bekräftigen. Wir sind noch nicht würdig. Bitte Vorsicht, die siebente Stufe ist die sündige.«

Unter diesen Umständen ganz genial, dachte Pibble. Aber nahmen diese Leute wirklich an, daß er es glaubte? Dieser intelligente Mann konnte ihn doch nicht für so naiv halten – oder wies auch sein scharfer Verstand blinde Stellen auf? Nein, wahrscheinlich glaubten sie, er würde ihnen etwas vormachen, aber das bedeutete, daß es ihnen gleichgültig war, wenn er etwas von dem Mikrofon wußte. Schwindlig von der doppelten Täuschung und der Treppe, trat Pibble in den Kreuzgang hinaus. Sie versuchten, den Alten umzubringen, daran mußte er denken.

Der Rest der Besichtigung war langweilig. Die Gebäude bestanden nur aus einer Reihe kleiner Räume mit schlechten Proportionen. Das Refektorium, das fast die ganze Länge des Kreuzgangs auf der linken Seite des Turms einnahm, war zwar hübsch gedacht, aber genauso häßlich wie alles andere geworden. Die Tugenden schliefen in Zellen, von denen aus sie die schlichten Schlafräume der grüngekleideten Eleven überwachen konnten. Vermutlich hatte Rita sich an ihren Wächtern vorbeigeschlichen, die von der Mühe des langen Tages und der ozonhaltigen Meeresluft erschöpft waren.

Es war wirklich ein harter Tag. Pibble bekam im Osten der Gebäude eine Stelle gezeigt, wo sich Broccoli-Stauden im Wind wiegten, dahinter deutete ein grüner Fleck auf der sauren Erde an, wo der erste Hafer sprießen würde. Noch ein Stück weiter draußen hackten ein paar Brüder den Boden auf. Doch die meisten Angehörigen der Sekte waren ständig mit der Erweiterung der Gebäude beschäftigt, sie hoben Fundamente für einen zweiten quadratischen Kreuzgang aus oder fügten irgendwo ein neues Stockwerk hinzu. Die beiden Männer erklommen eine schiefe Leiter, um sich diesen Vorgang anzusehen.

In gewisser Weise war die Sache genial. Das Refektorium war bereits zwei Stockwerke hoch, aber dahinter verliefen drei

Reihen gewölbter, einstöckiger Zellen nach Westen: die erste Reihe mit dem Raum des Arztes am Ende, dann die eigenartige Reihe fensterloser Zellen und schließlich die Gastzellen. Das Stockwerk über dem ersten Gewölbe war fast vollendet und wurde mit den Dachsparren und Schindeln des zweiten Gewölbes bedeckt, das jetzt offen dalag, bereit, ein Obergeschoß zu bekommen. Dieses wiederum würde man mit dem Material der Gästezellen decken. Es war eine Art architektonisches Lückenhüpfen.

Bruder Vorsehung erklärte alles. Die Klosterbewohner arbeiteten schweigend – bis auf die raschen Gebete, die immer dann gemurmelt wurden, wenn ein großer Stein an seine Stelle bugsiert werden mußte. Die Möwen kreischten, der Wind pfiff, in der Ferne ächzte die Brandung, und die gepflegte Stimme neben Pibble sprach von Disziplin. Nein, sie arbeiteten nicht den ganzen Tag an den Steinen, nach dem Esssen zogen sie sich zu geistigen Übungen zurück; die meisten Brüder erlernten im Refektorium die Kunst der Meditation, falls sie nicht zu besonderen Gruppen zusammengefaßt wurden, um unter der Führung einer Tugend andere Exerzitien durchzuführen. Wer es besonders nötig hatte, wie die arme Rita, empfing individuelle Hilfe bei der schwierigen Disziplin der Weltabkehr: Dafür war Vorsehung da, während sich Bruder Hoffnung besonders für die Leitung kleiner Gruppen eignete. Wenn im Winter die Tage kurz wurden, arbeiteten natürlich alle während des knappen Tageslichts an den Steinen, und die geistlichen Übungen erfolgten im Dunkeln. Die Dunkelheit stellte überhaupt für manche starrköpfige Seele eine große Hilfe dar. Wenn es gelang, die gefallenen Sinne sofort anzusprechen, verlief der Pfad der Umkehr sehr viel glatter. Nein, Bruder Einfalt und Schwester Dorothy nahmen an diesen Übungen nicht mehr teil, sie hatten auch niemals das Siegel empfangen. Aber sobald Einfalt sein letztes Quadrat erreicht hatte, würde sich Schwester Dorothy ihnen zweifellos vollen Herzens wieder anschließen.

»Das wird eine harte Nuß«, sagte Pibble unüberlegt.

Bruder Vorsehung schien nicht zu begreifen, was Pibble damit meinte: daß die Methoden der Bruderschaft nichts weiter waren als ein routinemäßiges Brechen des persönlichen Willens, wie es bei unzähligen Glaubensgemeinschaften vorkommt, die unzählige Inquisitionen speisen und unzählige Gefängnisse füllen. Er sah die Insassen eines solchen Gefängnisses vor sich, wie sie schweigend von der Arbeit im Steinbruch zurückkehrten oder auf dem Gefängnishof ihre täglichen Runden drehten. Auch hier kamen ihm solche Gestalten entgegen. Er erinnerte sich an Vorsehungs Worte von vorhin und suchte nach bekannten Gesichtern. Eins glaubte er schon gesehen zu haben. Irgendwo mußte hier auch ein drittklassiger Einbruchskünstler sein – vielleicht war es der Mann, der Pibble erkannt hatte. Der heilige Bruno hätte das Schloß schwerer beschädigt und nicht nur einen kleinen Span Metall abgehoben. Aber wo war Bruno? Und noch etwas. Wie waren die Vorbestraften, von denen Bruder Vorsehung gesprochen hatte, auf diese komische Strafinsel gelangt?

In Bruder Vorsehungs letzter Bemerkung fiel ihm eine gewisse Schärfe auf, ein gewisser Ton, der Aufmerksamkeit forderte. War der Mann vielleicht Lehrer gewesen?

»Entschuldigung«, murmelte Pibble. »Man bekommt so vieles auf einmal zu sehen, das stumpft ab.«

»Ja.«

Der mächtige Schädel nickte verständnisvoll. Nahm man den heiligen Bruno oder Rita als Maßstab, dann mußte es hier von schlichten Gemütern wimmeln.

»Haben Sie etwas gefragt?« erkundigte sich Pibble.

»Macht nichts, mein Lieber. Das muß Ihnen hier ganz anders vorkommen als die Routine Ihres normalen Lebens. Ich habe diese Routine auch kennengelernt.«

Wenn eine Forelle die Aufmerksamkeit eines Anglers wecken will, muß sie ohne Widerwillen an der Fliege schnuppern.

»Ja, es ist schon ein Unterschied«, gab Pibble zu. »Ich weiß noch nicht recht, was ich davon halten soll. Es hat gewiß . . .«

»Etwas Anziehendes? Ja, die Farbe und die Form des Brettes können sogar ein Kind anziehen. Für all diese gibt es Hoffnung und mehr als das.« Er deutete hinüber zu den gebückten Gestalten. »Denn sie sind mit unserer Hilfe geworden wie die Kinder.«

»Ich weiß, es geht mich nichts an«, sagte Pibble, »aber ich

mache mir Sorgen um Schwester Rita. Ich dachte, ein Psychiater . . .«

»Sie sprechen die Sprache Babylons«, unterbrach ihn der Mönch scharf. »Es gibt ein Babylon des Geistes und eines des Fleisches. Im Babylon des Fleisches war Schwester Rita eine Dirne, obgleich sie aus einer guten Familie stammte. Eine entfernte Verwandte der Howards, um einmal bei der Sprache Babylons zu bleiben. Sie hatte ein Dutzend Schulen besucht und brannte dann mit einer Gruppe von Popmusikern durch, die sie zuerst mit Drogen bekanntmachten und sie dann später im Stich ließen. Demut fand sie in Paddington unter dem Decknamen ›Señorita Rita, Spanische Tänze‹. An ihrem Geisteszustand sind natürlich die Drogen schuld. Drogen! Materie, die den Geist versklavt. Das Wahrzeichen Babylons. Ich habe mich mit ihrer Familie in Verbindung gesetzt, und die ist erleichtert, daß wir Rita in unsere Obhut genommen haben. Für ein solches Geschöpf ist unsere Disziplin natürlich hart, und zwar ganz bewußt, aber wir sorgen dafür, daß die Grenze des Erträglichen nie überschritten wird. Was wir ihr geben, sind nicht die Linderungsmittel der Psychiater Babylons. Selbst wenn diese nach ihren Maßstäben Erfolg haben sollten, machen sie eine Seele nur zufrieden mit dem, was sich als ihr Zustand gefangener Materie erweist. Wir jedoch heilen.«

»Wie ist Bruder Demut auf sie gestoßen?«

»Wir leben nicht so abgeschlossen, wie Sie vielleicht denken, Chefinspektor. Nach den Gesetzen Babylons sind wir eine karitative Institution, und das erfordert Verhandlungen mit Steuerbeamten und anderen Behörden. Ich selbst war im vergangenen Winter zweimal in London. Demut fährt öfter hin. Die Ewige Stadt braucht eine große Armee von Bauleuten, deren Beschaffung Demuts besondere Aufgabe darstellt. Er war schon immer ein Suchender und hat sich unter den Religionen Babylons umgesehen, bis der Herr ihn zum wahren Glauben führte; deshalb hat er unter den dortigen Priestern viele Bekannte. Ich glaube, jemand aus der Heilsarmee hat ihn mit Rita bekanntgemacht«.

Demut, der redselige Kanonier, war also ein Werber. Gut zu wissen, daß Vorsehung in London gewesen war, obgleich der

Diebstahl des Manuskriptes vorerst warten mußte. Pibble hatte ganz absichtlich nur plausible Fragen gestellt und bedauerte es bereits, seinen Begleiter verärgert zu haben, indem er Rita helfen wollte. Auch sie mußte warten. Es wurde Zeit, sich auf einen weniger gefährlichen Boden zu begeben.

»Die Herkunft Ihrer Mitglieder ist faszinierend vielseitig«, sagte er. »Ich habe mir zum Beispiel überlegt, was der Pilot früher gewesen sein könnte.«

Aber wieder reagierte der Mönch wie ein Wachtposten mit einem Gewehr unter dem Arm, der Unbefugte eiskalt zurückscheucht.

»Warum sollen Sie es nicht wissen?« antwortete er nach einer Pause. »Duldsamkeit war Mechaniker und hatte das Pech, im Fernsehen einen Talentwettbewerb zu gewinnen; er beschloß, sein Glück als Schauspieler zu versuchen. Doch Glück ist, wie gesagt, eine Illusion. Gottes Wille führte ihn auf die Bühne und ersparte ihm die Qualen des Ruhms, er führte ihn für eine Zeit in schlechte Gesellschaft, nur damit Bruder Demut ihn dort auffinden und als neuen Mitarbeiter in die Stadt bringen konnte. Ich glaube, ich habe Ihnen jetzt alles gezeigt, was es zu sehen gibt. Was möchten Sie jetzt unternehmen?«

Pibble sah auf die Uhr. Kurz nach elf.

»Ich glaube, Sir Francis wird mich bald sprechen wollen«, antwortete er. »Haben Sie wirklich nichts dagegen, wenn ich noch ein bis zwei Tage bleibe?«

»Es ist uns sogar lieber, wenn Sie noch bleiben. Duldsamkeit hat sowohl an der ›Wahrheit‹ als auch an dem Hubschrauber zu arbeiten, und solange er sich im Hafen aufhält, kann er Rita bei der Arbeit an ihrem Würfel überwachen. Wenn er Sie zurückfliegt, müssen wir eine andere Tugend von den Nachmittagsübungen abziehen.«

»Nimmt sie denn nicht daran teil?«

»Nein, das volle Refektorium verwirrt ihren Geist und versetzt sie an die Höfe der Könige von Babylon. Sie muß allein geführt werden.«

»Ach so«, sagte Pibble. »Soll ich Sie noch einmal aufsuchen, wenn ich bei Sir Francis fertig bin?«

»Tun Sie das bitte. Kommen Sie in mein Büro. Wenn wir

noch in Babylon wären, hätte ich Ihnen vor dem Essen einen Madeira angeboten.«

»Ich bin Ihnen auch so sehr dankbar. Es war für mich eine sehr anregende Erfahrung.«

»Hoffentlich«, sagte Bruder Vorsehung beiläufig und ging den Kreuzgang entlang.

Pibble entfernte sich langsam in die andere Richtung. Madeira vor dem Essen. Entfernte Verwandtschaft mit den Howards. Also mußte Bruder Vorsehung ein todschicker Lehrer gewesen sein. Ein entnervender Typ – das betraf sowohl die elementare Kraft seiner Persönlichkeit, die er wie ein Schlangenbändiger bewußt einschalten konnte, als auch seine geschliffenen Umgangsformen, die alle Pibbles dieser Welt anstreben und durch die sie sich beschämt fühlen, weil sie eine solche Gewandtheit nie erlangen werden. Dann dieser erschreckende Glaube, garniert mit Bibelsprüchen; der Mann glaubte sogar daran, und er glaubte auch, seinen Opfern Gutes zu tun. Entsetzlich! Oder fühlte sich Pibble nur abgestoßen, weil er an Mr. Toger dachte? Sein eigener Glaube war ein Durcheinander von Zweifeln, aber er schloß wenigstens auch Zweifel an den eigenen Motiven mit ein. War es möglich, daß die Begegnung mit Sir Francis, die Beschwörung des Geistes seines Vaters auch andere Gespenster erweckt hatte, nämlich die düsteren Freunde seiner Mutter? Gingen Haß und Mißtrauen gegen die Bruderschaft auf den Wunsch nach gemeiner Rache zurück?

Pibble erinnerte sich an das Mikrofon. Doch das ließ sich erklären. Da waren die nachgemachten Pillen, vielleicht gab es sogar dafür eine Erklärung. Ein Arzt mußte auch das Recht haben, Placebos zu verschreiben, obgleich im Buch stand... Dann das beschädigte Schloß. Sir Francis, bekanntlich ein Verräter, mochte es im Rahmen eines unerklärlichen Täuschungsmanövers selbst aufgebrochen haben. Und schließlich Rita, deren Familie mit ihrer Anwesenheit hier einverstanden war.

Hoffnung hockte in seiner Nische, aber nicht in Trance, sondern lässig angelehnt, Arme und Beine verschränkt. So sah er den anderen bei der Arbeit zu wie ein Botenjunge, der an einer Baustelle innehält. Diesmal verschwand die elektrische Leitung nach oben und erinnerte an eine dressierte Schlange. Pibble spürte eine Gänsehaut, nickte Bruder Hoffnung zu und stieg die Treppe hinauf.

Auch Schwester Dorothy lehnte an der Wand, aber man merkte ihr an, daß sie diese Stütze dringend nötig hatte. Sie hielt Pibble einen Briefumschlag entgegen.

»Vorsehung sagt, Sie sollen ihm das geben«, flüsterte sie mit schwerer Zunge. »Der Alte soll mich jetzt nicht sehen. Ich komme mir verdammt komisch vor.«

»Wollen Sie sich nicht ein wenig hinsetzen?« schlug Pibble vor.

Er mußte sie auffangen, als sie sich auf der obersten Stufe niederließ. Stöhnend schlug sie die Hände vors Gesicht. Pibble lehnte sie an die Wand und ging ins Zimmer.

Sir Francis saß in seinem Sessel, aber diesmal wirkte er tatsächlich wie ein Greis. Seinen Schultern fehlte die Kraft, den hellen Augen das Feuer. Nur die Stimme war noch dieselbe.

»Zwei Minuten zu spät, Sie verdammter Idiot. Meine Zeit ist kostbarer als Ihre.«

Er deutete über Pibbles Schulter hinweg in das Gewölbe.

»Es tut mir schrecklich leid«, sagte Pibble und drehte sich um. Drei Meter über dem Fußboden hing das Mikrofon, nicht versteckt, aber ohne Leiter unerreichbar. Die Schnur verschwand durch ein kleines Loch im Gewölbe, wo man einen Füllstein herausgeschlagen hatte. Ein paar Zementsplitter lagen noch auf dem Teppich.

»Das hat Ihr verdammter Narr von einem Vater auch immer gesagt«, knurrte Sir Francis und schob Pibble einen Block zu.

»Mir ist wieder einiges über ihn eingefallen«, sagte Pibble und nahm den Block. Die Handschrift wirkte noch flüssig – oder waren die Unterlängen ein wenig verzittert? Pibble las ›Meine Pille war heute morgen anders. Nicht so glatt. Schaffen Sie mich 'raus, oder besorgen Sie mir einen richtigen Arzt. Setzen Sie Ihre Autorität ein. Zwölf Stunden . . .‹ Dann hatte ihn wahrscheinlich Pibbles Eintreffen unterbrochen.

Pibble suchte in den Falten seiner Kutte nach dem Taschentuch, löste den Knoten und nahm die zwei Pillen heraus. Er reichte sie dem Alten.

»Schlau von Ihnen«, fauchte Sir Francis. »Ich habe an dem alten Knaben nie etwas bemerkenswert gefunden.«

Er legte eine der Pillen auf die Zunge, probierte, nickte, nahm dann ein Glas Wasser vom Tisch neben seinem Sessel und spülte sie hinunter. Die zweite Pille versteckte er unter dem Deckel seiner Taschenuhr.

»Leider sind mir nur unzusammenhängende Dinge eingefallen«, sagte Pibble. »So wie man sich an seine Kindheit eben erinnert. Am besten beginnen Sie zu erzählen, dann werden mir schon wieder Zusammenhänge einfallen.«

»Kommt gar nicht in Frage«, sagte Sir Francis. »Die Zusammenhänge sind meine Sache und sie sind es immer schon gewesen.«

»Meine auch.«

»Pah! Wozu braucht man Zusammenhänge, wenn man Giftmischer schnappt? Setzen Sie sich hin und reden Sie.«

»Ich kann nicht«, antwortete Pibble. »Ich habe mich am Hintern verletzt.«

Sir Francis lachte schadenfroh. Pibble deutete mit dem Daumen zum Mikrofon und zeigte dann auf seine Uhr.

»Verdammt, irgendwo muß man anfangen«, sagte Sir Francis. »Was ist das Wichtigste, was Sie über seine Verbindung zu mir wissen? Irgend etwas muß doch da sein, sonst wären Sie nicht auf diesen verdammten Felsen geklettert, wie?«

Natürlich gab es so etwas. Pibble bereitete sich auf die unangenehmen Fragen vor, die der Wahrheit unweigerlich folgen mußten.

»Nun«, sagte er. »ich weiß, daß er wegen einer Meinungsverschiedenheit mit Ihnen seine Arbeit im Cavendish-Labor verloren hat. Dieser Verlust und der Krieg haben sein ganzes Leben verändert. Ich war elf, als er starb. Er arbeitete am Fahrkartenschalter von Clapham. Aber obgleich sein Leben ruiniert war, blieb er ein bemerkenswerter Mensch. Ich möchte wissen, wie er vor dem Krieg war und was aus ihm unter anderen Umständen wohl geworden wäre.«

Sir Francis lachte lautlos. Er schaukelte mit offenem Mund und roten Backen in seinem Stuhl vor und zurück.

»Fahrkartenschalter!« kreischte er dann. »Kein Wunder, daß

unsere verdammte Eisenbahn immer noch eine hoffnungslose Einrichtung ist.«

Es war ein grandioses Schauspiel, nicht echter als Blut aus Tomatenketchup. Die harten Augen ließen Pibble nicht los.

»Ich glaube, den Grund für das Mißverständnis würde ich nicht einmal heute verstehen«, fuhr Pibble fort. »Mein Vater wollte nicht darüber sprechen, aber meine Mutter hat die Sache manchmal erwähnt. Sie erklärte immer, er habe den Nobelpreis verdient, und er antwortete manchmal, sie irre sich, sagte aber nicht, warum. Ich glaubte damals, der Nobelpreis habe etwas mit unserem Oberhaus zu tun. Später stellte ich mir dann vor, daß mein Vater irgendeinen Beitrag zu der Forschungsarbeit geleistet hat, für die Sie neunzehnhundertzwölf den Nobelpreis erhielten, und daß Sie ihm die verdiente Anerkennung verweigert haben.«

»Pah! So melodramatisch können nur Laien werden. Ganz und gar nicht. Ein Mann wie ihr Vater kümmerte sich nicht um die Theorie. Er baute die Geräte, mit denen man Theorien beweisen konnte. Dabei richtete er sich genau nach unseren Anweisungen und hatte darauf zu achten, daß nichts undicht war. Natürlich gibt es auch unter Labormechanikern Genies – Lincoln und Everett waren welche –, aber Genies im Basteln.«

An dieser Stelle fiel Pibble der Briefumschlag ein. Er hatte ihn sich vorher unter den linken Arm geklemmt. Nun reichte er ihn dem Alten, der riß ihn auf und zog einen kleineren Umschlag hervor. Erst betrachtete er das große Wachssiegel, und Pibble konnte auf der Vorderseite in der vertrauten Handschrift des gestohlenen Manuskripts drei Worte sehen, sie aber nicht lesen.

Pibble war es, der das längere Schweigen unterbrach.

»Sie sagten einmal, mein Vater sei groß im Selbstunterricht gewesen. Ein solcher Mensch muß doch versucht haben, den Sinn der Geräte herauszufinden, die er baute, und vielleicht ist er dabei über eine brauchbare Idee gestolpert.«

»Gestolpert ist genau der richtige Ausdruck für Will Pibble. Hat er vielleicht behauptet, er müßte eigentlich verdammt reich sein?«

Pibble blinzelte.

»Na, los, Sie Einfaltspinsel«, schrie Sir Francis. »Das heißt nichts. Jeder glaubt, daß ihm eigentlich Reichtum zusteht. Ich will nur, daß Sie endlich anfangen.«

»Meine Mutter hat alle Geldangelegenheiten meinem Vater überlassen. Auch als er nicht mehr arbeiten konnte und sie die Familie ernähren mußte. Mein Vater war ein sehr sparsamer Mensch, aber nicht hinter Geld her. Als ich meine Mutter wegbringen mußte, durchsuchte ich seinen Schreibtisch, was ich zuvor nie getan hatte, und fand mehrere Umschläge mit kleinen Geldsummen, auf denen Sprüche standen wie: ›Gespart – ein Penny pro Tag‹ oder ›Gespart – Sixpence in der Woche‹. Er schien nie viel Geld zu besitzen, aber ich erinnere mich, daß er im Urlaub einmal die Brieftasche voll sauberer Pfundnoten hatte. Er hätte einen besser bezahlten Job bekommen können, denn er war im üblichen Sinn klug und sehr fleißig, als er noch nicht krank war.«

»Wer im üblichen Sinn klug ist, kann lästiger werden als ein Einfaltspinsel. Sie müßten bei Ihrer Schulbildung doch wissen, daß es in den zwanziger Jahren nichts nutzte, wenn jemand klug und fleißig war, jedoch die halbe Zeit krank wie Ihr Vater. Sie sehen das alles ganz falsch, Sie Narr. Ihr Vater hat für mich gearbeitet, und zwar bis zu dem Tag, an dem ich ihn für König und Vaterland in den Krieg schickte. Ich hatte damals schon den Preis bekommen und erklärte den jungen Leuten, in welcher Uniform sie kämpfen und sterben sollten. Ich erinnere mich an einen Burschen, der reiten und rechnen konnte, also schickten wir ihn zur berittenen Artillerie. Einige der Mechaniker waren jung genug fürs Militär, und Ihren Vater brauchte ich nicht mehr. Ich war dahintergekommen, daß meine Arbeit erst dann etwas nützte, wenn ich ein paar Millionen für die Forschung bekommen konnte, und das war im Krieg natürlich nicht möglich. Ich will Ihnen eine komische Sache erzählen, sie steht auch in meinem Buch: Fünfzig Jahre später wurde eines der Experimente in Harwell durchgeführt. Es gab einen Riesenwirbel in den Zeitungen. Die Journalisten erklärten, das bedeutete kostenlose Energie für jedermann. Der Spaß hat vier Millionen gekostet und nichts eingebracht. Ich war inzwischen genauso weit gekommen – aber auf der Rückseite eines alten Briefumschlags, der kostete mich genau einen halben Penny.

Aber natürlich fragte man mich nicht mehr. Schamhaft wie kleine Schulmädchen, fürchteten die Brüder wohl, ich könnte ihnen sagen, welche Narren sie seien. Das waren vier Millionen an Steuergeldern, die Sie mitbezahlt haben, junger Mann. Aber meinen halben Penny wollte keiner haben. Was zum Teufel starren Sie mich so an?«

Pibble klappte den Mund zu und schluckte hart.

»Können Sie das beweisen?« flüsterte er.

»Ich habe den verdammten Briefumschlag noch, mit der Marke drauf. Aber was zum Teufel hat das mit Ihnen zu tun?«

»Nein«, krächzte Pibble und hatte ein Gefühl, als würde ihm der Hals zugedrückt. »Entschuldigen Sie, das ist sehr unverschämt, aber ich meinte etwas anderes: Können Sie beweisen, daß mein Vater bis zum Kriegsausbruch bei Ihnen arbeitete und in freundschaftlichem Einvernehmen mit Ihnen gegangen ist?«

Der Greis bekam einen Wutanfall. Haar und Schnurrbart schienen sich zu streuben. Er blies ein paarmal die Backen auf, dann bellte er plötzlich.

Aber das Bellen war nur Gelächter, die gesträubten Haare legten sich wieder an, und er zog das andere Ende der Uhrkette aus der Westentasche. An dem Ring hing ein großes Siegel aus Gold, dessen Oberfläche aus einem purpurnen Stein mit einer eingravierten Krone bestand. Daneben hingen ein paar Schnörkel aus Golddraht.

»Das ist alles, was ich von meinem Vater geerbt habe«, sagte Sir Francis und deutete auf das Siegel. »Er hat es mir aus Vichy geschickt, natürlich ohne Abschiedsbrief. Und das habe ich von Ihrem bekommen.«

Er fummelte mit zittrigen Fingern an dem goldenen Schloß herum, öffnete es und gab Pibble den Golddraht. Es war ein schichter Halbkreis mit einer Öse an einem Ende, die zur Befestigung an dem Schloß diente. Die Ösen waren sehr ordentlich gearbeitet, schienen aber ursprünglich nicht vorhanden gewesen zu sein.

»Das sieht wie ein halber Ehering aus«, sagte Pibble, als er die Sprache endlich wiedergefunden hatte.

»Sie kommen sich verdammt schlau vor«, knurrte Sir Francis. »Achtzehn Karat. Ich hab's analysieren lassen.«

»Ich wußte, daß sie ihre Heirat verschieben mußten«, murmelte Pibble.

»Sie waren zu früh dran, wie?«

»Nein, nur eine Bemerkung, die ich aufschnappte.«

»Ja, natürlich. Will Pibble war ein verdammt ehrenhafter Einfaltspinsel, und Ihre Mutter muß noch schlimmer gewesen sein. Aber mir hat er nie etwas von einer Freundin erzählt. Er sagte, er brauchte das Gold für eine Dichtung zwischen Metall und Glas, denn in mancher Hinsicht war Ihr Alter geradezu genial. Solche Dichtungen waren damals noch nicht üblich. Natürlich hatte ich nichts davon, weil Gold schmilzt.«

»Warum haben Sie das Ding behalten?«

»Weil ich ein sentimentaler alter Knallkopf bin. Als er mir den halben Ring schenkte, da machte ich ihn an meiner Kette fest und ließ ihn dran. Wahrscheinlich drückte er aus, wie wir zueinander standen. Dieser Quatschkopf von Demut redet manchmal vom Applaus mit einer Hand: Ein halber Ring ist ein gutes Symbol, wie? Es war das erste, worauf Ihr Vater achtete, als . . . Pah! Zerbrechen Sie sich darüber nicht den Kopf, Sie Trottel. Wenn Sie früher gekommen wären, dann wären Sie etwas anderes geworden.«

Das stimmte.

»Sehen Sie«, fuhr Sir Francis fort, »ich bin ein alter Mann. Verdammt alt nach normalen Maßstäben. Und alte Männer spinnen, wie? Das weiß doch jeder. Meine Spinnerei besteht darin, daß ich Sie herkommen ließ, und nun will ich etwas über diesen Narren von Ihrem Vater erfahren. Sie reden, ich höre zu. Egal, was Sie erzählen, ich höre schon heraus, was ich will.«

Pibble nickte und legte den goldenen Halbkreis auf den Tisch. Dann berührte er seine Uhr, spreizte die Finger einer Hand und hob fragend die Augenbrauen. Sir Francis überlegte eine Weile, schüttelte den Kopf, öffnete und schloß die rechte Klaue dreimal und berührte gleichzeitig mit der anderen Hand seine Schläfe. Hinter einer Grimasse verzog er die Mundwinkel. Er hatte noch fünfzehn Minuten, bis er wieder lethargisch wurde. Pibble hatte zehn Minuten Zeit für die Erinnerungen an seine Kindheit in Clapham.

Sir Francis legte sich den Block aufs Knie, schrieb aber nur ein- oder zweimal, während Pibble erzählte. Manchmal schnaubte er verächtlich, zum Beispiel als Pibble den nicht flugfähigen Drachen erwähnte. Ungerührt nickte er bei der Beschreibung des kranken Untermieters der Bartons. Gelegentlich huschte sein Blick hinüber zum Mikrofon. Pibble sprach nüchtern und sachlich, er sagte die Wahrheit, schliff dabei aber allzu scharfe Kanten ab. In seiner ganzen privaten Welt hatte kein anderer etwas zu suchen. Warum sollte er diese uralte Eidechse darin herumstöbern lassen, nur um die Ohren heiliger Lauscher zu befriedigen? Sein Ton wurde immer widerwilliger.

Während Pibble Vaters Experimente mit einem Abschrekkungsmittel gegen Hunde beschrieb, in das man die Hosen des Postboten Cyril tauchen sollte, machte Sir Francis plötzlich mit nach unten gerichteter Handfläche eine scharfe, horizontale Bewegung wie ein Dirigent, der das Fortissiomo seines Orchesters abschneidet. Pibble beendete die Episode mit dem Postboten so rasch wie möglich.

»Mehr fällt mir im Augenblick nicht ein«, sagte er. »Falls Sie etwas im Sinn haben, was auf andere Gebiete weist, könnten wir es vielleicht das nächstemal versuchen.«

Sir Francis sah ihn an, sagte aber nichts, Pibble deutete mit dem Daumen hinauf zu dem lauernden Mikrofon, um anzuzeigen, daß er jetzt wieder die Verschwörermaske vor dem Gesicht trug.

»Ich nehme an, Sie haben heute nachmittag wieder ihren Gälischunterricht«, sagte er. »Ist das nicht gegen drei?«

Es fiel ihm schwer, seiner Stimme einen harmlosen Ton zu verleihen, während er vorschlug, sich schon wieder in ein melodramatische Abenteuer zu stürzen. Aber ein besserer Platz fiel ihm nicht ein, um den nächsten Schritt ohne zeitraubende Verschlüsselung zu besprechen. Sir Francis nickte.

»Dorrie fährt mich immer hinaus, bevor mein verdammtes Gehirn wieder funktioniert«, sagte er. »Es macht ihr Spaß, mich wie ein Baby zu behandeln, und auf diese Weise gewinne ich Zeit.«

»Dann soll ich Sie also kurz nach sieben wieder aufsuchen?« fragte Pibble und schüttelte gleichzeitig den Kopf.

»Machen Sie doch, was Sie wollen«, sagte der alte Mann

müde; nur seine Augen zeigten an, daß der große und egoistische Geist noch klar arbeitete.

»Ich würde Ihnen gern mehr helfen«, sagte Pibble, »aber bis zu unserm nächsten Gespräch ist mir sicher wieder etwas eingefallen.«

»Sie sind ohnehin verdammt unnütz. Gehen Sie, und schicken Sie mir Dorrie herein.«

»Dann auf Wiedersehen, Sir.«.

Schwester Dorothy hockte noch auf ihrer Treppenstufe. Sonst war niemand zu sehen, aber Bruder Hoffnung hielt sich wahrscheinlich unten in seiner Nische auf. Pibble hockte sich neben Schwester Dorothy, um ihr ins Ohr flüstern zu können. Sie legte ihm sofort ihren Kopf auf die Schulter wie ein Hund, der hinter dem Ohr gekrault werden möchte.

»Aufwachen«, zischte er, »es ist wichtig.«

Sie fuhr hoch und starrte ihn haßerfüllt an.

»Bringen Sie ihn so früh wie möglich zu den Macdonalds«, flüsterte er.

Ihr Blick wandelte sich, und sie sah ihn so geheimnisvoll an wie damals, als sie das Frühstück gebracht hatte. Sie nickte, stand mühsam auf, verschwand durch die Tür und begann sofort zu schreien.

Pibble hörte noch die Worte: »Jetzt werde ich dir zeigen, was ich von dir halte, du verdammter Schweinehund.« Dann fiel die Tür ins Schloß.

Er stand auf der Treppe, noch den eigenen Abschied in den Ohren. Er hatte den verdammten Schweinehund mit Sir angesprochen. Ihre Beziehungen zueinander hatten sich geändert, und sein Unterbewußtsein hatte sofort reagiert. Nun war manches einfacher, da er zumindest in der unverkennbaren Handschrift eine Vollmacht besaß, das zu tun, was er ohnehin vorhatte. Schade, daß der Satz mit der Pille drinstand, das konnte gefährlich werden. Er zog die unvollendete Mitteilung aus einer Falte seines Gewandes, faltete sie ganz klein zusammen und schob sie oben hinter seinen Hosenbund. Als er die orangefarbene Kutte wieder herabsinken ließ, fiel ihm ein, daß er den halben Ring auf dem Tisch liegengelassen hatte. Das Papier hatte er genommen, aber das Gold zurückgelassen.

Auch das mochte ein Symbol sein. Eins nach dem anderen. Im Augenblick war nur wichtig, dem Greis innerhalb von vierundzwanzig Stunden frisches Kortison zu besorgen oder die Mönche vielleicht zu einer Fortsetzung der richtigen Behandlung zu überreden. Pibble wandelte durch den Kreuzgang und hoffte, durch den gleichmäßigen Rhythmus seiner Schritte Ordnung in seine Gedanken zu bringen. Da war dieser verdammte Alte, der, abgesehen von seinem genialen Geist, nichts taugte und der Vater in den Gaskrieg geschickt hatte. Unter dem Schock der gefälschten Pille und des sichtbaren Mikrofons hatte er halb scherzhaft ein paar Bemerkungen gemacht, die noch genau durchdacht werden mußten. Dieser Mann hatte länger als fünfzig Jahre einen halben Ehering aufbewahrt, den sein Opfer ihm geschenkt hatte. Ohne Sir Francis wäre der junge James in einer anderen Stadt aufgewachsen, vielleicht mit einem gesunden Vater. Auch darüber mußte er später nachdenken.

Auf der anderen Seite war die Bruderschaft, genauso verhaßt, genauso heimtückisch. Nun war nicht mehr daran zu zweifeln, daß Bruder Geduld aus der Kreide Placebos gefertigt hatte. Pibble hatte noch nie viel von juristischer Haarspalterei gehalten, aber hier lag ein bewußter Mordversuch vor, von den Mitteln her negativ, aber genauso tödlich und gemein wie ein Anschlag mit einer abgesägten Schrotflinte. Pibble sah sich gezwungen, die Wahl zwischen zwei Gegnern zu treffen.

Es gab für ihn keinen Ausweg, und leicht würde es nicht werden. Bruder Vorsehung ließ sich nicht so einfach erpressen, drängen oder überreden, und man konnte mit ihm auch nicht vernünftig diskutieren. In erster Linie mußte er sein Gesicht und die Ehre der Bruderschaft wahren oder zumindest so tun als ob.

Verschiedene Drohungen fielen ihm ein, aber wenig, was er versprechen konnte. Die Drohungen mußten deshalb behutsam abgestuft werden. Zunächst durfte er nichts von dem Buch erwähnen. Auf keinen Fall den Mord. Und wenn er sich durchsetzte, was konnte er dann unternehmen? Daß er eine Ambulanz in Oban bekam, falls Sir Francis die Reise nicht gut überstand? Wenn er sich nicht durchsetzte, mußte er irgendwie das Boot in seinen Besitz bringen, und dann konnte die Ambulanz lebenswichtig werden. Wenn er sein Spiel gewann, konnte er das Radio benutzen, sonst nicht. Vor der Verhandlung brauchte er darum gar nicht zu bitten, denn das würde sein Konzept verderben. Aber es wäre vielleicht ganz natürlich, Mary anzurufen, damit sie an Tim eine verschlüsselte Nachricht weitergab. Später, wenn alles vorbei war, würde sie erfahren, welche entscheidende Rolle sie gespielt hatte. Das würde sie sicherlich für volle zwei Wochen wieder mit ihrem Schicksal aussöhnen!

Die Versuchung mag die verschiedensten Formen annehmen, sie haben aber alle eines gemeinsam: Die Risiken erscheinen stets geringer, als sie in Wirklichkeit sind.

Pibble unterbrach seine Wanderung und faßte einen Entschluß. Sollte er für das Gespräch den offiziellen Anzug anziehen? Nein, er war zu lange spazierengegangen, und wenn er nicht sofort das Büro aufsuchte, war es Zeit zum Essen. Leicht überrascht stellte er fest, daß man ihm während der Führung am Vormittag das Büro nicht gezeigt hatte. Warum nicht? Weil es das Fotokopiergerät enthielt, das nach der Verlesung der idiotischen Postkarte von Vater Überfluß indirekt erwähnt worden war? Das zweite Gerät, für das man den Generator brauchte. Wozu die Geheimhaltung? Weil damit auch Sir Francis' Manuskript kopiert worden war. Seltsam, wie manchmal die Erleuchtung kommt, dachte Pibble. Nicht tröpfchenweise, sondern wie ein Wolkenbruch nach langer Trockenheit. Vielleicht kamen wissenschaftliche Entdeckungen ähnlich zustande. Mühevolle Arbeit ohne den geringsten Fortschritt, und dann sieht man plötzlich wie im Traum eine logische Folge von Ideen wie Engel auf der Himmelsleiter.

Er erkundigte sich beim Führer einer Arbeitsgruppe, die vorbeikam, nach dem Weg und bemerkte, daß diese Leute sich lebhafter bewegten, als wüßten sie, daß nach der langen Schufterei des Vormittags eine Mahlzeit auf sie wartete, und sei sie noch so karg.

In der Mauer des Refektoriums führte eine Wendeltreppe zu einem großen, hellen Raum empor, der nicht so spartanisch eingerichtet war wie die Zellen, die Pibble gesehen hatte. Das lag jedoch nur an den häßlichen Büromöbeln: Aktenschrank, stählerner Schreibtisch, Safe, Stühle aus Stahl und Plastik, Funkgerät auf einem Stahltisch an der Wand, an der anderen stählerne

Bücherregale, eine moderne elektrische Schreibmaschine und in der Ecke hinter der Tür ein zugedeckter Gegenstand – das Fotokopiergerät.

Drei der Tugenden hielten sich hier auf. Ihre Haltung deutete an, daß er sie weder beim Gebet noch in einer Besprechung gestört hatte. Vorsehung, Hoffnung und der Hubschrauberpilot erwarteten ihn schon.

»Treten Sie ein, treten Sie ein!« rief Bruder Vorsehung und rieb sich die hageren Hände. Es raschelte wie trockenes Laub in der Hofecke. »Ich hoffe, Ihr Gespräch ist gut verlaufen?«

»Nicht sehr gut«, antwortete Pibble. »Ich erinnere mich kaum noch an die Dinge, die er wissen will. Dürfte ich vielleicht meiner Frau ein Telegramm schicken? Sie weiß nicht, wann sie mich zurückerwarten soll.«

»Sie können sie anrufen, wenn Sie wünschen. Vater Überfluß hielt es für richtig, uns ein Radiotelefon zu besorgen. Geben Sie Hoffnung die Nummer.«

Nun, das vereinfachte die Sache. Mary war bestimmt inzwischen von ihrem Bridgeunterricht zurück und richtete sich ihr kalorienarmes Mittagessen.

»Natürlich werde ich Ihnen die Kosten ersetzen«, sagte Pibble.

Bruder Vorsehung sah ihn nur kalt an.

»Unser Lebensstil mag bei Ihnen den Eindruck erweckt haben, daß wir Bettler sind. Aber das stimmt nicht.«

»So habe ich es nicht gemeint«, murmelte Pibble und schrieb die Nummer auf den Block neben dem Radiogerät. Eine seltsame Reaktion für einen Mann, der keine Gefühle besaß, die man verletzen konnte.

Bruder Hoffnung setzte sich an die Schalter und die Kontrollampen und begann geduldig mit dem Funker auf dem Festland zu verhandeln.

»Muß ich ihr erklären, daß sie zum Umschalten ›Ende‹ zu sagen hat?« fragte Pibble.

»Aber nein, mein Lieber«, antwortete der Pilot. »Es ist ein sehr teures Gerät, das auf einer Wellenlänge sendet und auf einer andern empfängt. In Glasgow drüben ist es genau umgekehrt, dort sind gewöhnliche Telefondrähte an den Apparat angeschlossen. Sie können plaudern wie in Ihrem Wohnzimmer.«

»Ich verstehe«, log Pibble.

Zwischen den beiden Funkern kam es wegen der verschiedenen Dialekte zu mehreren Mißverständnissen. Pibble wurde nervös. Um sich abzulenken, beobachtete er durch die zersprungene Fensterscheibe die Möwen draußen. Sie waren wie die grünen Punkte auf einem Radarschrim, winzig klein, aber sie sagten alles über die Luftbewegungen aus.

»Ist der Wind immer so stark?« fragte er.

»Ein kräftiger Westwind währt für gewöhnlich eine Woche lang«, antwortete Bruder Vorsehung. »Aber wir reden hier nicht so oft über das Wetter wie in Babylon. Hast du heute morgen den Wetterbericht gehört, Duldsamkeit?«

»Unverändert«, antwortete der Pilot. »Ich bin froh, daß ich das Boot nicht brauche. Bei diesem Wetter taugt es nicht.«

»Sie werden verlangt«, sagte Bruder Hoffnung.

Pibble setzte sich auf den noch warmen Stuhl und beugte sich sofort vor, um sein lädiertes Hinterteil zu entlasten. Das Rufsignal klang ihm laut in den Ohren. Dann klickte es in der Leitung, und eine kräftige Stimme meldete sich. Pibble plauderte sofort drauflos.

»Hallo, Täubchen, ich bin's. Hatte gehofft, daß ich dich jetzt erwische. Nein, ich muß noch mindestens einen Tag hierbleiben. Es ist ein Funkgerät, aber es hat zwei Wellenlängen, damit man gleichzeitig sprechen und hören kann. Ich auch nicht. Natürlich faszinierend, aber verdammt schwierig, deshalb hält es so auf. Ja, ich weiß, daß er alt ist, zehn Jahre älter, als Vater jetzt wäre, und seine Aufmerksamkeit hält immer nur eine Weile vor, aber dann ist er ganz erstaunlich. Auf der Seekarte steht sie vielleicht, aber nur als kleiner Punkt, südlich einer Insel namens Tiree. Kalter Wind, doch sehr gesund. Natürlich trage ich sie. Paß auf, Täubchen, das Gespräch ist teuer, und zwei Sachen sind wichtig. Erstens, ich komme vor Freitagabend nicht nach Hause. Sollte es später werden, rufe ich noch an. Okay, ich stelle ihm gleich am Samstag einen Scheck aus. Zweitens habe ich vergessen, Tim Rackham im Büro etwas zu sagen. Könntest du ihn bitte anrufen? Hast du Papier und Bleistift da? Gut. Sag ihm nur, daß der Hafen für Ambulanzen nicht gesperrt ist.

Hast du das verstanden? Ja, so ist's richtig. Heute noch, wenn möglich. Okay. Ich liebe dich auch. Auf Wiedersehen.«

Als er den Hörer auflegte, wurde sein Drehstuhl wie von einem Wirbel herumgerissen. Pibble versuchte, auf den Piloten loszuspringen, der vor einem Notizblock am Tisch saß, aber seine Arme wurden von einem eisernen Griff hinter die Stuhllehne gezerrt. Seine Kehrseite brannte vor Schmerzen. Schnüre schnitten in die Handgelenke ein. Als seine Füße gefesselt wurden, konnte er Köpfe und Schultern seiner Peiniger sehen. Als sie aufstanden, wirkte Hoffnung gleichmütig wie immer, aber Vorsehungs Bart hob und senkte sich über der keuchenden Brust. »Genügt dir das, Duldsamkeit?« fragte er.

»Muß wohl, nicht wahr?« knurrte der Pilot. »Überfluß hätte uns auch ein Tonbandgerät stiften können. Jetzt seid still und lauscht dem Künstler.«

Er blickte auf seinen Block und ahmte in ungewöhnlicher Weise Pibbles Stimme nach.

»Hallo, Täubchen, ich bin's. Hatte gehofft, daß ich dich jetzt erwische. Nein, ich muß noch mindestens einen Tag hierbleiben. Es ist ein Funkgerät, aber es hat . . .«

»Klingt einigermaßen überzeugend«, sagte Vorsehung.

»Wohlgemerkt nur am Telefon«, sagte der Pilot.

Vorsehung drehte sich zu dem Stuhl um, daß die Kutte hinter ihm herflatterte.

Dann sagte Bruder Vorsehung mild: »In Babylon pflegte ich Ximenes aufzugeben, wenn ich in einer halben Stunde nicht fertig war. Eine Ambulanz im Hafen von Oban, Bruder James?«

5

»Lassen Sie mich los«, verlangte Pibble wütend.

Sofort machte sich der Pilot wieder eine Notiz.

Pibble wollte aufstehen, sank aber wieder auf sein Hinterteil zurück und erlitt neue Qualen.

»Eine Ambulanz im Hafen von Oban?« fragte Vorsehung noch einmal.

Pibble schwieg. Er hätte sich selbst ohrfeigen können, weil er den Piloten nicht sofort erkannt hatte. Fish Benson, vor drei Jahren aus dem Gefängnis entflohen, bei den Märchenerzählern von Scotland Yard als der schlimmste Betrüger der Welt berüchtigt. Vorsehung hatte nur die halbe Wahrheit gesagt: Fish hatte den Fernsehwettbewerb mit Imitationen bekannter TV-Persönlichkeiten gewonnen. Die schlechte Gesellschaft, in die er dann geraten war, nannte sich die Farson-Bande. Wenn er seine Zeit abgesessen hätte, wäre er im vergangenen Jahr entlassen und wahrscheinlich längst wieder wegen seines naiven Talents verhaftet worden. Pibbles gefesselte Hände bedeuteten möglicherweise eine neue Gefahr. Wenn er nicht redete, konnte er nichts erreichen – ganz gleich, was für neues Rohmaterial der Pilot aus seinen Argumenten bezog.

»Ich brauche eine Ambulanz im Hafen von Oban«, sagte er, »für den Fall, daß Sir Francis die Überfahrt nicht gut übersteht.«

»Ich glaube, wir haben vieles zu besprechen, Bruder James«, sagte Vorsehung ruhig. Hoffnung nickte. Diese Form der Anrede jagte Pibble eine Gänsehaut über den Rücken.

»Tut mir leid, daß wir es Ihnen angesichts der Umstände nicht bequemer machen können«, sagte Vorsehung.

»Das verstehe ich nicht«, entgegnete Pibble. »Sie wissen doch, daß mein Hintern blutet.«

»Großer Gott, das hatte ich vergessen. Haben wir irgendwo ein Kissen, Hoffnung?«

»Seit der Abreise von Vater Überfluß nicht mehr.«

»Ich habe ein paar hübsche Kissen auf der ›Wahrheit‹, sagte der Pilot. »Aber das lohnt den Weg nicht.«

»Ich verstehe immer noch nicht, warum Sie mich überhaupt fesseln mußten«, sagte Pibble etwas ruhiger.

»Ah«, murmelte Vorsehung voller Überraschung über soviel Dummheit. »Seit du auf der Insel gelandet bist, Bruder James, haben wir drei deutliche Zeichen beobachtet: Schwester Rita erlitt nach Monaten stetigen Fortschritts auf dem Brett einen schweren Rückfall; Schweser Dorothy wurde auf wunderbare Weise betrunken; und ein ordentlich behauener Stein hat das Bein eines unserer besten Arbeiter zerschmettert. Was können diese Anzeichen anderes bedeuten als eine Warnung – eine Warnung vor dem Satan, der den Garten Eden betreten hat? Natürlich ist es unsere erste Pflicht, ihn zu fangen und festzuhalten.«

»Und vergessen Sie nicht, was Sie dreimal mit unserem Mikrofon gemacht haben«, fügte der Pilot hinzu.

Dreimal? überlegte Pibble. War die Verschlüsselung unnötig gewesen?

»Zu den Zeichen kann ich nichts sagen«, erklärte Pibble. »Solche Dinge kommen mir sehr irrational vor. Das mit dem Mikrofon müssen Sie mir erklären.«

Tausend kleine Nadeln kribbelten in seiner linken Wade.

»Sie haben es dreimal hintereinander gemacht«, fauchte der Pilot.

»Ich meine nur, wozu brauchten Sie in Sir Francis' Zimmer überhaupt ein Mikrofon? Er hat es mir bei meinem letzten Besuch gezeigt, aber ich hätte es überhaupt nicht erreichen können.«

»Sagen Sie bloß, das Wasser hat es doch ruiniert«, knurrte der Pilot. Allmählich wurde die vulgäre Sprache des Automechanikers unter den gepflegten Bühnenvokabeln bemerkbar.

»Vielleicht auch ein Zeichen«, sagte Pibble.

»Gewiß nicht«, sagte Vorsehung. »Aber ich bin bereit, Bruder James, deinen Fall nach der Logik Babylons zu behandeln. Einfalt ist alt und lästig, aber eine große Seele, für die noch Hoffnung besteht. Darüber hinaus ist er uns wertvoll, nicht wegen seines Reichtums, denn er hat den größten Teil seines weltlichen Besitzes vor seiner Ankunft auf der Insel einer wohltätigen Organisation gestiftet, sondern wegen seines Ruhms.«

»Wie ich schon sagte, ist er eine große Bereicherung«, fügte Hoffnung hinzu. Diesmal lachte er nicht dabei.

»Wir haben daher die Pflicht, ihn zu schützen«, fuhr Vorsehung fort. »In seinem und in unserem Interesse, selbst wenn ihn eine Laune des Alters dazu veranlaßt, einen Mann kommen zu lassen, den er überhaupt nicht kennt, und ohne zu erklären, warum er ihn sprechen will. Ein normaler Mensch mit ehrbaren Absichten hätte sich nach Erhalt einer solchen Aufforderung mit uns in Verbindung gesetzt. Er hätte jedenfalls nicht alles liegen- und stehenlassen, um sofort abzureisen. Er hätte außerdem nicht verheimlicht, daß er Polizeibeamter ist. Doch der Herr beschirmt die Seinen, und so erfuhren wir, daß dieser Mann uns vom ersten Augenblick an über seinen Beruf täuschen wollte. Wir erfuhren außerdem, daß er eine Forderung an den armen Bruder Einfalt stellte, wenn auch eine weit hergeholte. Er beansprucht den Rest seines Besitzes, der durch die Veröffentlichung des Buches plötzlich sehr angewachsen ist. Einfalt wird ein reicher Mann sein, und schon ist die erste Hyäne da.«

»Nein«, schrie Pibble, aber er protestierte nicht gegen den bärtigen Mönch. Diese wilde Illusion konnte nur aus einer Quelle stammen: aus dem versiegelten Briefumschlag. Der alte Teufel hatte ihn also noch vor seiner Ankunft hereingelegt. Aber warum? Warum nur?

»Ja, Bruder James, die hinterhältigen Motive Babylons sind uns nicht fremd. Da wir Einfalt nur schützen können, wenn wir wissen, was zwischen den beiden Männern vorgeht, haben wir eine Abhörvorrichtung installiert. Die Männer treffen sich, der Apparat funktioniert, dann ist er plötzlich tot. Dasselbe geschieht bei der zweiten Besprechung. Was die dritte betrifft, bleiben einige Zweifel. Wir wissen also nicht, was wir davon halten sollen. Trotz der Zeichen, die unser Herr gesandt hat, fürchten wir, diesen Mann vielleicht falsch eingeschätzt zu haben. Uns gegenüber bleibt er meistens freundlich und interessiert, aber wir vergessen nicht, daß er uns von Anfang an täuschen wollte, daß sein angeblicher Grund für den Besuch auf sehr schwachen Füßen steht und daß er manchmal sowohl lästig als auch neugierig erscheint.«

»Aber Sie haben es gebüßt, nicht wahr?« rief der Pilot. »Als Sie Ihre Nase in Ritas Angelegenheiten stecken wollten.«

»Sodann, Bruder James, geht dieser Polizist nach seinem dritten Gespräch mit Einfalt eine Zeitlang im Kreuzgang spazieren, als müßte er einen Plan machen. Er kommt hierher und will über Funk seiner Frau etwas mitteilen. In diese Mitteilung baut er eine geheimnisvolle Anweisung an einen Dritten ein, die er, wenn er es ehrlich meinte, auch offen hätte an die zuständigen Behörden schicken können. Wie gesagt, bis zu diesem Augenblick wußten wir nicht, was wir denken sollten. Hoffnung und Duldsamkeit waren gegen dich, aber ich hätte mich für dich eingesetzt, trotz deines Verhaltens und trotz der Anzeichen des Himmels. Doch nun wissen wir alle Bescheid.«

»Das ist doch lächerlich«, sagte Pibble. »Sie brauchen doch nur Sir Francis zu fragen, was er will.«

»Natürlich werden wir das tun, aber wie du weißt, müssen wir mehrere Stunden auf eine vernünftige Antwort warten. Alte Menschen lassen sich sehr leicht beeinflussen und fallen Launen zum Opfer, die sie später bereuen. Deshalb wollen wir die Zwischenzeit benutzen, um mehr über dich herauszufinden.«

»Tim Rackham ist mein Kollege bei Scotland Yard«, sagte Pibble.

»Jeder korrupte Polizist kennt andere, Bruder James. Diese traurige Tatsache mußten manche von uns am eigenen Leib erfahren.«

»Sie erwarten von mir, daß ich vernünftig denken soll, während mein Hintern schmerzt und meine Beine gefühllos werden.«

»Es besteht doch gar kein Anlaß zum Nachdenken, Bruder James. Du brauchst uns nur die Wahrheit zu sagen.«

»Quatsch! Natürlich werde ich euch die Wahrheit sagen, aber ich muß mir doch Beweise und Argumente überlegen, um euch davon zu überzeugen, daß ich kein Gauner bin und daß ihr mir erlauben müßt, Sir Francis mitzunehmen.«

»Oh, wie schwach ist doch das sündige Fleisch! Vielleicht könnten wir die Fesseln an seinen Beinen lockern, Hoffnung.«

Als die Fesseln gelockert waren, suchte sich Pibble vorsichtig eine erträglichere Haltung. Die Reaktion der drei Tugenden war seltsam. Hoffnung schien trotz seiner Skrupellosigkeit ehrlich betrübt zu sein – vielleicht war er traurig über die korrupte Menschheit, wenn auch gnadenlos gegenüber dem korrupten Pibble. Vorsehung schien eine Doppelrolle zu spielen: Nach außen hin machte ihm die Sache Spaß. Er gab sich kühl, ironisch, der überlegene Lehrer vor der Schulklasse, der mit dem Rohrstock spielt und über die ›Werte der Zivilisation‹ doziert, bevor er einen Jungen aufruft und ihn verprügelt. Aber hinter diesem weltmännischen Sadismus ahnte Pibble eine stärkere Kraft.

Im Gegensatz dazu war der Pilot ausgesprochen boshaft und

schadenfroh. Ich darf seinen richtigen Namen nicht erwähnen, auch nicht das Manuskript und das gefälschte Kortison, dachte Pibble. Wenn ich sie zu sehr bedränge, verwandelt sich ihre verrückte Selbstgerechtigkeit in einen noch verrückteren Selbsterhaltungstrieb. Pibble ahnte, daß er es mit Psychopathen zu tun hatte, für die es keinerlei Einschränkung durch rechtliche oder moralische Normen gab.

»Nun, Bruder James«, sagte Vorsehung, »wir warten auf deine Version der Ereignisse.«

»Es scheint hauptsächlich um die Mitteilung wegen der Ambulanz zu gehen«, sagte Pibble. »Ich weiß, daß Sir Francis Reporter nicht mag, für ihn sind sie der Abschaum dieser Welt. Außerdem kann ich mir vorstellen, daß auch Sie seine Rückkehr auf das Festland nicht an die große Glocke hängen wollen. Wenn ich in meinem Büro wäre, könnte ich wahrscheinlich eine Ambulanz zum Hafen schicken, ohne irgendwelche Fragen beantworten zu müssen, aber von hier aus geht das nicht. Deshalb ist es am einfachsten, Tim Rackham zu veranlassen, das zu tun, und zwar so, daß die Zentrale von Scotland Yard nichts erfährt, denn sonst könnte immer noch etwas durchsickern. Und natürlich würde sich meine Frau darüber freuen, zu hören, worum es geht. Es würde sie aufmuntern.«

Schweigen.

»Ich habe höchstens sie angeschwindelt und nicht euch.«

Wieder Schweigen. Pibble war entschlossen, ihnen den nächsten Zug zu überlassen. Sein letzter Satz diente als Warnung vor dem Delirium der Geständnisfreudigkeit, dem seltsamen Zustand, in dem müde, hungrige, ausgelaugte Gefangene reden und reden. Später fällt es den Gerichten schwer, zu glauben, daß ein Mensch so viel zu seinem eigenen Nachteil aussagen kann und auch noch ein Geständnis unterschreibt. Aber Pibble kannte den Grund.

»Warum bist du hergekommen?« fragte Vorsehung schließlich.

»Das habe ich Ihnen schon oben auf dem Turm erklärt. Wie soll ich Sie davon überzeugen, daß es für mich außerordentlich wichtig ist, möglichst viel über meinen Vater zu erfahren? Er war ein Mann mit eisernen moralischen Grundsätzen, und nun ist er fast vergessen – deshalb fühle ich mich verpflichtet, zu retten, was noch zu retten ist. Seine Zusammenarbeit mit Sir Francis endete mit einer Meinungsverschiedenheit oder einem Streit. Jedenfalls änderte sich dadurch sein ganzes Leben, und ich möchte wissen, woran das lag.«

»Das hast du mir nicht gesagt, Bruder James.«

»Es geht Sie im Grund auch nichts an.«

»Jetzt schon.«

Schweigen.

»Es ging also gar nicht darum, Bruder James, daß du hergekommen bist, um dir deinen vermeintlichen Anteil an Einfalts plötzlichem Reichtum zu holen?«

»Nein. Ich habe mir niemals eingebildet, irgendeine Forderung an ihn zu haben. Als Sie mir vor fünf Minuten diese Anschuldigung ins Gesicht warfen, hörte ich zum erstenmal davon.«

»Ach geh! Dieses Motiv ist weitaus glaubwürdiger. Wenn du es bestreitest, können wir dir alles andere auch nicht glauben.«

»Unsinn«, sagte Pibble. »Ihr redet dauernd davon, wie gut ihr Babylon kennt, aber wenn ihr nicht so sehr auf dem Mond leben würdet und wenn ihr wie ich fünfunddreißig Jahre als Polizist gearbeitet hättet, würdet ihr wissen, daß jedes, aber auch jedes Motiv glaubwürdig ist. Soll ich fortfahren?«

»Wer hält Sie davon ab?« murmelte der Pilot.

»Gut. Ich habe mich nicht als Polizist zu erkennen gegeben, weil es immer leichter ist, es nicht zu tun, wenn man nicht im Dienst ist. Ich wette, daß mindestens vier Fünftel meiner Kollegen im Urlaub einfach angeben, Beamte zu sein. Ich wurde von Sir Francis hierhergebeten und bin aus durchaus verständlichen Gründen gekommen. Bei unserer ersten Begegnung unterhielten wir uns eine Weile über meinen Vater – Sir Francis wollte sich vergewissern, daß ich der richtige Pibble bin –, dann erklärte er mir, er wolle die Insel verlassen, er glaube aber nicht, daß Sie ihn gehen lassen würden. Bevor er fortfahren konnte, überkam ihn wieder die Müdigkeit. Beim nächsten Gespräch gab es zunächst einiges Durcheinander, weil ein Holzscheit aus dem Kamin gefallen war. Doch dann setzten wir das Gespräch fort, und ich merkte, daß sein Geisteszustand zwischen den Perioden der Lethargie normal war und daß Sir Francis wirklich fortwollte. Ich wußte aber immer noch nicht, ob seine Befürchtung berechtigt war, daß Sie ihn nicht gehen lassen würden, deshalb unternahm ich den Versuch, vor dem nächsten Gespräch etwas mehr über die Bruderschaft zu erfahren. Das habe ich ihm nicht gesagt, sondern nur erklärt, ich bräuchte Zeit für meinen Entschluß. Ich habe mich etwas umgesehen – Sie nannten mich deshalb lästig und neugierig. Natürlich mußte ich freundlich tun. Gewissen Aspekten Ihrer Arbeit stehe ich auch durchaus freundlich gegenüber. Aber ich mußte unweigerlich zu dem Schluß kommen, daß Sie Sir Francis nicht weglassen würden.«

Eine längere Pause: keine Reaktion. Der Pilot zupfte sich am Ohr.

»Inzwischen entschied ich mich für einen Kompromiß«, fuhr Pibble fort. »Ich wollte Sir Francis nicht mitnehmen, sondern einen Brief an einen beliebigen Adressaten weiterleiten, dem er seine Schwierigkeiten mitteilen konnte. Er fürchtete, daß seine Post zensiert wird, und aus manchen Ihrer Bemerkungen geht hervor, daß etwas Wahres daran sein könnte.«

»Etwas, was *ich* gesagt habe?« fragte Bruder Vorsehung.

»Sie erwähnten, daß er mich herlockte. Aber lassen wir das. Mir erschien diese Handlungsweise als fair, und ich war sicher, daß er keiner unmittelbaren Gefahr ausgesetzt war, obgleich er sich das vielleicht einbildete. Doch das Mikrofon machte mich nachdenklich. Es veranlaßte mich zu dem Entschluß, Ihnen gewisse Vorschläge zu unterbreiten. Nur konnte ich das leider Sir Francis nicht erklären, weil wir beide annahmen, daß das Mikrofon funktionierte. Also sprachen wir hauptsächlich über meine Kindheitserinnerungen an meinen Vater und Clapham. Dieses Gespräch regte mich ziemlich auf, da ich eine starke Antipathie gegen Sir Francis empfinde und es nicht mag, daß er in Bereiche eindringt, die meine Privatsphäre sind. Deshalb mußte ich nach unserem Gespräch im Kreuzgang herumlaufen, um mich wieder zu beruhigen und um meine Gedanken zu ordnen. Das ist mir anscheinend nicht ganz gelungen, denn bei dem Spaziergang fiel mir die unnötige Komplikation mit der Ambulanz ein. Ich glaube, das wäre alles.«

In dem Raum wurde es so still, daß Pibble glaubte, den Fingernagel des Piloten am Ohrläppchen kratzen zu hören. Natürlich war das Unsinn, denn der Wind zischte durch die undichten Fenster und zerrte an lockeren Dachschindeln.

»Genial erfunden«, sagte Bruder Vorsehung. »Eine geniale Improvisation. Aber sie weist ein fatales Loch auf. Es ist kaum anzunehmen, daß Einfalts Buch nicht erwähnt wurde.«

Verdammt.

»Aber ich sagte Ihnen doch schon, daß er mich deshalb überhaupt hergebeten hatte«, antwortete Pibble. »Er brauchte für sein Buch noch einige Angaben über meinen Vater. Worüber hätten wir sonst sprechen sollen?«

Keine Reaktion. Sie starrten ihn nur an wie ein Versuchskaninchen im Labor.

»Welche Vorschläge wolltest du uns machen, Bruder James?« fragte Vorsehung leise.

»Du liebe Zeit, ich muß sie neu überdenken. Bis zu diesem Augenblick bin ich mir noch nie als korrupter Polizist vorgekommen. Ich wollte einige Versprechungen machen, aber jetzt werden wohl Drohungen daraus.«

»Das läuft auf dasselbe hinaus«, sagte der Pilot. »Ich kenne die Bullen.«

Erschreckend, wie wenig es ihn störte, daß Pibble daraus entnehmen mußte, welcher Art seine Bekanntschaft mit der Polizei war. Zwischen dieser Insel und der Vernunft lauerten zehntausend Wogen, von denen jede einem schlechten Schwimmer zum Verhängnis werden konnte.

»Drücken wir es einmal so aus«, sagte Pibble. »Ich möchte Sir Francis morgen ungehindert mitnehmen und auch Schwester Dorothy, falls sie freiwillig mitkommt. Ich verlange von Ihnen das Versprechen, daß Sie Rita zu einem geschulten Psychiater schicken. Dafür sage ich Ihnen, wenn auch schweren Herzens, zu, bei meiner Rückkehr nach London über einige Dinge Stillschweigen zu bewahren.«

»Welchen Schaden könnte dein Lärm der Gottesstadt zufügen, Bruder James?«

Vorsehung war so eiskalt wie Stein. Er war auf alles vorbereitet.

»Nun«, antwortete Pibble, »ich weiß zwar nicht, wie viele ehemalige Sträflinge hier leben, aber ich könnte mir vorstellen, daß die Bewährungshelfer gern etwas über den Aufenthalt mancher von ihnen wüßten.«

»Mein lieber Bruder James, ich habe dir doch gesagt, daß Demut über ausgezeichnete Verbindungen verfügt.«

»Vielleicht. Aber vergessen Sie nicht, daß unsere Behörden strenger sind als noch vor ein paar Jahren. Ich kann mir einfach nicht vorstellen, daß die Staatsanwaltschaft Ihre Behandlung von Geistesgestörten gutheißt, wie zum Beispiel von Rita oder dem heiligen Bruno. Sie nennen ihn Bruce.«

»Mein Gott, ist das alles? Ich versichere dir, Bruder James, daß die Staatsanwaltschaft unserer Gemeinde wohlwollend gegenübersteht. Wir sorgen dafür, daß eine größere Anzahl von Gewohnheitsverbrechern mit den Gesetzen nicht mehr in Konflikt kommt. Vor ein oder zwei Jahren gab es einen albernen Tumult wegen einer babylonischen Sekte, die sich ›Die Wissenschaftler‹ nannte. Wir luden damals eine Inspektion ein und schnitten dabei sehr gut ab.«

»Und wie sieht es mit den Landschaftsschutzbestimmungen aus? Mit der Städtebaubehörde?« fragte Pibble erfreut über die eigene Selbstbeherrschung. »Und mit dem Wohnungsbauministerium und den lokalen Behörden hier? Ich kann mir einfach nicht vorstellen, daß man Ihnen erlaubt hat, die Insel mit einer Stadt von der geplanten Größe zu ersticken. Selbst wenn keine Abbruchverfügung verhängt wird, werden Sie vieles neu bauen müssen, um wenigstens den primitivsten Sicherheitsvorschriften zu entsprechen. Ich habe gesehen, welchen schlechten Zement der heilige Bruno verwendet.«

»Großartig, Bruder James«, sagte Vorsehung. Er schien hinter seiner struppigen Tarnung keine Miene zu verziehen. »Es überrascht mich, daß du unsere Kanalisation nicht bemängelst, das würde zu dir passen, und Installationsarbeit war für mich immer die schrecklichste aller Künste. Doch diese Frage ist jetzt rein akademisch geworden, da du beschlossen hast, dem Glauben des Siegels beizutreten, und nicht mehr nach London zurückkehren wirst.«

»Ich habe nichts dergleichen beschlossen«, erwiderte Pibble lauter als beabsichtigt.

»Ich warne dich, Bruder James: Sturheit kommt unserer Technik nur entgegen. Hoffnung, sei bitte so nett und gib mir das Siegel.«

Der kräftige Mönch bückte sich nach einer Schublade des stählernen Schreibtisches und holte ein Bündel jener grünen Sackleinwand hervor, die dem größten Teil der Bruderschaft als Kleidung diente. Andächtig wickelte er einen rauhen, schwarzen Stein aus und überreichte ihn Vorsehung.

»Halt seinen Kopf fest, Hoffnung, und du hältst den Stuhl, Duldsamkeit, damit ich Bruder James nicht umwerfe. Ich bedaure, Bruder James, daß dir die Zeremonie der Einführung vor dem Rat der Gesiegelten vorenthalten wird. Aber ich versichere dir, das Ritual ist trotzdem wirksam. Ich habe gelesen, daß einer der sogenannten Heiligen der verfolgten Christenheit in Rom an den Boden gekettet war und für seine Mitgefangenen trotzdem die Kommunion seiner Kirche zelebrierte, indem er die eigene Brust als Altar benutzte. Der Herr übersieht in seiner Gnade die Armseligkeit der Werkzeuge und achtet nur auf den Zweck. Es wird weh tun.«

Pibbles Kopf wurde gegen Hoffnungs muskelbepackten Leib gepreßt, der Stuhl festgehalten. Vorsehung hielt den Stein in Pibbles Augenhöhe, so daß man die Gravur auf der geglätteten Fläche erkennen konnte: Es war nicht, wie erwartet, ein Kreuz, sondern eine Leiter. Dann rückte Vorsehung näher, bis die Umrisse der Leiter verschwanden, und preßte Pibble den kalten Stein gegen die Stirn. Dabei beugte sich Vorsehung vor, um Pibble mit einem Ausdruck eiskalter Leidenschaft in die Augen sehen zu können. Er stemmte sich mit seinem ganzen Gewicht gegen den Stein. Dann begann er zu sprechen.

»Und ich sah einen anderen Engel aufsteigen vom Aufgang der Sonne, der hatte das Siegel des lebendigen Gottes und rief mit großer Stimme zu den vier Engeln, welchen gegeben war, Schaden zu tun der Erde und dem Meer; und er sprach: Tut nicht Schaden der Erde noch dem Meer noch den Bäumen, bis daß wir versiegeln die Knechte unseres Gottes an ihren Stirnen.«

Der Abdruck des Steins schmerzte. Die Leiter preßte sich durch das dünne Fleisch der Stirn, bis es schien, daß die Haut an den Knochen gedrückt wurde. Sadistischer Blödsinn, dachte Pibble und starrte seinem Peiniger in die Augen.

Er bereute es auf der Stelle. In diesem Blick lag eine Kraft, daß man die Augen nur schwer abwenden konnte. Außerdem hätte Pibble sich geschämt, vor ihm die Augen zu senken. Nur seine Wut rettete ihn vor der Hypnose – nicht Wut wegen der Schmerzen oder seiner selbst, sondern darüber, daß jemand sich das Recht anmaßte, Menschen so zu behandeln. Auch Sir Francis war einer von ihnen, auch er hatte nichts für die Menschheit übrig, er hatte seinen besten Freund geopfert.

Gewappnet durch diese doppelte Wut, erwiderte Pibble trotzig den Blick der gelben Tigeraugen.

Vorsehung fuhr mit singender Stimme fort: »Alles, was du heute gesagt hast, Bruder James, deine Lügen und auch deine Wahrheiten, zeigen mir, daß du weiches Wachs bist, bereit für unser Siegel. Du bist unglücklich in deinem Beruf, und dein häusliches Leben scheint selbst für die Begriffe Babylons ein Dschungel zu sein. Deine eingestandene Suche nach deinem verlorenen Vater offenbart eine tiefe Sehnsucht nach Autorität. Hier wirst du sie finden. Die Einführung ist nach den Begriffen Babylons langwierig und schmerzhaft. Du darfst nicht glauben, daß dir deine Kollegen zu Hilfe eilen werden, und seien sie noch so mächtig. Duldsamkeit kann sie auf unbestimmte Zeit fernhalten. Wir kennen deinen Ruf bei der Polizei – niemand wird überrascht sein, daß du diese Mühle verlassen hast, um nach Gott zu suchen. Während der Zeit deiner Prüfung wirst du nicht wissen, ob es Nacht oder Tag ist, ob eine Minute verstrichen ist oder ein ganzer Vormittag. Ob du wach bist oder träumst. Nichts mehr in deinem ganzen Universum wird dir sicher erscheinen, bis auf diese einzige Stimme aus der Dunkelheit. Es wird meine Stimme sein. Denn ich bin der Bote Gottes, gesandt, dich vor der Hölle zu retten, dich durch die Wirrungen des Chaos zu geleiten und deine Füße auf die Straßen der Ewigen Stadt zu setzen. Wir werden sofort beginnen. Binde ihm die Hände los, Hoffnung, und nimm ihm die Uhr ab. Erhebe dich, Bruder James.«

Das Siegel zupfte an der Haut, als es entfernt wurde. Pibble stand benommen auf. Er konnte sich nicht wehren.

»Erhebe deine Arme, Bruder James.«

Er zögerte, dann gehorchte er. Es war vielleicht am besten, sich scheinbar geschlagen zu geben, um eine kleine Atempause zu erhalten. Hoffnung zog ihm die orangefarbene Kutte über den Kopf. Sekundenlang stand er in seiner wollenen Unterwäsche da, bis seine neue Uniform aus grüner, knoblauchduftender Sackleinwand an ihm hinabsank. Hoffnung löste auch die Fesseln an seinen Fußgelenken.

»Bei der ersten Übung werden wir eine Laterne brauchen«, sagte Vorsehung. »Holst du eine, Duldsamkeit? Nun, sei so freundlich und folge mir, Bruder James. Hoffnung wird dicht hinter dir bleiben.«

Der Drehstuhl versperrte ihm den Fluchtweg, selbst wenn es einen gegeben hätte. Draußen auf dem Kreuzgang packte Hoffnung seinen Arm dicht über dem Ellbogen und drehte ihm mit der anderen Hand den Unterarm auf den Rücken. Der Griff schmerzte nicht, aber Hoffnung brauchte nur den Arm ein bißchen höher zu drücken, und ›ein Affe hätte gebrüllt‹, wie der Schulungsleiter es im vergangenen Herbst während des Selbstverteidigungskurses ausgedrückt hatte.

Eine Gruppe grüngekleideter Brüder begegnete ihnen im Kreuzgang auf dem Weg zu einer kargen Mahlzeit nach einem Nachmittag geistlicher Übungen. Sie wandten den Blick von der kleinen Prozession ab, die gegen den Strom schwamm, als sei der Leiterabdruck auf Pibbles Stirn, der immer noch brannte, ein Mal, das man nicht ansehen durfte. Vorsehung führte sie den Gang entlang zu Bruder Gedulds Ordination. Auf halbem Wege hob er einen schweren Balkenriegel und öffnete eine Tür auf der rechten Seite, eine jener geheimnisvollen Türen, die von Rechts wegen nirgendwo hinführen konnten. Dann trat Vorsehung beiseite, Hoffnung drängte Pibble ohne jede Mühe in die Dunkelheit.

Die drei verharrten schweigend. Pibble fühlte unter seinen bloßen Fußsohlen feuchte Steinplatten, die nie einen Sonnenstrahl gesehen hatten, dann drehte er sich um und betrachtete das graue Rechteck, in dem statuenhaft die beiden Tugenden warteten. Das Rechteck wurde heller, der Pilot gesellte sich mit einer blakigen Laterne zu ihnen.

»Soll ich dir dein Essen herschicken, Vorsehung?« fragte er fröhlich.

»Ja, und bitte auch für Hoffnung. Bruder James braucht die üblichen Werkzeuge.«

»Mit Vergnügen. Er kriegt nichts zu essen?«

»Er hat beim Frühstück Ritas Ei gegessen«, erklärte Hoffnung.

»Jede Menge Proteine«, meinte der Pilot spöttisch und überreichte Vorsehung die Laterne.

»Vielleicht bist du so freundlich und holst auch das Mikrofon«, sagte Vorsehung. »Ich rechne nicht mit Widerstand.«

»In Ordnung.«

Als Vorsehung die Tür zustieß und mit der Laterne näher kam, hatte Pibble Gelegenheit, sein Gefängnis zu betrachten. Es war eine Einzelzelle mit Tonnengewölbe, ungefähr zweieinhalb Meter im Quadrat, die nichts weiter enthielt als einen großen, unbehauenen Felsbrocken, der mitten auf dem Boden lag. Vorsehung setzte sich darauf und stellte die Laterne neben sich auf den Boden, so daß die Hälfte der Zelle von gelblichem Lichtschein überflutet wurde, während die andere Hälfte im Finstern blieb.

»Du bist sehr schweigsam, Bruder James«, sagte er.

»Mit Verrückten soll man sich nicht streiten.«

»Glaubst du vielleicht, standhalten zu können, bis deine Mitverschwörer aus Babylon dich retten?«

Pibble schwieg.

»Darauf darfst du nicht hoffen. Einfalt hat freiwillig ein rechtsgültiges Dokument unterschrieben – es war sogar sein Vorschlag – und damit die Bruderschaft zum Erben und Verwalter seiner literarischen Arbeiten eingesetzt. Du würdest also um keinen Penny reicher nach Babylon zurückkehren. Schlimmer noch, dein guter Name wäre ruiniert – der Name eines Polizisten, der seine Pflicht vernachlässigte und mit einer fadenscheinigen Entschuldigung nach Norden reiste, um ein sterbendes Genie mit einer eingebildeten Geldforderung zu belästigen, die der Alte bereits an eine religiöse Gemeinschaft abgetreten hatte. Wir leben leider in einer Zeit, in der man der Polizei bereitwillig das Schlimmste nachsagt.«

»Ein sterbendes Genie?«

»Geduld hat mir gesagt, daß er nicht mehr lange leben wird. Er hat eine schwere Krankheit. Ich dachte, du wüßtest das, weil du so eilig gekommen bist. Und ich fürchte, du hast damit seinen Tod beschleunigt.«

Zwei grüngekleidete Brüder traten ein. Der erste trug einen Teller Gemüsesuppe mit zwei Brotfladen auf dem Rand und überreichte ihn Vorsehung. Der zweite legte einen kurzen, runden Klotz, einen normalen Meißel und einen Breitmeißel auf den Boden. Beide verbeugten sich mit gefalteten Händen und gingen wortlos. Vorsehung begann, langsam seine Suppe zu löffeln und während des Essens bedächtig zu sprechen.

»Unsere Technik ist ganz einfach«, erklärte er. »Du hast sicher schon davon gelesen, daß sie auch von anderen zu anderen Zwecken angewandt wurde. Wir lösen den gefangenen Geist aus der materiellen Welt, indem wir ihm jeden Bezugspunkt nehmen. Wir teilen dem materiellen Körper scheinbar sinnlose Aufgaben zu, die ihren Sinn nur durch die Logik der Ewigen Stadt erhalten. Wir trichtern dem materiellen Geist einen scheinbar sinnlosen Katechismus ein, der nur in der Logik der Ewigen Stadt sinnvoll wird. Wir sondern den Geist von der Zeit in Form von Stunden und Tagen und von jeder Empfindung bis auf die der heiligen Steine. In unregelmäßigen Abständen wenden wir ein Übermaß von Empfindung in Form von Schmerzen an – in Babylon würde man das Abschreckungstherapie nennen. Du magst es als hart empfinden, wenn wohlmeinende Menschen wie wir ihre Mitmenschen foltern, aber das ist es nicht. Ich selbst kann die Prüfung ertragen, ohne mit der Wimper zu zukken, und Hoffnung ist schon so weit die geistige Leiter emporgestiegen, daß Schmerz ihm nichts mehr bedeutet, sei es sein eigener oder der anderer. Du wirst also Schmerz ertragen, aber nicht als Strafe. Man wird dir Nahrung und Schlaf, soweit du sie brauchst, zuteilen, aber nicht als Belohnung. Strafe und Belohnung werden geistiger Natur sein. Du wirst nach dem Willen Gottes von deinem Leid befreit und nicht nach deinem eigenen

Willen. Und du wirst in völliger Dunkelheit essen, schlafen, leiden und deine Notdurft verrichten.«

Pibble schüttelte den Kopf, als hätte er die Augen voller Wasser. Der Löffel glänzte jedesmal auf, wenn er sich rhythmisch zwischen Teller und Mund hin und her bewegte. Die helle Stimme sprach die Sätze langsam und monoton und entkleidete jedes Wort der Farbe und Struktur. Der Effekt war bewußt hypnotisch, vor allem in Verbindung mit der Angst vor den Drohungen des Mönches und dem Druck seiner düsteren Persönlichkeit. Ein schwacher Geist, des Lichtes beraubt, zu den unmöglichsten Zeiten aus dem Schlaf gerissen und sinnlosen Torturen unterworfen... Es war schon gefährlich, nichts zu sagen...

Vorsehung stellte den Teller hin.

»Bruder James, ich gebrauche deinen Namen jetzt zum letztenmal, bis du auf das Große Brett aufgenommen wirst. Deine Arbeit ist wertlos, dein Leben vergebens. Deine einzige Hoffnung liegt in der Führung durch uns. Und wir haben mehr zu bieten als das geistliche Geschenk der Einführung. Unsere Bruderschaft vergrößert sich, wir brauchen noch eine Tugend. Der Herr schickt uns diese kostbaren Seelen, wenn wir sie benötigen, und ich erkenne, daß deine Seele trotz all ihrer Wunden diesem Zweck bestimmt sein kann. Jetzt werde ich dir deine Aufgabe zeigen und dir die ersten Sätze deines Katechismus beibringen. Deine Aufgabe besteht darin: Du kannst nicht auf das Große Brett gelangen, bevor du nicht die heilige Sechs gewürfelt hast, und du kannst die Sechs nicht würfeln, bevor du dir nicht einen Würfel geschnitten hast. Deshalb wirst du im Dunkeln den Stein, auf dem ich jetzt sitze, bearbeiten, bis er genau die Gestalt eines Würfels hat. Behaue ihn mit Gottes Hilfe richtig, dann wird er der Eckstein deiner Erlösung sein. Der Katechismus beginnt mit Frage und Antwort. Die erste Frage lautet: ›Kannst du die Haare auf deinem Haupt zählen?‹ und ...

»Nur Gott vermag die Haare auf seinem Haupt zu zählen«, sagte Pibble feierlich.

»Gut«, murmelte der Mönch ohne besondere Überraschung.

»Und er hat keine«, fügte Pibble hinzu. »Ich glaube es zumindest nicht. Ich erinnere mich an einen Leitartikel im ›New

Statesman‹, in dem behauptet wurde, daß Gott Sinn für Humor besitze, weil das eine wünschenswerte Eigenschaft der Menschen sei und er in einem noch viel höheren Maße mit allen guten menschlichen Eigenschaften ausgestattet sein müsse. Ich denke, das trifft auch auf einen Kopf zu, denn für einen Kopf sind Haare recht wünschenswert, aber ich glaube nicht, daß noch irgend jemand ...«

»Du wirst feststellen, daß Sinn für Humor eine wenig erstrebenswerte menschliche Eigenschaft ist«, unterbrach ihn Vorsehung und erhob sich von dem Felsblock. Bevor er sich ganz aufgerichtet hatte, sprang Pibble ihn an.

Seine rechte Hand bewegte sich wie von selbst horizontal und traf den kräftigen Mann mit einem bildschönen Handkantenschlag genau zwischen Kinn und Schulter. Pibble hatte bisher immer bezweifelt, einen solchen Schlag, ungehemmt von Gewissensbissen, ausführen zu können, und befürchtet, ihm dadurch die Kraft zu nehmen. Dann wäre sein Gegner nur verärgert, aber unverletzt geblieben, wie von einer Wespe ohne Stachel gestochen. Doch Abscheu und Demütigungen trieben seinen Arm an und machten die Handkante hart. Vorsehung kippte lautlos um und blieb liegen.

Pibble öffnete die Tür und spähte hinaus. Hoffnung ließ sich durch einen solchen Trick bestimmt nicht übertölpeln. Aber der Korridor war leer. Pibble schloß die Tür und senkte den Riegelbalken geräuschlos in die beiden eingehauenen Schlitze. Fast hätte er noch die Laterne herausgeholt, denn Vorsehung verdiente es, im Stockfinstern zu sitzen.

Ob er wirklich wieder zu sich kommen würde? Pibble hatte kein Knacken von Knochen gehört.

Pibble erinnerte sich, daß Gedulds Zimmer starre Fenster hatte, deshalb versuchte er es an der Tür gleich gegenüber und entdeckte einen Lagerraum, in den der Wind hineinpfiff. Das Fenstersims war so hoch, daß er nicht hinausklettern konnte. Pibble rollte einen Ballen grüner, nach Knoblauch stinkender Sackleinwand herbei und stieg hinauf. Er hockte schon auf dem Sims und bereite sich zum Sprung hinunter in das graue Gras vor, da packte ihn jemand mit eisernem Griff bei den Knöcheln und schleuderte ihn auf den Stoffballen.

Diesmal wehrte er sich fünf Sekunden lang, wenn auch erfolglos. Dann hatte Hoffnung ihn wieder im Polizeigriff und drehte ihm den Arm so hoch auf den Rücken, daß der Schmerz durch alle Knochen schoß.

Pibble verbiß sich einen Aufschrei, doch als er gegen die Wand seiner Zelle geschleudert wurde, bedeckte ein Film von kaltem Schweiß seinen ganzen Körper, so wie die Feuchtigkeit den kalten Stein überzog.

Vorsehung richtete sich im gelben Lampenlicht auf und rieb sich den Hals.

»Das Mikrofon ist immer noch kaputt«, sagte Hoffnung. »Gott gab mir ein, es nicht zu reparieren. Alles in Ordnung?«

Vorsehung stand auf, schwankte mit geschlossenen Augen und sah dann Pibble drei Atemzüge lang an.

»Seht den Mann des Blutes«, sagte er mit belegter Stimme. »Wie nahe der Verdammnis ist doch jener, der sich am Diener Gottes vergeht. Wie stolz ist dieser Geist, aber er wird noch zur Demut geführt. Wie eitel ist dieser Geist, doch wird ihm noch seine Lehre gezeigt. Und diese Bürde hat Gott mir auferlegt. Der Schlag ist dir schon verziehen, aber der Geist wird erniedrigt, der Verstand zu nichts gemacht. Dieser Mann, Bruder Hoffnung, hat viele Seelen in Babylon auf seinem Gewissen. Viele arme Sünder hat er vor den eitlen Gesetzen Babylons erniedrigt. Aber nun hat Gott ihn als Figur auf unser Brett gestellt, und meine Hand wird es sein, die seine Würfel wirft, meine Finger werden ihn von einem Quadrat zum anderen führen, von Leiter zu Leiter, von Schlange zu Schlange, bis er die Demut des Seins entdeckt und die Geduld des Steins. Ihm wird widerfahren, was er anderen zugefügt hat. Und nun überlassen wir ihn der Gnade der Dunkelheit.«

Hoffnung bückte sich nach der Laterne und ging. Vorsehung nahm seinen Teller und Löffel, drehte sich aber in der Tür noch einmal um und nickte. In diesem Augenblick wußte Pibble endlich, wer der Mann war.

»Wegen des Bartes habe ich Sie nicht gleich erkannt, Doktor Braybrook«, sagte er.

Die Tür fiel zu. Von draußen her hörte er einen dumpfen

Fall, aber es war leider nicht der schwere Körper eines Mannes, der, vom Herzschlag gefällt, stürzte, sondern nur das Einrasten des Holzriegels.

Pibble stand schwankend in der Finsternis. Nun packte ihn wirklich das Entsetzen.

6

Genauso hatte sich Dr. Braybrook umgesehen, genauso hatte er genickt, um der Welt Lebewohl zu sagen, als ihn ein Polizeibeamter in das Gefängnis von Old Bailey führte. Nur war er damals noch dicker gewesen. Es war ein herablassendes Nicken, mit dem er sich ebensogut hätte von den Knaben des teuren Internats St. Estephe verabschieden können, nachdem er ihnen klargemacht hatte, wie weit sie noch vom Ideal des englischen Gentleman entfernt waren.

Pibble duckte sich, streckte beide Arme als Fühler aus und tastete sich quer durch seine Zelle. Selbst in dieser Haltung mußte er der Versuchung widerstehen, immer wieder den Kopf einzuziehen.

Es hatte sich zwar um einen Betrugsfall gehandelt, aber wegen der Anzahl der betroffenen Eltern und ihres großen Einflusses war ein als taktvoll bekannter Beamter in die Erpressungsaffäre eingeschaltet worden: Pibble. Vier Stunden lang hatte er vor Gericht ausgesagt und war dabei pausenlos von diesen unvergeßlichen goldenen Augen angestarrt worden. Und doch hatte er sie vergessen.

Seine linke Hand berührte den Felsbrocken. Er packte ihn mit der Rechten. Der Stein fühlte sich seltsam schleimig an. Aber nein – das war der Schweiß an seinen Handflächen. Pibble lehnte sich an den Stein und wußte, daß er jetzt irgendwo in seinem alten Körper eine Menge Kräfte mobilisieren mußte. Bisher hatte er sich von einem eigenartigen Fatalismus auf diese Insel treiben lassen. Was ihn bisher wirklich interessiert hatte, lag lange Zeit zurück und war so sehr Geschichte geworden, daß er den Eindruck gewann, auch jede einzelne Minute der Gegenwart bekomme ihren Platz vom Schicksal zugewiesen. Eine gefährliche Haltung für einen Mann, der gewaltsam zu einem fanatischen Glauben bekehrt werden sollte. Soweit er bisher darüber nachgedacht hatte, war er logischen Argumenten gefolgt. Nun hatte die wahnwitzige Woge des Glaubens der Gesiegelten alle Landmarken der Vernunft hinweggespült. Es schien nur noch eine Möglichkeit zu geben: Abwarten, bis die Flut zurückging, und es dann noch einmal versuchen. Sir Francis besaß noch Kortison für sechsunddreißig Stunden. Pibble war sicher gewesen, den Fanatikern in diesem Zeitraum klarmachen zu können, daß ihr Versuch mißglücken mußte. Aber nun . . .

Wenn Vorsehung mit Braybrook identisch war, würde die Flut niemals mehr weichen.

Er stand auf und riß sich mit äußerster Willensanstrengung zusammen. In etwa zwei Stunden würde sich Sir Francis in der Hütte der Macdonalds aufhalten. Vielleicht konnte man sie dazu überreden, Pibble zu verstecken. Nachts konnte er sich dann zum Funkgerät schleichen. Oder . . .

Nein, erst mußte er hier herauskommen. Die Mauern waren zwei Fuß dick, sonst wäre das Gebäude längst eingestürzt. Zwei Wochen lang graben. Blieb nur . . .

Auf dem Rückweg von der Herbstwiese, den zerbrochenen Drachen unter dem Arm, war Klein-James am Viadukt stehengeblieben und hatte eine Lokomotive beobachtet, die eine lange Reihe klappriger Güterwaggons hinter sich herzog. Vater wollte schon wieder zu einer seiner Erklärungen ansetzen, aber James interessierte sich nicht für das Prinzip der Dampfmaschine und war ihm deshalb zuvorgekommen.

»Wie bleiben die Bogen nur stehen, wenn sie aus so kleinen Steinen gebaut sind?«

Daraufhin hatte er zehn Minuten lang das Prinzip des Bogens erklärt bekommen. Er hatte mit dem Papierschwanz seines Drachens gespielt und nur mit halbem Ohr zugehört. Pibble erinnerte sich noch genau an das schmutzige Grün der Lok und an die grün-weiß gestreiften Stoffstreifen des Drachenschweifs – Mutter hatte ihm dafür einen ausgedienten Pyjama geschenkt. Er erinnerte sich an den Gestank der Farbenfabrik. Aber von der ganzen Lektion waren nur zwei Sätze hängengeblieben:

»Siehst du, James, ein Bogen ist wie eine Eierschale, wenn man nach innen drückt, macht man ihn nur noch stärker. Wenn man allerdings nach außen drückt, wie ein Küken, das aus dem Ei will, hat der Bogen überhaupt keine Kraft.«

Von oben gesehen, hatten die Steine der gewölbten Decke klein ausgesehen. Hoffentlich waren es nicht zwei Schichten. Und hoffentlich war keine Wache aufgestellt, da das Mikrofon nicht funktionierte, um seinen Schreien und Flüchen zu lauschen. Hoffentlich hatte der heilige Bruno keinen guten Zement verwendet.

Seltsam. Die unzureichenden Werkzeuge konnte man noch als Mittel begreifen, um Gott seinen gebrochenen Geist zu beweisen – aber feucht gewordenen Zement?

Während Pibble ächzend den Stein hochstemmte, ihn umkippen ließ und wieder aufrichtete, kam ihm die Erleuchtung: Die Bruderschaft war pleite.

Vater Überfluß war als Geldquelle versiegt, wahrscheinlich gab er seine Hackenstadt-Millionen jetzt lieber irgendwo in Asien für eine hübsche junge Schauspielerin aus. Er hatte der Bruderschaft ein schönes Schiff geschenkt, das für den Seegang hier ungeeignet war, dazu einen alten Hubschrauber, eine supermoderne Büroeinrichtung und eine verrückte Theologie. Aber er hatte die Gemeinschaft nicht mit regelmäßigen Einkünften ausgestattet. Die hingen allein von seiner Gunst ab, welche er den Brüdern inzwischen entzogen hatte.

Beim viertenmal knallte der Stein gegen die feste Wand. Pibble rückte ihn zurecht, bis er nicht mehr wackelte, dann kroch er auf Händen und Knien zurück und tastete nach dem Werkzeug.

Die Frage, warum Überfluß das Interesse verloren hatte, erübrigte sich: Wie sonst soll ein Playboy-Messias reagieren, wenn ein so strenger Geist wie der Braybrooks in die Ewige Stadt einzieht?

Er verfehlte die Werkzeuge und suchte in der anderen Richtung. Ein plötzlicher Schmerz im Knie – er hatte den einen Meißel gefunden. Den Schlegel und den anderen Meißel fand er auch bald. Er kroch zur Wand und tastete nach der Tür. Dann schob er den breiteren Meißel in den Spalt zwischen Holz und

Schwelle. Er trieb ihn mit dem Schlegel hinein und schlug nur zweimal daneben. Danach suchte er sich wieder den Weg zum Steinbrocken. Wenigstens das unwillkürliche Ducken hörte langsam auf. Er kletterte auf den Brocken, lehnte sich mit der Schulter an die Wand und tastete nach dem Gewölbe. Im Schneckentempo glitten seine Finger über den Stein.

Der Felsen fühlte sich überall gleichmäßig rauh an, aber Pibble hatte noch den Keil vor Augen, der draußen in den windschiefen Bogen des Tonnengewölbes eingefügt worden war. Wenn an einer so sichtbaren und wichtigen Stelle gepfuscht worden war, dann gab es in diesem versteckten Loch sicher eine große Anzahl von Flickstellen. Er brauchte nur einen steinernen Pfropf, den er hinaushämmern konnte.

Überfluß hatte also den Zustrom kanadischer Dollars, der diese Wüste der Frommen einst bewässerte, gestoppt. Für Vorsehung war es schon das zweite Unglück dieser Art. Beim erstenmal war er noch Dr. Cecil Braybrook gewesen, allmächtiger Herrscher über eine Einrichtung, die dem englischen Landadel seinen einstigen Ruhm wiedergeben, England wieder zu einer Großmacht gestalten und damit die ganze böse Welt verändern sollte. Leider stiegen die Kosten des Internats St. Estephe in demselben Maße, in dem der Zulauf geeigneter junger Schüler geringer wurde. Pibble tastete einen anderen Abschnitt des Gewölbes ab und machte sich Gedanken über den Selbsterhaltungstrieb der besitzenden Klasse – damals konnten bestimmt noch keine Gerüchte über St. Estephe im Umlauf gewesen sein.

Seine Fingerspitzen entdeckten eine Fuge, einen eingepaßten Füllstein, und tasteten ihn an allen vier Ecken ab. Aber der Stein war zu groß. An einem Punkt fand Pibble ein Stückchen Zement, das unter seinem Daumennagel glücklicherweise zerkrümelte. Auch der Nachbarstein war zu schwer. Verdammt, dies konnte doch nicht der einzige Teil des ganzen Gebäudes sein, der aus richtigen Blöcken gebaut war! Pibble suchte etwas tiefer im Gewölbe und gelangte zu einem Spalt, der immer breiter wurde. Schließlich konnte Pibble seinen ganzen Zeigefinger hineinschieben. Dann teilte sich der Spalt und verlief zu beiden Seiten eines spitzen Dreiecks weiter. Hier war also ein steinerner Keil eingefügt worden. Vorsichtig hob Pibble die linke

Hand, bis die Finger der rechten die Spitze des Meißels tastend in die Mitte des Dreiecks führen konnten. Dabei verlor er fast das Gleichgewicht und die Werkzeuge, weil er den Schlegel von der linken in die rechte Hand nehmen mußte, aber dann stand er wieder fest und konnte zu arbeiten beginnen. Er drehte sich herum, bis sein Ellbogen Platz genug hatte, zupfte im Dunkeln noch einmal den Meißelkopf kurz an und holte zum ersten Schlag aus. »Autsch!«

Ja, das war genau Braybrooks Stil: Sadismus aus erhabenen Motiven. Die Jungen waren nach St. Estephe gekommen, um sich dort ›die rauhen Ecken abzuschleifen‹. Hier wurde der Sadismus noch weiter getrieben, hier klopfte sich das Opfer selbst auf die Finger.

Er machte Zielübungen, bis er fester zuschlagen konnte. Die Stellung, in der er arbeiten mußte, ermüdete ihn sehr. Der Schlegel war für diesen Zweck zu leicht, seine angeschlagene Hüfte störte ihn, und auch sein Hinterteil machte sich wieder bemerkbar. Der eingefügte Keil aber rührte sich nicht. Pibble legte eine Pause ein und setzte den Meißel an der Stelle an, wo der Spalt am breitesten war. Dort kratzte er am Zement herum, um das Gefühl zu bekommen, endlich etwas zu erreichen. Staub und Steinchen spritzten herum, und als Pibble instinktiv die Augen schließen wollte, stellte er fest, daß er sie im Dunkeln ohnehin zusammengekniffen hatte. Der stählerne Meißel drang immer tiefer in den Spalt ein.

St. Estephe war gegründet worden, um die Welt zu reformieren, eine Institution, in der Kinder geduckt und geschliffen werden sollten – unter der Leitung des ernsten, jovialen, gelehrten und rundlichen Dr. Braybrook. Aber St. Estephe war gestrandet. Die neue Bühne, der neue Swimming-pool, die neuen Labors – das alles hatte mehr Geld gekostet, als Braybrook zur Verfügung stand. Er sah sich zu Unterschlagungen gezwungen. Mit der Verachtung des wahren Gelehrten für die Welt hatte er einen Trick erfunden, der selbst gemessen an den einfachen Regeln der Ewigen Stadt noch einfach war, und ein Bankier, dem in einer einzigen Generation der Sprung aus der rumänischen Gosse in die englische Aristokratie gelungen war, hatte ihn sofort durchschaut. Auch andere Eltern waren ihm auf die

Schliche gekommen, aber Dr. Braybrook war als Erpresser wesentlich geschickter als bei seinen Schwindeleien. Er hatte die Zukunft der Söhne in der Hand, und die Eltern wußten nichts voneinander. Sollte man riskieren, daß der kleine Markus mit Schimpf und Schande von St. Estephe gejagt wurde? Und das im Augenblick, wo ein Mitglied der Königsfamilie aufgenommen werden sollte? Also blieb der junge Markus. Zwei Elternpaare hatten der Schule so viel Geld geliehen, daß Braybrook seine Unterschlagungen in Ordnung bringen konnte und aufgrund der bereits gemachten Erfahrungen einen bei weitem raffinierteren Schwindel erfand.

Der Meißel blieb dort hängen, wo der Spalt enger wurde. Pibble setzte ihn in der Mitte des Keils an, schlug ohne Ergebnis drauflos und versuchte es dann noch einmal an der langgezogenen Spitze. Ein Steinsplitter traf seinen Nasenrücken. Nach je fünf oder sechs Schlägen ertastete er mit den Fingern das Ergebnis. Stück um Stück schlug er die Spitze vom Keil ab. Sein rechter Arm schmerzte vor Anstrengung.

Braybrook hatte sich für St. Estephe eine Atempause erkauft, aber dann folgte ein Blitz aus heiterem Himmel. Die Frau des Bankiers brannte durch und nahm den Firmenjet, den Piloten und den Jungen mit. In seiner verständlichen Erregung hatte der Pilot vergessen, den Treibstoffvorrat der Maschine zu überprüfen, und so mußte er mitten im Atlantik an einer Stelle niedergehen, wo weit und breit nur ein Segel zu entdecken war: das eines einsamen Sportlers, der sich als Held beweisen wollte. Aber nun war er nicht mehr einsam. Während der Pilot verärgert am Steuer saß und der Junge glücklich fischte, beschäftigte sich die Frau damit, den Segler vom Funkgerät fernzuhalten. Er durfte an die Zeitung, die ihn bezahlte, nur kurze Positionsmeldungen durchgeben. Später, bei der Landung, stürzte sich die Presse dann auf diese Sensation. Bei den Interviews gelangten auch einige Absonderlichkeiten des Bankiers ans Tageslicht. Die Frau war US-Bürgerin und besaß einen schönen, grünen Paß; die Rechtsanwälte auf beiden Seiten des Ozeans begannen mit dem üblichen Hickhack, aber die Frau behielt den Jungen. Der Bankier suchte nunmehr nach empfindlichen Stellen in der Gesellschaft, weil er sich rächen wollte. Er erstattete Strafanzeige gegen St. Estephe.

Pibble stemmte die schmerzenden Schultern gegen den kühlen Stein und öffnete die Augen, um zu sehen, ob es jetzt vielleicht weniger dunkel war. Er sah zwar immer noch nichts, aber er hörte ein Geräusch, ein leichtes Zischen über seinem Kopf, ein leises Klappern zu seinen Füßen. Er bewegte die linke Hand hin und her und hielt inne, als es im Dunkeln kitzelte. Feine Körnchen rieselten herab wie aus einem Zuckerstreuer. Pibble folgte dem Strom der Körnchen und stellte fest, daß am dicken Ende des eingesetzten Keils der Zement einfach herausgefallen war, obgleich er dort den Meißel nicht einmal angesetzt hatte. Ein Wunder, daß dieses Gewölbe überhaupt standhielt. Er stieß den Meißel in die neue Lücke und drückte zur Seite. Der ganze Keil bewegte sich. Im Längsspalt auf der anderen Seite war der Ansatzpunkt schlechter, aber Pibble brachte es trotzdem fertig, den Keil ein paarmal hin und her zu schieben. Als er schon glaubte, das Hindernis endlich beseitigen zu können, mußte er feststellen, daß sich der ganze Stein nur an einer verborgenen Achse einen Zentimeter hin und her bewegte. Trotz seiner Schmerzen machte Pibble sich wieder mit neuem Mut an die Arbeit.

Das Gerücht, man erwarte ein Mitglied der Königsfamilie, hatte zwar geholfen, aber dann stürzten sich die Zeitungen mit Feuereifer auf den Fall. Seine Ehren Richter Masham liebte eine umständliche Beweisaufnahme, und so kamen fast beiläufig ganz ungewöhnliche Einzelheiten heraus. Pibble erinnerte sich noch an die Aussage des Mathematiklehrers. Er stritt nicht ab, bei den Unterschlagungen die Finger im Spiel gehabt zu haben. Ein junger Mann, ängstlich und zitternd, ein sehr schlechter Zeuge. Richter Masham verlor die Geduld und fragte ihn, wie er es denn fertiggebracht habe, seine Klasse im Zaum zu halten. Das sei in St Estephe nicht nötig gewesen, erklärte der Zeuge und warf einen Blick hinüber zur Anklagebank, wo Dr. Braybrook gelassen nickte. Der Mathematiklehrer war zum Teil deshalb so ängstlich, weil er von vornherein der Überzeugung war, daß alles, was Braybrook tat, *eo ipso* richtig sein mußte. Also konnten sich nur Polizei und Gericht geirrt haben – nicht versehentlich, sondern mit Absicht. Die Jungen hatte Braybrook ›Gott‹ genannt, und obgleich er in jeder anderen Beziehung auf strengste Frömmigkeit achtete, hatte ihn dieser Verstoß gegen das Erste Gebot nicht gestört.

Aha – ein Dreieck von mindestens fünf Zentimetern Länge brach ab und fiel auf den Boden. Nun spürte Pibble an der Spitze des Keils keinen Widerstand mehr und konnte am stumpfen Ende die Finger in den Ritz schieben. Zwischen den beiden Löchern bewegte sich der Stein hin und her. Pibble versuchte den Meißel an der neuen Bruchstelle anzusetzen, um den Keil dort loszuschlagen, wo er zwischen den größeren Steinen klemmte. Dazu mußte er sich zwar verrenken, aber er konnte wenigstens andere Muskeln einsetzen als bisher. Er leckte sich den salzigen Schweiß von der Oberlippe und versuchte es mit Rückhandschlägen. Ihm taten alle Muskeln des Oberkörpers weh, und seine Waden waren verkrampft, weil er sich unbewußt bemühte, sich mit den Zehen an dem groben Felsblock festzukralllen.

St. Estephe war keine Gelehrtenschule. Braybrook hatte die Lügen im Schulprospekt mit der Behauptung verteidigt, er habe den Charakter geformt und keine Bücherwürmer erzogen. Die Charakterbildung betrieb er auch nicht mit dem Rohrstock. Der blieb einem bestimmten Lieblingsschüler vorbehalten, der Schlüsselfigur bei der Einführungszeremonie zu Beginn des Schuljahrs, von der die Lehrer angeblich nichts wußten. Eine Strafe ›Gottes‹ verlieh dem Opfer quasi priesterliche Stigmata: Wer von seinen Händen gezüchtigt worden war, hatte auf jeden Fall das Recht, anderen Jungen die lächerlichen Qualen zuzufügen, deren Kinder fähig sind. Aber es gab keine Selbstmorde und nur wenige Ausreißversuche. *Jemand* behielt die Kinder genau im Auge und kalkulierte kühl ihr Stehvermögen. Braybrook hatte also während der Manipulationen mit geliehenen Geldern immer noch an seiner großen Aufgabe gearbeitet. Er hatte sechs Jahre bekommen. Später konnte man erfahren, daß nur vier daraus geworden wären, wenn nicht Richter Masham selbst eine so freudlose Kindheit gehabt hätte. Zu einer Berufung war es nicht gekommen.

Schon nach wenigen Schlägen machte sich bemerkbar, wie

ungünstig Pibble stand. Schwitzend und keuchend lehnte er sich zurück. Dreißig Minuten mochten vergangen sein. Wenn er nicht bald Tageslicht zu sehen bekam, hatte die Sache keinen Sinn. Aber als er sich zurückbeugte, rieselte ihm ein neuer Schauer von Steinchen und Zement über den Hinterkopf und bestäubte seinen schweißnassen Hals. Zu müde zum Fluchen, tastete Pibble nach der Quelle der Steinkaskade. Der große Stein zwischen Keil und Wand mußte sich ein wenig verlagert haben, denn auch hier rieselte jetzt der Zement heraus. Das war nicht gut. Je tiefer der Stein rutschte, um so fester verkeilte er sich, und um so mehr klemmte er den Füllstein ein. Pibble strengte alle Kräfte an und drückte nach oben, aber es nützte nichts. Er mußte versuchen, den kleineren Stein herauszudrehen. Aber es war ein zweidimensionaler Keil, der unten den Spalt ausfüllte und weiter oben das Dreieck zwischen zwei größeren Steinen. Deshalb . . .

Er setzte den Meißel flach am Gewölbe an, die Spitze gegen das schmalere Ende des Keils gerichtet, und begann wieder zu hämmern. Der Keil bewegte sich ein Stück, bewegte sich noch mehr, blieb stecken. Pibble schlug härter zu.

Braybrook hatte also sechs Jahre bekommen. Bei guter Führung konnten vier daraus geworden sein. Er mußte vor etwa zwei Jahren freigelassen worden sein und in der Zwischenzeit die Bekanntschaft des einstigen Kanoniers gemacht haben. Sicher hatte Demut unter dem Deckmantel irgendeiner weniger weltfremden Sekte den Gefängnissen Besuche abgestattet. Aber dann, noch vor Braybrooks Entlassung, mußte er sein geistiges Zuhause gefunden haben. Wahrscheinlich hatte er Braybrook auf diesem kahlen Felsen hier zumindest ein Versteck vor den Reportern angeboten, einen Platz, wo ihn die Welt vergessen würde. Das war nach außen hin die Erklärung. Aber Braybrook mußte sich außerdem im Gefängnis verändert haben. Da sein großes Werk in Trümmern lag, mochte er sich gesagt haben, daß die Welt seiner nicht wert war. Vielleicht erkannte er auch das ungewöhnliche Phänomen der reinen Macht – rein, weil sie keine Privilegien mit sich bringt –, die manche Insassen über ihre Mitgefangenen erlangen. Vielleicht war ihm das selbst geglückt. Es brauchten nicht unbedingt Demuts Besuche gewesen zu sein, die den heiligen Bruno, den Geldschrankknacker und die anderen, die Pibble noch nicht kannte, auf diesen ungemütlichen Vorposten der Welt gelockt hatten.

Teufel! Der Meißel blieb bei jedem Schlag nutzlos stecken. Pibble tastete die Stelle mit den Fingern ab und merkte, daß der Keil mit dem stumpfen Ende ein paar Zentimeter in das Gewölbe eingesunken war. Aber nun rührte er sich nicht mehr. Pibble setzte den Meißel auf der anderen Seite an und schlug aufwärts. Entweder mußte er die Ecke abtrennen oder den ganzen Stein hineinschlagen. Wie sollte er jemals aus diesem Gefängnis entkommen, wenn seine Gelenke nichts taugten und seine Muskeln sich wie mit Wasser gefüllte Plastiksäcke anfühlten?

Lieber wandte er sich in Gedanken wieder Braybrook zu und arbeitete halb unbewußt weiter.

Der fanatische Lehrmeister war also hergekommen, zwar verwandelt, aber in seiner Sendung noch bestätigt. Und hier war er in der Hierarchie nach oben gestiegen wie eine Luftblase im Schlamm, beseelt von dem Bewußtsein, daß Gott ihm eine große Aufgabe zugewiesen hatte. Auf dem Turm hatte er erklärt, der Glaube des Siegels sei ein Werkzeug. Kein perfektes Werkzeug, mehr der zerschlagene Klotz, mit dem der heilige Bruno arbeite, aber immerhin ein Werkzeug, das Gott in Braybrooks Hände gelegt habe, um mit seiner Hilfe die Ewige Stadt zu erbauen. Auf einer irdischen Ebene mußten ihm die verrückten Einmischungen von Vater Überfluß unangenehmer gewesen sein als die Belästigungen durch neunzig Elternpaare aus dem gehobenen Bürgertum. Vielleicht hatte auch Braybrooks Taktgefühl durch die vier verlorenen Jahre gelitten. Jedenfalls war der Konservenmillionär zu seiner Schauspielerin nach Asien entflohen, wo er mit intelligenten Tintenfischen Zwiesprache hielt. Aufgeben? Nein, das kam für Braybrook nicht in Frage, solange das Werk des Herrn unvollendet war und etwas Verkäufliches vorhanden war, womit man Geld beschaffen konnte. Ein Spezialist für Schlösser stand zur Verfügung, außerdem ein Fotokopiergerät und der heilige Bruno, der die nötigen Briefe und Verträge fälschen konnte. Sir Francis' Post konnte man leicht zensieren. Falls er jemals dahinterkam, konnte man ihn immer noch innerhalb von vierundzwanzig Stunden in die ewigen Jagdgründe schicken, indem man ihm Schulkreide statt Kortison gab. Vermutlich ging es um sechsstellige Beträge. Steuerfrei, da die Bruderschaft als wohltätige Organisation galt. Verdammt, überlegte Pibble, wenn sie gwußt hätten, daß ich herkomme, hätten sie ihn schon vor zwei Tagen beseitigt. Der alte Gauner hat immer noch eine Glückssträhne.

Die verklemmte Ecke des Keils gab nach, etwas fiel Pibble auf den Fuß, und der Stein ließ sich wieder bewegen.

Braybrook – Vorsehung – Vorsehung – Braybrook. Er hatte sich verändert, sich einen Bart wachsen lassen, aber vergessen hatte er nicht. Pibble erschrak noch nachträglich über den geheimnisvollen Scherz oben auf dem Turm – ein ehemaliger Gefängnisinsasse habe ihn erkannt, aber er, Pibble, den anderen nicht. Eine Bestätigung himmlischer Fügung, wenn es Vorsehung gelang, einen der Männer zu erledigen, die Braybrook erledigt hatten.

Wieder klemmte der Keil. Aber Pibble hatte Erfahrung gesammelt und schlug die nächste Kante ab.

Die anderen Tugenden hatten Braybrooks Ankunft sicher begrüßt. Sie alle brauchten ihn: Demut, der Franziskus der Insel, ein Suchender zwischen überspannten Ideen, bis er einen Glauben entdeckt hatte, der in sein Weltbild paßte und der ihm außerdem häufige Reisen nach Soho ermöglichte; Geduld, ein Arzt, der irgendwann aus der Reihe getanzt war, vielleicht wegen der Verschreibung von Heroin, denn er sah ganz danach aus; Duldsamkeit, zu dem dieser Name gar nicht paßte, der entflohene Sträfling, der nun in einem sicheren Versteck mit der Macht spielen konnte, mit der Macht, die die Vollzieher der Gehirnwäsche über ihre Opfer besitzen; Hoffnung, vor dem Pibble körperliche Angst empfand, auch wenn er ihn irgendwie bewunderte; er war vielleicht ein Heiliger, ein Guru, der arme Bauern im Widerstand gegen die Mafia leitete oder in den Wohnzimmern von Hampstead einen Scheinfrieden verkaufte. Sein Akzent und Braybrooks Bemerkung, Hoffnung sei im Glauben der erste nach Überfluß, deuteten auf eine frühe Bekehrung hin. Pibble erinnerte sich an sein melancholisches Gesicht im Büro, die Melancholie eines Großinquisitors, der alle

Menschlichkeit ablegt, um jedem Neuankömmling zu seiner eigenen Rettung die nötigen Qualen zuzufügen. Vergib mir, Vater, denn ich weiß, was ich tue.

Wieder gab der Keil um zwei Zentimeter nach. Ein Lichtstrahl traf Pibbles geblendetes Auge. Blinzelnd und weinend konnte Pibble nun genau sehen, wie der Stein in dem Spalt steckte. Jetzt gelang es ihm leicht, ihn mit drei kräftigen Schlägen zu beseitigen. Dann stand er da, badete sich in dem Lichtstrahl und dachte zum erstenmal über sich selbst nach.

Sein Herz klopfte schwer, der Atem rasselte in seinen Bronchien, seine Waden zitterten im Krampf. Die Kutte war inzwischen schweißdurchtränkt, das Haar klebte an seinem Kopf. Salzige Tropfen fielen von seiner Stirn, und als er sich den Mund abwischte, entdeckte er ein paar Schaumflocken auf dem Handrücken. Er hatte gut eine Stunde lang fast in Panik geschuftet, nicht, um Sir Francis oder Rita zu retten, auch nicht zur Ehre der Polizei, sondern um das eigene Leben. Braybrook – Vorsehung hätte es in vierzehn Tagen leicht geschafft, seinen Widerstand zu brechen. Er hätte zwar nicht eine vollgültige Tugend aus ihm gemacht und auf dem Weg zur wahnwitzigen Erlösung sein früheres Leben ausgelöscht, aber bestimmt seine Persönlichkeit zerschmettert, wie die des Mathematiklehrers im Zeugenstand. Pibble wäre in seinem Beruf nichts mehr nütze gewesen und zu Haus nur noch ein stiller Grübler.

Weiter, Pibble, weiter! Durch diesen engen Spalt könnte höchstens eine Seele in den windgepeitschten Himmel entfliehen.

Der größere Stein, der Pibbles Arbeit durch die Verlagerung verzögert hatte, wackelte ein wenig, ließ sich aber nicht hinausschieben. Jetzt, wo Pibble die Augen offenhielt, waren sie sofort mit Zementstaub gefüllt. Alle Schmerzen seines Körpers konzentrierten sich an einer Stelle im Nacken, weil er sich so weit zurückbeugen mußte. Er wich den herabrieselnden Steinbröckchen aus und betrachtete das Gewölbe. Wenn es ihm gelang, den großen Block auf der anderen Seite des Spalts zu bewegen, dann war der noch größere Brocken darüber am unteren Ende frei. Die Erleuchtung kam ihm wie im Traum.

Dann überfiel ihn ein Alptraum: Hoffnung und Vorsehung

saßen sicher oben auf der Mauer und beobachteten still die Ausbruchsversuche aus dem steinernen Bau. Pibble zögerte, dann schob er energisch den Steinblock nach oben und entdeckte voll Überraschung, daß ihm an beiden Handgelenken das Blut herablief. Von außen bot sich bestimmt ein schauerlich surrealistischer Anblick: Zwei blutverschmierte Fäuste hoben einen Block aus der grauen Steinmauer. Es war wie in jener Horrorgeschichte über ein südamerikanisches Erdbeben, die Simon Smith ihm erzählt hatte; von einer Mutter, die in einen Erdspalt gerutscht war und im letzten Augenblick, bevor der Spalt sich wieder schloß, ihr Baby emporheben konnte, das später lebendig in ihren erstarrten Gliedern gefunden wurde.

Vorsichtig wuchtete Pibble den Stein hinaus, stellte sich auf die Zehenspitzen und schob ihn zur Seite, bis er an der Stelle lag, wo die Trennwand den Boden trug. Der längliche Stein bewegte sich sofort, als Pibble ihn berührte, und kippte nach unten, aber Pibble brachte es fertig, seine Schulter darunter zu schieben und mit dem Stein auf den Boden hinabzuklettern. Dabei sah er, daß überall aus dem Gewölbe der Zement rieselte. Hastig bestieg er wieder sein Podest und hob einen großen, quadratischen Stein heraus, der sich als überraschend schwer entpuppte. Da er ihn nicht festhalten konnte, ließ er ihn einfach zu Boden poltern. Dann bückte er sich und entdeckte einen geeigneten Spalt in der Wand, trieb seinen Meißel so weit wie möglich hinein und stemmte den Fuß dagegen, da sein Arm keine Kraft mehr hatte und seine Handflächen sich wie rohes Fleisch anfühlten. Er griff nach dem oberen Ende der Wand.

Wenn ihn nun oberhalb des Gewölbes niemand erwartete, was dann? Das Radiotelefon befand sich im Büro hinter einer verschlossenen Tür, hinter Fenstern, die sieben Meter hoch über dem Fußboden lagen. Außerdem wußte er nicht mit dem Gerät umzugehen, und wenn er sich im Büro einschloß, um trotzdem eine Botschaft zu senden, brauchten sie nur den Generator auszuschalten. Der Hubschrauber? Nur im Traum konnte er eine solche Maschine fliegen, und auch dann verwandelte sie sich stets, noch vor dem Höhepunkt der erträumten Geschichte, in ein Polizeifahrrad. Die ›Wahrheit‹, sie taugte bei diesem Wellengang nichts, aber er wußte wenigstens, wie man einen

Außenborder anließ, falls der Motor schon in Ordnung war. Dann hinüber zu der kleinen Bucht der Macdonalds, den alten Mann aus der Hütte holen und nichts wie weg! Vielleicht ließen sich auch die Macdonalds dazu überreden, sie überzusetzen. Oder . . .

Auf in den Kampf, Mann!

Er schob sich durch die Lücke und stellte fest, daß zwischen dem neuen Stockwerk und dem alten Dach keine Beobachter zu sehen waren.

Er mußte die lockeren Steine neu aufschichten, um seine Ellbogen auf die Mauer stemmen zu können. Dabei rutschte der Meißel weg und klapperte auf die Steinplatten hinunter, als Pibble sich gerade mit einem Ruck nach oben zog. Ob er es wohl schaffen würde, ohne aus dem zweiten Meißel eine neue Stufe bauen zu können? Er hatte den Halt unter den Füßen verloren, aber dieser Augenblick der Panik verlieh seinen Armen neue Kraft. Schon hing er bäuchlings auf dem Mauerwerk. Er zappelte mit den Beinen und löste dadurch neue Steinbrocken aus dem Gewölbe. Verdammt, irgend jemand mußte das doch hören! Es rieselte und polterte unter ihm, während er sich herumdrehte und der Länge nach auf der Stützwand landete. Dann sah er zurück.

Das ganze Tonnengewölbe seiner Zelle gab Stück um Stück nach. Jeder abstürzende Stein lockerte einen anderen. Entgeistert starrte Pibble auf die Ruinen, so wie der kleine James bleich die Trümmer der großen roten Vase betrachtet hatte, die heruntergefallen war, als er auf den Klavierhocker kletterte, um im Spiegel über dem Kaminsims seine Sommersprossen zu zählen. So viel harte Arbeit steckte darin, und nun lag sie in staubigen Trümmern. Neben ihm ächzte etwas voller Mitgefühl, und er sah einen neuen Spalt, der sich öffnete. Geduckt stolperte er in die Dachkehle hinab. Hinter ihm polterte es schon wieder.

Hinter Gedulds Arztzimmer spähte er über die Dachkante und fürchtete immer noch, in einen Hinterhalt zu geraten. Aber er entdecke nur hohes Gras und dahinter auf den Bodenwellen hartes Heidekaraut.

Seine Beine baumelten über die Kante. Die Ziegel fielen klappernd vom Dach, die Mauer gab sichtbar nach. Mit dem Donner eines Vulkanausbruchs stürzte sie ein und füllte den Krater, wo einmal die Zelle gewesen war. Ein einzelner Balken ragte wie Gottes Finger anklagend in die Luft. Pibble ließ sich fallen: Au! Die kleine Zehe gebrochen? Nein, nur angekratzt.

Nachdem der Gegendruck des einen Gewölbes beseitigt war, mußte das Gewicht des Nachbargewölbes natürlich die Wand eindrücken. Wenn er Glück hatte, würden sie denken, daß er dort unter dem Trümmerhaufen lag, gerichtet von Gott. Um nicht gleich erkannt zu werden, zog er sich die Kapuze über den Kopf und stellte fest, daß der Knoblauchgeruch durch den Schweiß geradezu überwältigend geworden war. Er kam sich vor, als sitze er zwischen Arbeitern in der Metro. Geduckt rannte er auf den Horizont zu. Keine Schreie erklangen hinter ihm. Er ließ sich bäuchlings zwischen das hohe Heidekraut fallen und blieb keuchend liegen. Es mußte etwa zwei Uhr sein. In einer Stunde war Sir Francis bei den Macdonalds verabredet. Vorsichtig hob Pibble den Kopf und blickte zurück, halb überrascht, weil der Turm des Klosters in der durch die Entfernung eines einzelnen Steins ausgelösten Kettenreaktion nicht mit eingestürzt war.

Dann machte sich Pibble Vorwürfe, weil er in dem wilden Chaos von Schmerzen und Anstrengung eine weniger dramatische Veränderung nicht bemerkt hatte. Jetzt stellte er fest, daß ihm die Ecken der zusammengefalteten Notiz des Alten nicht mehr in die Haut an seinem Bauch piekten. Für all das, was er hier tat, fehlte ihm die schriftliche Vollmacht. Der Zettel mußte ihm beim Hinausklettern aus dem Gummiband der Hose gerutscht sein. Wenn sie Pibble in den Trümmern suchten und den Zettel entdeckten, wußten sie, daß sie als Mörder entlarvt waren.

Trotzdem empfand Pibble eine seltsame Erleichterung bei dem Gedanken, daß er einmal nicht auf Befehl handelte, sondern sich nur vom eigenen Gewissen leiten ließ.

Dort hinten lagen auch noch seine anderen Habseligkeiten. Er war kaum drei Meter entfernt an ihnen vorbeigekommen: Brieftasche, Polizeiausweis, Schuhe und Hosen.

7

Rita hatte er ganz vergessen.

Da kniete sie nun auf dem Boden des Steinbruchs und hämmerte mit Meißel und Schlegel matt an einem annähernd kubischen Stein herum. Wenn man sich Pibbles Reaktionen als Figuren auf der winzigen Bühne in seinem Schädel vorstellte, hätte der Dialog etwas so ausgesehen:

PIBBLE I   Armes Kind!
PIBBLE II   zusammen   Verdammt lästig!
PIBBLE III (langsam im Denken wie immer):
       Also muß außer dem Hund Liebe noch eine Tugend
       in der Nähe sein! Duldsamkeit und seine verdamm-
       ten Brüder, die Ventile.

Rita kniete mit dem Rücken zu ihm, aber die schmale Gestalt war unverkennbar, ebenso das leuchtend schwarze Haar, ihre ernsthafte Unbeholfenheit. Pibble lag am Rand des Steinbruchs, zu weit entfernt, um das Boot oder den Kai sehen zu können. Sein Herz klopfte immer noch wie ein schlechteingestellter Dieselmotor, als er nach einem Abstieg Ausschau hielt, wo er vom Steinbruch aus nicht beobachtet werden konnte. Inzwischen hatte er sich so an den Umgang mit Granit und Heidekraut gewöhnt, daß ihn das Auftauchen von zwei Menschen und einem Hund verwirrte: Er brauchte ungefähr zehn Minuten Vorsprung, um zu dem Bauernhaus zu gelangen. Die Chancen, mit der ›Wahrheit‹ den Hafen verlassen zu können, sanken damit beträchtlich. Rita war noch schlimmer dran als er, wenn es darum ging, durch das kniehohe Heidekraut zu rennen.

Die Steinmetzen hatten links von ihm Treppenstufen von gut einem Meter Höhe in den Felsen geschlagen. Er sprang so leise wie möglich Stufe um Stufe hinunter und näherte sich von hinten der knienden Gestalt.

»Komteß«, flüsterte er, »die Zeit für unsere Flucht ist nahe.«

Sie fuhr herum. Aber als sie ihn erblickte, verloren ihre Wangen alle Farbe, ihr Blick wurde stumpf, die Schultern sanken nach vorn, und sie wandte sich wieder ab. Mühsam klopfte sie winzige Ecken aus dem harten Stein. Peng, Peng, machte der Meißel.

»Komteß, das Boot liegt bereit. Es kann nicht warten.«

»Ich muß meinen Würfel schneiden. Die Steine sind meine Brüder.«

»Ich komme von meinem Vater, dem König.«

»Unser Vater ist König. Für ihn bauen wir die Ewige Stadt.«

Also hatte Vorsehung mit ihr gesprochen und dabei die Ausdrücke ihrer Märchenwelt benutzt.

»Ich werde Euren Würfel schneiden, Komteß, das gebietet die Höflichkeit.«

Als er nach ihrem Meißel griff, ließ sie das Werkzeug los und drehte sich bereitwillig zu ihm herum. Aber als sie ihn dann ansah, erstarb das Feuer in ihr wieder.

»Geh weg«, flüsterte sie, »oder ich rufe Bruder Duldsamkeit und erzähle ihm von deinen Schlangen.«

Sie wollte auf das untere Ende des Steinbruchs zugehen, aber Pibble packte sie am Handgelenk.

»Warte«, sagte er.

Sie zögerte und biß sich verzweifelt in den Handrücken, während er den Saum seines Habits packte und es sich rasch über den Kopf zog. Wenn er sich irrte, wenn die Farbe dieses Stoffes nicht ihren Irrsinn auslöste, dann mußte er Rita bewußtlos schlagen. Mühsam wand er sich aus der Kutte, und stand vor ihr, als sei er einem Katalog für wollene Unterwäsche aus der Zeit vor dem Ersten Weltkrieg entsprungen.

»Mein Prinz«, schrie Rita und schlang ihre dünnen Arme um seinen müden Nacken. Ihre Lippen saugten sich förmlich an seinem Gesicht fest.

»Weiterarbeiten, mein Schatz!« rief eine Tenorstimme unten am Kai. Der Wind trug sie zu ihnen hinauf, hatte aber hoffentlich Ritas Aufschrei zu einem Vogelruf gedämpft. Pibble befreite sich von dem Mädchen, griff nach dem Werkzeug und klapperte drauflos. Mit einer Kopfbewegung befahl er Rita, neben ihm niederzuknien.

»Verzeih mir, Hoheit«, flüsterte sie, »ich habe Euch in Eurer Verkleidung nicht erkannt.«

»Auch mein Vater ist verkleidet, willst du ihm eine Botschaft überbringen?«

»Ich werde sie in meinem Herzen bewahren«, hauchte sie.

»Du erkennst ihn leicht, denn er ist sehr alt und sehr behaart. Auch das gehört zu seiner Verkleidung. Geh durch das Heidekraut zu dem Haus, das unter der Klippe liegt, dort am nördlichen Ende der Insel.« Er streckte den Arm aus. »Wenn du ihn noch nicht vorfindest, wird er bald kommen. Die Frauen in dem Haus sprechen unsere Sprache nicht. Mein Vater wird vielleicht verrückt spielen, aber richte ihm aus, daß ich dir folge, so schnell wie möglich. Sag ihm den Namen, den ich in meiner Verkleidung immer benutzte: James Pibble.«

»James Pibble«, flüsterte sie und lächelte. »Wie hübsch!«

»Geh jetzt«, sagte Pibble. »Achte darauf, daß der Wind immer von links kommt und daß man dich vom – äh – Schloß aus nicht sieht. Dort kannst du den Steilhang erklettern.«

Er zeigte hinüber zu den Felsblöcken, auf denen er heruntergekommen war. Rita rannte über den Boden des Steinbruchs, drehte sich noch einmal um und winkte ihm zu, dann flog sie leichtfüßig die Stufen hinauf. Pibble sah ihr nach, während er auf dem Stein herummeißelte, und freute sich, als sie sich behende in das Heidekraut duckte. Er versuchte sich an seinen Psychologiekursus zu erinnern: Muß man einen Narren bei seiner Narrheit nehmen, oder soll man sich lieber nach dem nächstbesten Vers aus dem Buch der Sprüche richten, der das genaue Gegenteil empfiehlt? Half er ihr aus dem Irrsinn heraus, oder stieß er sie noch tiefer hinein? Würde ihre Phantasie die körperliche Schwäche wenigstens bis zu dem Bauernhaus überwinden können? Unheimlich, wie man einen wirren Geist ausnutzen kann, überlegte er und erkannte, warum Braybrook nichts dagegen gehabt hatte, daß seine Schüler ihn als ›Gott‹ bezeichneten.

Er hob einen Stein auf, den er in einer Hand halten konnte, schlug mit dem Meißel darauf herum und schlich gleichzeitig bis zum Rand des Steinbruchs.

Der Pilot war mit seinen Motoren beschäftigt. Der Backbordmotor schien fertig zu sein, aber der Seuerbordmotor lag noch in Stücken auf dem Deck herum. Teufel! Es hatte keinen

Zweck, die ›Wahrheit‹ jetzt zu stehlen, denn soviel verstand Pibble von Mechanik nicht, um einen Motor selbst zusammenbauen zu können. Der Pilot konnte es jedoch. Selbst wenn es ihnen gelang, im Boot der Macdonalds zu fliehen, würde ihnen bald eine Bande der schrägen Mönche folgen. Pibble klapperte weiter auf dem Stein herum, bis er wieder bei Ritas Felsbrocken stand, dann schlug er die am besten gelungene Kante mit zehn oder zwölf kräftigen Hieben ab. Was er hier machte, war ein Antiwürfel. Diese Vorstellung gab ihm neue Kraft, einen weiteren Vorsprung wegzuklopfen, der das Ding vielleicht am Trudeln hindern könnte. Als er damit fertig war, rollte er den Felsbrocken hinüber zur Rutsche und klopfte auch die Ecken auf der anderen Seite weg. Der Schweiß in der wollenen Unterwäsche verdampfte, und Pibble fror ein wenig im Wind. Er griff nach seiner Kutte, legte sie aber gleich wieder hin, als ihm der Duft in die Nase stieg. Wo war Bruder Liebe? Die braunen Kutten hatten nach Pfefferminz gerochen, die orange nach gar nichts, die grünen stanken nach Knoblauch. Und die dänische Dogge hatte sich in dunkler Nacht, wo man keine Farben sehen konnte, mit ihm angefreundet, nachdem sie an seiner Brust geschnuppert hatte.

Peng, peng! Wieder drehte er den Stein um, der jetzt weder rund noch eckig war und sich ziemlich leicht rollen ließ. Da war noch eine Ecke – weg damit. Rita mochte vor fünf Minuten gegangen sein. Pibble ließ den Felsbrocken am oberen Ende der Rutsche zurück und lief zu der Stelle auf der anderen Seite des Steinbruchs, wo die letzte Sprengung Geröll hinterlassen hatte. Gott schien seinen Mönchen insofern entgegenzukommen, als er ihnen eine Insel beschert hatte, deren Granit durch natürliche Sprünge bereits in rechteckige Blöcke gespalten war. Pibble suchte sich zwei annähernd runde Steine, die etwa die Größe eines Menschenkopfs hatten. Er trug sie nacheinander zum oberen Ende der Rutsche und klopfte unterwegs immer wieder mit dem Meißel dagegen. Aber dann zögerte er nicht länger. Entweder der Pilot kam herauf und stellte sich zum Kampf, was unangenehm wäre, oder er holte aus dem Kloster Hilfe. Das würde Pibble einen Vorsprung von zehn Minuten geben, vielleicht sogar mehr, wenn sie nicht gleich wußten, in welcher

Richtung sie suchen mußten. Wenn er Glück hatte, konnte er nach getaner Arbeit schon aus dem Steinbruch sein, bevor der Pilot heraufkam, und sie würden Rita die Schuld geben.

Er rollte Ritas verdorbenen Würfel den letzten halben Meter bis zur Holzrinne und sah sich noch einmal genau um. Es war kaum damit zu rechnen, daß der Steinbrocken am Kai so hoch abprallte, daß er den dort knienden Mann zerschmetterte. Höchstwahrscheinlich würde er das Heck oder die Schrauben zertrümmern. Pibble gab dem Felsen einen kräftigen Stoß.

Das Holzgerüst dröhnte. Duldsamkeit sah über die Schulter und schrie. Der Felsen hüpfte hinab, die Balken bebten, Mit dumpfen Krach schlug er auf dem Kai auf, traf aber auf eine Kante, drehte sich zur Seite und landete im hohen Bogen am Heck der ›Wahrheit‹. Das ganze Boot zerrte an den Trossen, wie ein störrisches Maultier, bevor es mit dumpfem Platschen wieder ins Hafenwasser zurückfiel.

Als Pibble nach dem zweiten Stein griff und ihn losrollen ließ, rannte der Pilot schon auf die Gangway zu. Dieser Stein war kleiner und flog höher durch die Luft, wenn unter seinem Gewicht die Balken der Rutsche federten. Pibble bückte sich nach dem dritten Stein. Als er sich aufrichtete, sah er gerade noch, wie der Pilot um die Ecke des Kais rannte und der zweite Stein unten ankam. Es sah so aus, als würde der Stein den Backbordmotor treffen, aber der Pilot warf sich ihm wie ein Verteidiger in den Weg und stellte ihm ein braungekleidetes Knie entgegen. Nach dem Dröhnen auf der Holzrutsche war das Splittern der Knochen kaum zu hören. Der Mann warf im Sturz beide Arme hoch und schrie nur ein Wort: »Liebe!«

Ein menschliches Bein konnte den Flug des Steins natürlich nicht ablenken, und er krachte laut scheppernd in den Motor. Pibble nahm sein letztes Geschoß wieder von der Rutsche, warf seine Kutte hinunter zum Kai und balancierte über die ausgesplitterten Balken hinab. Er hielt sich an beiden Seiten mit den Händen fest und schob seine Füße ganz vorsichtig immer nur ein Stückchen die steile Schräge hinunter. Der Mann unten lag regungslos auf der Kante des Kais, mit dem Kopf fast über dem Wasser. Lautlos wie die Nacht tauchte plötzlich der Hund aus dem Nichts auf, beugte sich über Duldsamkeit und leckte ihm zärtlich das Gesicht. Die beiden boten einen rührenden Anblick.

Pibble wollte schon einen Bogen um die beiden beschreiben, aber er blieb stehen, als er merkte, wie gefährlich nahe an der Kante Duldsamkeit lag. Eine unbewußte Bewegung und er mußte ins Wasser fallen. Mit festen Schritten ging Pibble auf die beiden zu. Der Hund hob den Kopf.

»Schon gut, Liebe«, sagte Pibble ruhig.

Der Hund trat beiseite; er wackelte zwar nicht mit dem Schwanz, schien aber doch erleichtert zu sein, daß ein Mensch die Verantwortung für ein Ereignis übernahm, das außerhalb seiner Erfahrung lag. Pibble packte Duldsamkeit bei den Schultern und zog ihn ein paar Schritte zurück. Bei dieser Anstrengung merkte er erst, wie ausgepumpt er war. Unter den wachsamen Blicken des Hundes holte er seine Kutte, die am Fuß des Steilhangs lag, und breitete sie als zusätzlichen Schutz gegen die Kälte über den Verletzten.

Liebes Nackenhaare sträubten sich. Steifbeinig kam er näher und stellte sich breit über den Bewußtlosen. Pibble erkannte seinen Fehler und sprang hinzu, um die Kutte wegzureißen. Die gelblichen Zähne entblößten sich, ein tiefes Grollen stieg aus der mächtigen Kehle empor, der riesige Schädel fuhr herum. Pibble zog sich zurück, lief die Gangway hinauf, nahm den Zylinderkopf vom Deck und warf ihn ins Wasser. Als er auf dem Weg zum Hubschrauberschuppen an den beiden vorbeikam, öffnete der Pilot gerade die Augen.

»Schön brav, Liebe, laß mich aufstehen, alter Junge.«

Wenn er mit dem Hund sprach, war sein Akzent ungekünstelt; Werkstattjargon, keine Bühnensprache. Der Hund knurrte.

»Liebe, ich bin's doch, Duldie. Wo ist der verdammte Bulle?«

Das Knurren klang tiefer.

»Laß das, alter Junge! Mein Bein ist verletzt.«

Keiner der beiden schien Pibble zu beachten. Das Tor des Schuppens wurde von einer dicken Kette gehalten, an der ein ziemlich neues Vorhängeschloß hing. Pibble hatte eigentlich vorgehabt, einen Verteiler zu entfernen, damit nur er die Maschine zum Fliegen bringen konnte, aber da das Tor verschlossen und der Pilot außer Gefecht gesetzt war, kam ihm diese Maßnahme schwierig und überflüssig vor. Wenn nur alle Entscheidungen so einfach gewesen wären!

Er kletterte ungeschickt wieder die Rutsche hinauf und fürchtete sich vor jedem Holzsplitter. Die Haltung des Hundes hatte sich ein wenig verändert. Duldsamkeit redete immer noch auf ihn ein, das leise Murmeln seiner Stimme wurde vom Wind emporgetragen. Liebe zeigte sich verwirrt. Es konnte nicht mehr lange dauern, bis es Duldsamkeit gelang – falls er nicht vor Schmerz ohnmächtig wurde –, dem Hund die andressierte Eigenschaft auszureden und die grüne Kutte beiseite zu schleudern, damit Bruder Liebe wieder den angenehmen Pfefferminzgeruch in der Nase hatte.

Pibble erklomm die hohen Steinstufen, die er heruntergekommen war. Eine grauenhafte Gymnastik, die seine Wunden wieder zum Schmerzen brachte. Endlich hatte er die Kante erreicht und kroch zwischen den verstreuten Steinbrocken abwärts. Von dieser leichten Erhebung aus waren die Klostergebäude gut zu sehen. Auf dem Gewölbe, das zu seiner eingestürzten Zelle führte, entdeckte er zwei Gestalten. Eine davon hob die Hand, zeigte aber nach innen. Sie wandten ihm den Rücken zu. Pibble lief den Hügel hinab und stellte sich vor, wie sehr ein rennender Mann in wollener Unterwäsche mitten im grünen Gras und rosa Heidekraut auffallen mußte.

Von der Mulde aus war nur die Turmspitze zu sehen, und dort schien Braybrook keinen Wächter aufgestellt zu haben. Pibble war in Sicherheit, solange er den Senken folgte, auch wenn dadurch der Weg zum Haus der Macdonalds etwas länger dauerte. Wenn die Bruderschaft wenigstens Schafe gezüchtet hätte! Dann wäre er aus der Ferne zwischen den übrigen Wollknäueln kaum aufgefallen.

Im Paradeschritt eines gutdressierten Pferdes marschierte er weiter nach Norden. Die Bodensenke wurde flacher, bis er schließlich links einen Hang hinaufklettern mußte. Alle paar Schritte hielt er inne und sah über die Schulter, um sich zu vergewissern, ob die Gebäude in sein Blickfeld gerieten. Der Turm wurde immer höher, drohend, aber unbewacht. Sobald Pibble die ersten Dächer erblickte, duckte er sich und kroch weiter. Zuletzt mußte er sich auf dem Bauch durch das schützende Heidekraut über die Hügelkuppe winden. Der Atem rasselte in seiner Kehle, aber trotzdem rannte Pibble auf der anderen Seite mit weiten Galoppsprüngen hinab, verfing sich zweimal im Heidekraut und stürzte.

Diese Seite der Insel bestand aus einer Ansammlung flacher Hügel und Täler. Bei dem Spaziergang am Morgen hatte er nur die Hügelkette wahrgenommen. Jetzt merkte er, wie weit sich Hügel und Täler ins Innere der Insel erstrecken. Alle zweihundert Meter mußte er dieselbe mühsame Übung wiederholen: kriechen, galoppieren, kriechen, galoppieren. Eins der Täler führte einen Bach, den er bisher noch nicht bemerkt hatte – schwarzes, süßlich stinkendes Wasser. Pibble watete achtlos hinein, bis ihm einfiel, daß solche Sümpfe schon ganze Eisenbahnzüge verschlungen hatten, aber der Schlamm stieg nie höher als bis zu den Knöcheln. Beim Überqueren der nächsten Kuppe klebte der Schlamm immer noch seltsam erfrischend an seinen Füßen.

Zwei Hügel weiter erreichte Pibble schließlich den langgestreckten Hang, auf dem einmal das verschwundene Dorf gestanden hatte. Der verrückte Collie zerrte wütend an seiner Kette, eine vom Wind zerfetzte Rauchfahne stieg aus dem Schornstein empor und zeigte an, daß jemand im Hause war. Voller Selbstmitleid stolperte Pibble weiter und fragte sich, wie er sich jemals von dieser Zufluchtstätte eine Rettung erhoffen konnte. Sie hätten ihm dies alles niemals zumuten dürfen – diesen Irrsinn, in dem es keinen Raum für Logik gab. Sie konnten von einem ruhigen, zivilierten, an Benzindämpfe gewöhnten Menschen nicht erwarten, daß er hier ausharrte und sich an diesen albernen Fels klammerte, während die Wogen der Unvernunft über ihm zusammenschlugen. Sie quälten ihn, sie wollten ihn zerbrechen, sie . . .

Sie?

Wie hinter einer Nebelwand sah er sie, die Inquisitoren. Braybrook mit den goldenen Augen, Sir Francis, seinen Vater und . . .

Als er wieder hinfiel, griffen seine Hände in uralte Kieselsteine, die durch die Wurzeln vom Gras und Heidekraut verdrängt worden waren. Er stand auf und blieb schwankend stehen. Nur fünfzig Meter war er noch von der Hütte entfernt. Seine Füße und Unterschenkel waren gerötet von dem rauhen Heidekraut, aber der Schlamm war abgestreift und hielt sich nur noch zwischen den Zehen.

Der Collie ging kläffend auf ihn los und spannte die vielfach geknotete Schnur, aber bevor Pibble einen Kreis um ihn beschreiben konnte, um vielleicht an der Rückseite des Hauses ein Fenster zu erreichen, schob sich ein braungekleideter Arm aus der Tür und riß an der Strippe. Das Kläffen brach abrupt ab, der Hund trottete zur Schwelle zurück und kratzte sich verlegen. Er sah Pibble nicht einmal an, als er an ihm vorbeiging.

»Wer bist du, du verdammter Bursche« krächzte aus dem Dunkeln eine Stimme, die schwach und stumpfsinnig klang.

»Es ist der Prinz, Sire«, antwortete eine andere Stimme. »In seiner neuen Uniform.«

Ein monotones Schnarchen drang aus dem Erdgeschoß.

Pibble entfernte sich ein Stück von der Tür und warf einen Blick ins Innere. Sir Francis saß in einem Schaukelstuhl, die Hände über seinem Spazierstock gekreuzt, in Jacken und Schals gewickelt, den Blick ohne Interesse auf das helle Viereck der Tür gerichtet. In seinem Schoß lag ein eckiges, braunes Paket. Pibble war entweder zu früh dran, oder der lichte Augenblick war schon vorbei, und Pibble hatte sich verspätet. Rita saß zu Füßen des Alten und lächelte unheimlich. Zwei grauhaarige, verwitterte Frauen – er hatte sie am Morgen beim Ausweiden der Heringe beobachtet – blickten Pibble aus schmalen Augen an, als sei er der Vorbote eines Sturms.

»Mein Gott!« sagte die eine. »Ein Sittenstrolch auf unserer Insel!«

»Geh nach hinten«, sagte die andere, »mal sehen, was er will.«

Sie hoben ihre Schürzen und bauten sich so auf, daß sie den kräftigen Holztisch zwischen sich und dem Eindringling hatten. Die dickere der beiden griff nach einem Küchenmesser und betastete mit dem Daumen die Schneide.

»Ich bin's, Pibble.«

»Wollen Sie mir schon wieder was von diesem Schund zeigen? Also lassen Sie mal sehen.«

Pibble fiel keine Antwort auf dieses Lallen aus einer anderen Welt ein. Die tote Stimme redete weiter.

»Härtemittel? Verdammter Quatsch. Zweimal Wachs schmilzt so schnell wie einmal.«

»Euer Vater hat verrückt gespielt, seit ich herkam«, sagte Rita. »Und seht, seine Wärterin ahmt eine Betrunkene nach. Ich bewundere ihre Treue, Euer Hoheit, aber nicht ihren Geschmack.«

Das Schnarchen kam von der anderen Seite des Tisches, wo Schwester Dorothy mit offenem Mund und dunkel angelaufenem Gesicht auf dem blanken Boden lag.

»Sprechen Sie überhaupt Englisch?« fragte Pibble.

»Stellen Sie es auf den Schrank«, sagte Sir Francis. »Vielleicht kann ich das verdammte Zeug doch noch gebrauchen.«

Die Macdonalds schüttelten den Kopf. Die eine legte das Messer wieder weg. Aber sie rührten sich nicht von der Stelle.

»Pibble«, bellte Sir Francis. »Was soll dieser Aufzug?«

»Gott sei Dank«, sagte Pibble.

»Endlich denkt wieder einer für Sie, wie? Wo steckt Dorrie?«

»Hinter dem Tisch.«

Sir Francis machte den Hals lang.

»Verdammte Säuferin«, fauchte er. »Ich hab' sie hergebracht, damit sie von dem Zeug loskommt, aber was tut sie, sie bringt die beiden alten Schachteln dazu, die Schnapsbrennerei wieder in Betrieb zu nehmen.«

Die Macdonalds begannen zu protestieren. Sir Francis drehte sich zu ihnen herum und sagte langsam und deutlich etwas in gälischer Sprache. Da lächelten sie und knicksten. Die eine drehte sich um und begann in einer Teekiste an der Wand zu kramen.

»Also, wie wollen Sie uns von dieser verdammten Insel wegschaffen, he?«

»Ich habe versucht, vernünftig mit Bruder Vorsehung zu sprechen, aber er sperrte mich in eine Zelle ein und begann mit der Gehirnwäsche.«

Der Alte schnaubte und grinste.

»Ein paar von den anderen hätte ich vielleicht überreden können, Geduld zum Beispiel, den Arzt. Aber Vorsehung ist unzugänglich. Er hält sich für den lieben Gott. Ich kenne ihn von früher . . .«

»Verschwenden Sie nicht Ihre Zeit. Er war ein verdammter Schulmeister in einem Internat, bis er ins Kittchen mußte.«

»Wenn Sie das wußten«, sagte Pibble bedächtig, »warum haben Sie ihm so weit vertraut, daß Sie ihm in einem Brief mitteilten, wer ich bin?«

»Natürlich habe ich ihm nicht getraut, Sie Idiot, genauso wenig wie Ihnen. Ich habe mein Siegel draufgedrückt.«

»Man braucht nur ein Messer heißzumachen«, begann Pibble.

»Schon wieder diese Zeitverschwendung!« schrie der Alte. »Habe ich nicht schon genug Ärger gehabt mit Pibbles und mit Siegelwachs? Die Kerle haben versucht, mich umzubringen und Sie mundtot zu machen. Jetzt ist es Ihre Aufgabe, mich von der Insel fortzuschaffen.«

»Können Sie die Macdonalds dazu bringen, daß sie uns das Boot leihen?«

»Dann werden uns die Braunen nachsetzen«, fauchte der Alte.

»Ich habe das Boot außer Betrieb gesetzt«, antwortete Pibble, »und dem Hubschrauberpiloten ein Bein gebrochen.«

»Der Dicke kann fliegen«, sagte Sir Francis. »Er war früher Hackenstadts Chauffeur.«

»Wenn wir erst einmal auf dem Meer sind, können sie uns vom Hubschrauber aus nicht viel anhaben«, sagte Pibble. »Sonst bleibt uns nur eins übrig: Wir müssen uns verstecken, bis ich an das Radiotelefon herankomme und von drüben Hilfe anfordern kann.«

»Das ist ausgeschlossen, Sie verdammter Idiot. Wenn sie das Ding nicht benutzen, nehmen sie ein paar Röhren 'raus, damit keiner der übrigen Trottel versucht, sich mit einem vernünftigen Menschen in Verbindung zu setzen. Verdammt komisch, was? Da, Mädchen, nimm mir die Gamaschen ab.« Er streckte einen Fuß vor. Die Gamasche war blaßviolett. Rita löste die Schleife mit ungeschickten Fingern und reichte ihm die Gamasche. Er holte ein dickes, offenbar sehr vielseitiges Taschenmesser aus der Westentasche, klappte eine winzige Schere heraus und trennte den Saum der Gamasche auf, bis er beide Zeigefinger hineinschieben konnte.

»Ziehen Sie sich an, Sie Strohkopf«, knurrte er und riß mit überraschender Kraft an dem Tuch. Pibble sah auf dem Tisch zwei graue Pullover und eine bräunliche Hose liegen. Daneben standen halbhohe Gummistiefel. Andere Kleidungsstücke wurden von der Frau in die Truhe zurückgepackt. Pibble zog sich an und fragte sich, was denn an den Vorsichtsmaßnahmen der Mönche hinsichtlich ihres Radiotelefons so komisch sein mochte. Dabei sah er Sir Francis zu, wie er aus dem Schlitz der Gamasche eine Münze nach der anderen auf seinen Schoß klopfte.

»Eine Cousine von mir«, krächzte der Greis, »dummes Luder, meldete sich freiwillig als Krankenschwester, wurde neunzehnhundertfünfzehn in Serbien geschnappt. Ein Jahr Kriegsgefangenschaft. Als sie ausgetauscht wurde, war alles furchtbar primitiv geworden. Eine Rolle Zwirn gegen ein Goldstück. Goldstücke gab's genug, aber sonst nicht viel. Alle Mütter sorgten dafür, daß ihre Töchter die Goldstücke ins Mieder einnähten. Spricht für ihre Tugend, daß die Posten das nie 'rausgefunden haben, wie? Aber eine verdammt gute Idee. Seit ich mir etwas sparen konnte, habe ich immer einige Goldstücke bei mir.«

Er drehte sich wieder um und sprach mit den Macdonalds. Seine langsame, bedächtige Ausdrucksweise war nicht auf Respekt vor den beiden Schwestern zurückzuführen, sondern auf seine mangelhafte Beherrschung der Sprache. Sie machten sorgenvolle Gesichter. Eine sagte etwas. Er zählte zwölf Münzen auf den Tisch. Die dünnere Macdonald nahm sie, ging damit hinüber zur Tür, betrachtete sie im Tageslicht und biß auf eine. Dann unterhielten sich die Schwestern eine Weile miteinander und drehten sich schließlich beide zu Sir Francis um. Sie schüttelten die Köpfe.

»Klären Sie die Frauen über meinen Beruf auf, Sir. Es kann Schwierigkeiten für sie geben, wenn der Zoll etwas von ihrer Schnapsbrennerei erfährt.«

»In Ihrer Familie ist Erpressung an der Tagesordnung, wie?« fauchte Sir Francis.

Dann sprach er wieder gälisch, und Pibble schnappte ein Wort auf, das so ähnlich wie ›Polizei‹ klang. Die Macdonalds warfen ihm flüchtige Blicke zu, und Sir Francis legte drei weitere Goldstücke auf den Tisch. Dann nickten sie unlustig.

»Das habe ich erledigt«, meinte Sir Francis grinsend. Er war bester Laune und Verfassung, so daß Pibble sich schon Gedanken darüber machte, ob er nicht vielleicht seine letzte Pille vorzeitig eingenommen hatte.

Pibble stellte seine nächste Frage sehr behutsam. »Ich glaube, es sind ungefähr vierzig Meilen, Sir, oder?«

»Sechzig Seemeilen, Schwachkopf.«

»Das würde etwa zwölf Stunden Fahrt bedeuten.«

»Na und?«

So ging es nicht, außer der alte Teufel wußte ganz genau, was Pibble meinte, und machte sich keine Sorgen.

»Würden Sie bitte fragen, ob genug Treibstoff an Bord ist, Sir? Wir wollen unterwegs nicht steckenbleiben.«

»Treibstoff?«

»Ja, Benzin, Diesel oder was der Motor sonst braucht.«

Verdammt, ließ sein Verstand jetzt schon nach?

»Auf dem verdammten Boot gibt's keine Maschine, Pibble. Sie werden das Ding segeln müssen.«

»Segeln?«

»Jawohl, segeln, Pibble. Herr im Himmel, erinnern Sie mich an Ihren toten Vater! Noch nie gesegelt?«

»Nein, Sir.«

Der Alte beugte sich im Schaukelstuhl so weit vor, daß Pibble schon fürchtete, er würde lang hinschlagen. Dann balancierte er geschickt mit dem Spazierstock, bis er stand, das Paket immer noch im Arm.

»Sie haben zwanzig Minuten Zeit, es zu lernen«, sagte er scharf. »Kein Wunder, daß die verdammte Polizei nie einen erwischt.«

Er sagte noch etwas in gälisch und warf seine letzte Münze auf den Fußboden. Eine der beiden Frauen holte noch ein paar Kleidungsstücke, während die andere einen Laib dunkles Brot und eine Flasche mit einer blassen Flüssigkeit aus einem Schrank nahm.

»Könnten uns nicht die beiden Misses Macdonalds hinübersegeln?« fragte Pibble. »Auf diese Weise kriegen sie ihr Boot früher zurück.«

»Mrs. Macdonalds«, korrigierte Sir Francis. »Waren beide mit demselben Mann verheiratet. Muß ein Genie gewesen sein, auf einer so kleinen Insel mit Bigamie klarzukommen. Aber der verdammte Narr hat sich im Krieg von einem Torpedo in die Luft jagen lassen, und sie warten immer noch auf seine Rückkehr. Keine kann die andere im Stich lassen, weil sie fürchtet, daß er während ihrer Abwesenheit auftaucht. Zusammen können sie nicht weg, weil sie Angst haben, daß die braunen Brüder dann herkommen, ihnen das Haus abreißen und die Steine für ihre Stadt mitnehmen. So ist auch das übrige Dorf verschwunden. Die beiden sind verrückt, Pibble, verrückt vor Einsamkeit. War schon ein Kunststück, ihnen das Boot abzuluchsen. Sie tragen Dorrie und den Proviant. Das blöde Mädchen da nimmt die restlichen Kleider und hilft mir.«

»Komteß«, sagte Pibble, »mein Vater ist müde vom Alter. Kann er sich auf dem Weg zum Schiff auf Eure Schulter stützen?«

Rita stand auf und machte einen tiefen Knicks.

»Ich stehe Eurer Majestät stets zu Diensten«, sagte sie. »Notfalls setze ich mein Leben ein.«

Sir Francis blinzelte sie an und schnaubte.

»Auch schwachsinnig«, schrie er.

»Mein Vater spielt wieder verrückt«, erklärte Pibble.

»Wie es Seiner Majestät beliebt«, wimmerte Rita.

»Drei Irre, eine Besoffene und ein vertrottelter Bulle!« schrie Sir Francis und warf einen verzweifelten Blick zum Himmel. Dann beugte er sich über seinen Spazierstock. »Also, dann wollen wir mal, Milady«, krächzte er. »Die Komtessen und Herzoginnen, die ich kannte, waren alle ein ganzes Stück älter und häßlicher.«

Rita strahlte über dieses Kompliment.

»Nimm die Kleider da in die linke Hand«, sagte er, »dann kannst du mich mit der rechten stützen.«

Rita schob sich das Bündel unter den Arm, dann trat sie an die Seite des Alten und legte seinen Arm um ihre Schultern.

»Sie ist nicht sehr kräftig, Sir«, sagte Pibble. »Sie wurde mißhandelt.«

»Ich auch, verdammt«, knurrte Sir Francis und humpelte zur Tür.

Pibble ging um den Tisch herum und zerrte an Schwester Dorothys Handgelenk, bis sie endlich saß. Dann kniete er nieder, legte die Betrunkene mit dem linken Arm über die Schulter und packte sie mit dem rechten beim Knie. Sie schnarchte ruhig weiter, und er wußte, daß er sie niemals hochheben konnte.

Über ihm wurde etwas gesagt, und jemand stieß ihn in die Rippen. Er sah mühsam auf und merkte, daß die beiden Macdonalds ihm Zeichen machten. Die dickere hielt ihn bei den Schultern, damit er wieder aufstehen konnte. Die andere hockte sich auf die Tischkante und ließ Kopf und Beine herabhängen. Sie gab drei überzeugend klingende Schnarchlaute von sich, nickte Pibble dann fröhlich zu und deutete auf die leblose Gestalt von Schwester Dorothy. Pibble nickte. Ja, so könnte es vielleicht gehen.

Die dünnere Mrs. Macdonald ging zur Wand, goß aus einem Krug Wasser in einen kleinen Emailletopf und reichte ihn Pibble.

Das Wasser war süß, blaßbraun und wunderbar erfrischend. Die Macdonalds nickten lächelnd, als er sich noch einmal geben ließ. Er spürte, daß es kein reines Torfwasser war, sondern einen guten Schuß hausgemachten Whisky enthielt. Diese raffinierten Weiber! So wurde ein Polizeibeamter zum Mitwisser. Er lächelte trotzdem, und sie lächelten schlau zurück.

Auch zu dritt mußten sie eine Menge zerren und schleppen, bis die Betrunkene auf dem Tisch lag. Aber dann ging es mit dem Feuerwehrgriff relativ leicht. Ächzend unter dem Gewicht, richtete sich Pibble auf, schubste die Last zurecht und taumelte zur Tür.

Als das Geschnatter wieder losging, drehte er sich um. Die dickere Mrs. Macdonald hielt ihm den Proviantbeutel hin. Er nahm ihn. Die dünnere redete ernsthaft in gälischer Sprache auf ihn ein. Als sie fertig war, nickte er und lächelte wieder, als wollte er hoch und heilig versprechen, keine Folter der Welt könnte ihm das Geheimnis von dem Alkohol entreißen. Er ging ein wenig in die Knie und schleppte seine Bürde zur Tür hinaus.

Das Licht draußen blendete ihn wie das Gleißen eines Gletschers. Er hatte länger gebraucht, als beabsichtigt. Rita und Sir Francis waren schon hinter dem Felshang verschwunden. Pibble stolperte mit kleinen Trippelschritten hinterher und war froh darüber, daß Schwester Dorothy durch die magere Klosterdiät leichter war, als sie es bei vernünftigem Essen gewesen wäre. Plötzlich ging das Zischen des Windes und das Krächzen der Möwen im Kläffen des Collies unter. Pibble fuhr herum.

Ein brauner Schatten jagte den Hang unterhalb des Hauses herauf. Liebe hatte sich von den Fesseln seiner Dressur befreit und folgte nun seinem Naturinstinkt, der Jagd. Er jagte Pibble.

Der Collie war dem Eindringling entgegengesprungen, wurde aber durch die Leine zurückgerissen. Pibble stolperte den Hügel wieder hinunter und hoffte, es wenigstens bis zum zweifelhaften Schutz des Collies zu schaffen. In der Tür erschien ein Schatten. Derselbe braune Arm, den er schon einmal gesehen hatte, griff hinaus, zupfte aber diesmal nicht an der Leine. Stahl blitzte in der Sonne auf.

Der Collie war frei; er raste los und zog ein Stück Leine hinter sich her. Seinen neuen Gegner bemerkte Liebe überhaupt nicht. Der Collie war frischer und wahrscheinlich von Natur aus schneller. Pibble blieb stehen. Jetzt war es sinnlos geworden, noch weiterzulaufen. Dreißig Meter von ihm entfernt kreuzte der Weg des Collies den Sturmlauf der dänischen Dogge, und die scharfen Zähne bohrten sich in Liebes Schulter. Daß der größere Hund zu Boden ging, lag wohl mehr an dem Überraschungsangriff. Dann wirbelten acht Hundebeine durch die Luft.

Liebe kam zuerst hoch. Beim Sturz hatte der Collie loslassen müssen, und Pibble glaubte schon, er hätte sich im Heidekraut das Rückgrat verletzt. Liebe schüttelte den herrlichen Schädel, und hinter seinem rechten Ohr schoß ein dünner Springbrunnen von Blut hoch. Aber dann raste der Hund weiter.

Er schaffte kaum fünf Meter, da hatte ihn der Collie schon wieder geschnappt, warf ihn um und ließ diesmal nicht los. Die Leine wickelte sich um die beiden Tiere. Mrs. Macdonald kam herbeimarschiert, ein Fleischmesser in der Faust. Sie brüllte wie ein Indianer. Weit entfernt am südlichen Horizont stolperten braungekleidete Gestalten durchs Heidekraut. Pibble machte wieder kehrt und lief weiter bergan.

Ungefähr zehn Minuten Vorsprung. Und er mußte seine Schützlinge in einem Ding, das als Zweisitzer gebaut war, zum Boot hinüberrudern. Dabei stand der vor demselben logischen Problem wie der Fährmann, der einen Wolf, eine Ziege und einen Kohlkopf über den Fluß rudern muß und immer nur zwei in seinem Boot unterbringen kann. Von Pibbles Begleitern war einer betrunken, einer schwachsinnig und der andere senil, und er, der arme alte Pibble, mußte den Fährmann spielen. Zuerst sollte Rita ins Dingi klettern, dann Sir Francis, wobei sie helfen konnte. Zuletzt würde er Dorothy hineinzerren, falls die Mönche nicht inzwischen herangekommen waren.

Das Boot entpuppte sich als aufblasbares Schlauchboot aus Armeebeständen. Rita hatte es schon ins Wasser gezogen. Pibble kam den Pfad heruntergeschwankt, seine Hüften schmerzten, seine bloßen Füße rutschten in den Stiefeln hin und her, und er schaffte es mit Mühe und Not. Sir Francis saß schon im Heck, Rita stand daneben im Wasser. Der Wind peitschte ihre Kutte.

»Sie lassen sich aber mächtig Zeit«, brüllte der Alte.

»Sie war nicht leicht zu transportieren«, entgegnete Pibble. »Die Tugenden sind hinter uns her.«

»Schon möglich. Los, beeilen Sie sich, ich bin erledigt, wenn ich mich erkälte.«

Eine sekundäre Infektion. Im Buch war sie als gefährlich bezeichnet worden. Pibble kniete sich möglichst dicht am Wasser auf den rutschigen Stein. Dann beugte er sich behutsam zur Seite, bis er fast das Gleichgewicht verlor, hielt Schwester Dorothy am Handgelenk fest und warf sie nach der anderen Seite. Es war eine ungeheure Anstrengung, aber nun lag die Last wenigstens sicher im schwankenden Schlauchboot. Sekundenlang kam er sich so leicht vor, als könnte der Wind ihn wegblasen. Er legte unsanft ihre Beine zurecht, aber sie unterbrach nur für einen Augenblick ihr rasselndes Schnarchen.

»Steig vorn ein, Komteß«, sagte er, »setz dich auf die andere Seite, damit wir wieder das Gleichgewicht haben.«

Geschickt sprang sie ins Dingi. Pibble folgte ihr. An dem kräftigen Gewebe waren zwei Dollen für die Ruder angebracht. Als Pibble die halbzersplitterten Dinger hineinschob, stellte er fest, daß Dorothy genau da lag, wo er sitzen und rudern mußte. Er ließ die Ruder los und zerrte an ihr herum.

»Mann, setzen Sie sich doch drauf«, schrie der Alte. »Rudern Sie! Das Ding ist doch aus Gummi.«

Pibble hob den Kopf. Der Wind hatte das Schlauchboot schon herumgedreht und trieb es auf eine Reihe scharfkantiger Felsen an der Seite der kleinen Bucht zu. Pibble setzte sich Schwester Dorothy auf den Schoß und begann mit kurzen Zügen zu rudern. Dabei hob er jedesmal die Ruder hoch über die heranlaufenden Wellen. Die gezackten Felsen wichen zurück, aber trotzdem kam das Boot bei dem scharfen Wind nicht voran. Er ruderte rechts stärker als links.

Sir Francis hob seinen Spazierstock, und Pibble glaubte schon, der alte Mann wollte ihn damit schlagen, aber die Elfenbeinspitze zeigte auf eine Stelle über Pibbles rechter Schulter. Pibble ruderte links drei Schläge, da fuhr der Stock herum und zeigte jetzt über seinen Kopf. Mit dieser Navigationshilfe fuhr er weiter.

Vater war gern gerudert. Pibble erinnerte sich an warme Sonntage in Richmond: Mutter mit ihrem breiten Hut, Vater mit bloßem Oberkörper (in Badehose hätte er sich nie blicken lassen), der kleine James taumelig vor Kopfschmerzen, weil die Sonne so auf das Wasser prallte. Vater, der auf seine kranken Lungen achten mußte, ruderte sehr behutsam und rationell und erzeugte beim Eintauchen der Ruder kaum Spritzer. Manchmal machten sich andere Sportler über ihn lustig, worauf Mutter dunkelrot anlief, aber trotzdem kam Vater mit seiner Methode immer noch schneller voran als manche Leute, die wild spritzten. Einmal hatte sich ein Gewitter zusammengebraut, und sie mußten über die Themse rudern, auf der starker Wellengang herrschte. Da hatte Vater mit fast kreisrunden Schlägen gerudert und wie üblich alles dabei erklärt: Nur kurz anziehen, sobald die Ruder eintauchen. So überwindet man die Wellen. Es war ihm auch gelungen, Mutters neues gepunktetes Kleid fast ohne Spritzer hinüberzuretten, während die anderen Ausflügler fluchend und bis auf die Haut durchnäßt ankamen.

Diese Methode funktionierte auch im richtigen Meer mit richtigem Seegang. Pibble ruderte ganz gleichmäßig, und Sir Francis fluchte nicht ein einzigesmal.

Die Spitze des Spazierstocks zeigte senkrecht nach oben. Pibble hielt inne, sah über die Schulter, ruderte rechts zwei Schläge und faßte dann nach dem Bootsrand.

»Sie zuerst«, schrie Sir Francis. »Sie müssen mich hochziehen. Dann die arme Irre hier. Danach holen Sie Dorrie.«

Pibble kletterte an Bord. Die ungedeckte Hälfte des Fischerboots war ein einziges Durcheinander von heruntergekommenen Geräten und Netzen, nach Heringen stinkendem Abfall und einer Fischsuppe, die auf dem Boden des Bootes schwappte. Pibble fand eine Tauschlinge und warf sie über die Reling. Das andere Ende schlang er um einen T-förmigen Haken, der wohl für diesen Zweck bestimmt war. Er nahm das Paket entgegen, das ihm die Klauen in den Fäustlingen hinaufreichten, und bettete es auf die Netze.

»Stellen Sie Ihren Fuß in die Schlinge, Sir«, rief er.

Sir Francis drehte seinen Spazierstock herum und hakte ihn über die Reling. Vorsichtig zog er sich hoch. Pibble nahm seine Hände, während Ritas schmaler Arm das Schlauchboot nahe am Boot hielt. Endlich hatte Sir Francis mit dem Fuß die Schlinge gefunden.

»Jetzt!« sagte Pibble.

Der Alte war so ausgemergelt, daß Pibble ihn fast bis zur gegenüberliegenden Bordwand geschleudert hätte. Wie Betrunkene klammerten sie sich aneinander, kippten aber nicht um. Dann musterte Sir Francis das Boot.

»Die verdammten Kelten«, fluchte er. »Die halten nicht einmal in einem Schuhkarton Ordnung. Genauso schlimm wie Neger – aber die Einheimischen sind überall gleich. Machen Sie das Schlauchboot fest, und holen Sie die Irre an Bord. Sie soll mir irgendwo einen gemütlichen Platz herrichten, während ich mir die Takelage ein wenig ansehe. Dann können Sie Dorrie heraufhieven.«

Pibble beugte sich über die Bordkante und erteilte Rita in

ihrer Märchensprache ein paar Anweisungen. Besorgt rechnete er nach, wieviel Zeit vergangen sein mochte, seit Sir Francis wieder zu sich gekommen war. Rita hatte inzwischen den Proviantbeutel entdeckt und knabberte an einem Stück Brot herum, aber sie nickte sofort und kletterte hoch. Pibble band das Schlauchboot fest und sprang hinunter. Er kniete sich neben die Schnarchende und wußte, daß er es nicht schaffen würde. Mit seinen geringen Kräften hätte er es nicht einmal auf dem Festland geschafft, geschweige denn in diesem schaukelnden Ding.

Verzweifelt blickte er hoch. Am Ufer erschien eine Gestalt in braunem Habit – Hoffnung. Zwei andere standen oben auf der Klippe. Pibble machte Sir Francis auf sie aufmerksam. Der Greis lachte nur spöttisch.

»Hier können sie uns nichts anhaben«, knurrte er und stocherte wieder mit seinem Spazierstock zwischen der rotbraunen Segelleinwand herum, die am Fuß des Mastes lag.

»Ich kann Schwester Dorothy nicht hochheben!« rief Pibble. »Können wir sie in Schlepp nehmen?«

»Ja, wenn Sie eine wichtige Zeugin ertränken wollen«, höhnte Sir Francis. »Schütten Sie dem Luder kaltes Wasser ins Gesicht.«

Pibble kniete wieder nieder, schöpfte mit beiden Händen eisiges Wasser und schüttete es ihr ins Gesicht. Die Betrunkene schüttelte heftig den Kopf und spuckte verschlafen aus. Er versuchte es noch einmal. Sie fuhr erschrocken hoch, sah sich mit ängstlichen Augen um, drehte sich zur Seite und übergab sich. Pibble packte sie bei der Schulter.

»Los, hinauf an Bord«, schrie er sie an, »wir fahren!«

Er half ihr auf die Knie, führte ihre Hände zur Bordkante, hielt das Dingi mit einer Hand am Boot und umklammerte mit der anderen die Frau. Als sie schwankte, stemmte er seine Schulter gegen ihren Hintern und kippte sie einfach über die Reling. Er fürchtete schon, daß sie sich vielleicht das Genick dabei gebrochen hatte, aber als er aus dem schaukelnden Dingi an Bord kletterte, kniete sie schon auf den Netzen, schwankend und schimpfend.

»Verdammte Boote«, lallte sie und kippte nach vorn. Gleich darauf ertönte wieder ihr regelmäßiges Schnarchen und mischte sich in das Pfeifen des Windes und das endlose Kreischen der Möwen. Pibble stolperte nach vorn, wo Sir Francis sich immer noch mit der Takelage beschäftigte.

Aber er stocherte nur noch zwischen Tauen und Segeln umher. Er war nicht mehr bei sich.

»Wir sind fertig, Sir«, sagte Pibble.

»Dann fahren Sie doch ab, Sie verdammter Trottel.«

»Ich brauche Ihre Hilfe, Sir.«

»Lassen Sie mich in Ruhe. Sehen Sie denn nicht, daß ich müde bin.«

Pibble sah zum Ufer hinüber. Dort standen drei Tugenden, und Vorsehung kam gerade schwerfällig den Pfad herab.

»In drei Stunden und zwanzig Minuten bin ich wieder da«, sagte die bleierne Stimme. »Wo steckt Dorrie?«

Rita antwortete: »Sie schläft, Sire. Aber ich bin hier und Eure Kabine ist bereit. Hier sind die Streichhölzer.«

Sir Francis steckte die Schachtel automatisch ein und erhob sich.

Rita half ihm. »Halt«, sagte Pibble, »ich weiß nicht, wie man so ein Boot segelt, und ich weiß auch nicht, wohin.«

»Bis später«, murmelte der Greis.

Rita sagte: »Der Befehl Seiner Majestät ist oberstes Gebot. Selbst für Euch, Hoheit.«

»Rita«, sagte Pibble, »die Steine sind deine Brüder.«

Sie lachte.

»Kannst du die Haare auf deinem Haupt zählen, Rita?«

»Nur . . .«

Ihre Stimme veränderte sich. Sie sah sich erschrocken und verständnislos um.

Pibble ließ nicht locker. »Kannst du die Sünden in deinem Herzen zählen, Rita?«

»Nur Gott vermag die Sünden in seinem Herzen zu zählen, und er hat keine.«

»Und er hat keine. Geh in die Einzelzelle, Rita, und warte, bis dir das Wort des Herrn klar wird.«

Er zeigte auf die niedrige Tür. Ohne mit der Wimper zu zukken, verschwand Rita. Pibble packte Sir Francis an den Handgelenken.

»Setzen Sie sich, Sir.«

»Verdammte Frechheit«, knurrte der Alte, ließ sich aber widerstandslos auf die Fischnetze sinken. Pibble lehnte ihn gegen Schwester Dorothy und holte den Proviantsack von achtern. Vorsehung war am Ufer angelangt. Hoffnung hatte sich ausgezogen. Wie auf ein Kommando knieten alle Tugenden nieder, und Vorsehung hob beide Arme. Da der Wind von der anderen Seite wehte, konnte Pibble die Worte ihrer Beschwörung nicht verstehen. Er zog die Flasche aus dem Sack und setzte sich neben Sir Francis. Der Alte fluchte nicht einmal, als Pibble ihm die Taschenuhr aus der Westentasche zog, den Deckel aufklappte und die letzte Kortisontablette herausholte.

»Sie waren nicht brav, Sie haben Ihre Pille nicht genommen«, sagte er und imitierte Schwester Dorothys Stimme.

»Doch, ich habe sie genommen.«

»Nein, das haben Sie nicht. Machen Sie den Mund auf.«

Es klappte. Die pilzfarbene Zunge erschien zwischen den gespannten Lippen. Pibble legte die Pille darauf. Der Alte schluckte.

»Wasser«, klagte die dumpfe Stimme.

Pibble hielt ihm die Flasche an die Lippen. Er hoffte, daß der beigemischte Whisky die Keime in dem dreckigen Wasser abtöten würde. Sir Francis schluckte, würgte, nieste, schüttelte heftig den Kopf und schluckte noch einmal. Ein strenger Geruch verbreitete sich. Pibble schnupperte an der Flasche. Teufel, das war purer Whisky!

Er setzte sich hin und wartete. Nichts geschah. Vorsehung stand wieder, zeigte auf die Feinde der Gläubigen und betete zweifellos darum, daß Sir Francis rechtzeitig von seiner Lethargie heimgesucht würde. In seiner Verzweiflung erinnerte sich Pibble an die Wirkung, die das kalte Salzwasser bei Schwester Dorothy gehabt hatte. Er fand in dem Durcheinander auf dem Boden des Bootes eine Bratpfanne. Es war ein großes Risiko. Wenn sich der Alte erkältete ... Er konnte ihn nur ein wenig anspritzen und mußte ihn dann gleich mit dem Schal abtrocknen.

Er beugte sich über die Reling.

Da traf ein harter Schlag seinen Rücken. Fast hätte er die

Pfanne losgelassen. Pibble wollte sich umdrehen, da klatschte der nächste Hieb auf seine Schulter. Er duckte sich und hielt Ausschau nach seinem Feind. Sir Francis stand da, funkelte ihn wütend an und hob schon wieder den Spazierstock.

»Verdammt frecher Hund«, schrie er, »dafür ziehe ich Ihnen das Fell über die Ohren!«

»Ich kann nicht segeln!« schrie Pibble zurück.

»Heiland, kriegt ein alter Mann denn gar keine Ruhe? Muß ich alles für Sie machen, Sie Vollidiot?«

Sir Francis senkte den Stock und blickte sich in der Bucht um. Er knurrte, als er drüben die Gruppe von Tugenden stehen sah.

»Ich bringe euch hier heraus«, sagte er. »Holen Sie die Schwachsinnige. Sie kann das Ankertau kappen. Ich habe nicht viel Zeit.«

Rita kniete in der Kabine und betete unter einer roten Windlampe, die sie an einem Ring unter der Decke aufgehängt hatte.

»Kommt, Komteß«, rief Pibble, »wir brauchen Eure Hilfe!«

»Die Steine sind meine Brüder«, sagte sie, »ich werde meinen Würfel schneiden.«

Pibble mußte sich in der niedrigen Kabine ducken. Er nahm ihre eiskalte Hand.

»Kommt«, rief er, »der König befiehlt es!«

»Es gibt nur einen König«, sagte sie mit Schwester Ritas Stimme, »und er wartet darauf, daß wir ihm seine Stadt erbauen.«

»Rita«, sagte Pibble, »es wird Zeit, daß du eine große Schlange zertrittst.«

Sie sah auf, nickte und erhob sich. Er führte sie hinaus, zog eins der Fischmesser aus dem Holz und zeigte Rita vorn im Bug das Ankertau.

»Durchschneiden, sobald ich rufe«, befahl er.

Sie hockte sich neben das straffgespannte Hanfseil und hielt das Messer wie einen Dolch. Pibble war klar, daß er ihr das Messer nachher sofort wieder entwinden mußte. Als er nach achtern ging, mußte er betroffen feststellen, daß Sir Francis schon wieder mit dem Spazierstock in den Netzen herumstocherte.

»Alles in Ordnung, Sir?«

»Natürlich, verdammter Schwachkopf, aber lang geht's nicht mehr. Da drunter ist eine Winde. Damit zieht man das Segel hoch. Aber schön gleichmäßig. Anhalten, wenn es sich irgendwo verfängt. Und passen Sie auf, daß die Sperrfeder funktioniert, sonst kommt das verdammte Ding wieder 'runter, kapiert?«

»Ja, Sir.«

Pibble zeigte zum Ufer hinüber. Hoffnung war aus der Gruppe verschwunden, aber auf dem Wasser tanzte ein dunkler, runder Gegenstand. Mit gleichmäßigen Armzügen kam er näher.

»Heiliger Strohsack«, knurrte Sir Francis. »Ob ich mich jemals an die Idiotie dieser verdammten Idioten gewöhnen kann? Bringen Sie mich nach achtern.«

Er verkroch sich unter einem Haufen von Schals. Pibble zerrte an der braunen Leinwand, bis er sie unter einer alten Winde weggezogen hatte, dann begann er an der Kurbel zu drehen. Die Sperrfeder ratterte über die Zähne. Neben ihm bewegte sich langsam der braune Haufen, und der Mastbaum wurde an vier Tauen hochgehievt. Die Leinwand flatterte und knallte im Wind, aber Sir Francis schien das nicht zu stören.

Also kurbelte Pibble weiter. Plötzlich wollte sich die Winde nicht mehr drehen. Pibble hob den Kopf und sah, daß das Segel mit seinen Ringen hochgezogen war. Das untere Ende flatterte immer noch hin und her. Hoffnung war nur noch knapp zehn Meter entfernt. Pibble rannte nach achtern.

»Gut«, sagte Sir Francis. »Drehen Sie das Segel so weit wie möglich nach dieser Seite, und sagen Sie der Irren, sie soll das Ankertau kappen.«

»Töte die Schlange, Rita«, schrie Pibble.

Sie lachte ihn nur an.

»Durchschneiden, Komteß!«

Sofort sauste das Messer hinab. Aber sie mußte an dem Tau sägen. Dann gab es einen Knall und einen Ruck, daß Pibble beinahe über Bord geflogen wäre. Der Wind schien nachzulassen, und das Segel bewegte sich von Pibble weg und blähte sich. Sie machten Fahrt. Der Wellenschlag an der Bordwand klang jetzt anders. Die Felsen am Ufer traten zurück. Hoffnung hatte schon kehrtgemacht.

»Kommen Sie her«, schrie der Alte, »ich bin fast erledigt!« Man hörte es seiner Stimme an. Pibble hockte sich neben ihn.

»Damit wird gesteuert«, erklärte der Alte, »und hiermit führen Sie das Segel. Sie werden zwar verdammt seekrank sein, aber sagen Sie sich immer wieder, daß Sie Will Pibbles Sohn sind, dann halten Sie schon durch. Nehmen Sie zuerst die Ruderpinne.«

Pibble setzte sich neben ihn und ergriff die Ruderpinne. Er war erstaunt, wie hart sich das Wasser anfühlte.

»Herüberziehen, Trottel«, sagte Sir Francis. »Sie müssen das verdammte Segel ausbalancieren. Und jetzt das hier.«

Damit meinte er zwei Leinen, die oben und unten zu dem Segel führten. Pibble nahm sie in die linke Hand. Knurrend bemühte sich Sir Francis, an seinem Stock aufzustehen, aber er schaffte es nicht.

»Sie haben mich fertiggemacht, Sie verdammter Schwachkopf«, fauchte er wie eine Schlange.

Pibble blickte nach vorn, wo Rita wie eine Statue am Mast stand.

»Komteß!« rief er.

Sie kam sofort näher.

»Mein Vater ist krank«, sagte er. »Bitte, führt ihn in die Kabine, und deckt ihn warm zu. Wenn er sich erkältet, muß er sterben, dann sind wir alle verloren.«

»O Gott«, rief sie und ergriff die Hände des Alten. Das Boot holte ein wenig über, und sie konnte ihn mit einem Schwung hochziehen. Aber gleichzeitig wickelten sich die beiden Leinen um sie.

»Aufpassen«, schrie Pibble, griff um die beiden herum und versuchte, die Leinen auf der anderen Seite klarzuziehen. Seine Bewegung änderte den Winkel der Ruderpinne, genauso wie das Ringen von Rita und Sir Francis den Winkel des Segels änderte. Die Felsen drüben schienen sich anders zu bewegen als vorhin, und das Boot steuerte genau rechts auf das Ufer zu. Voller Angst stieß er die Pinne von sich weg. Langsam kam die Nase des Bootes wieder herum, mühsam und schwerfällig. Nein, so würden sie es nicht schaffen.

Aber dann gelang es doch. Als das Boot wieder Fahrt aufnahm, konnte er den Kurs korrigieren, und sie liefen parallel zu den Felsen. Rita hob die Leinen über Sir Francis' Kopf hinweg, und das Segel blähte sich wieder, wie es sich gehörte.

»So ein Tölpel!« beschwerte sich Sir Francis und lallte wie ein Betrunkener. »Ein Tölpel ... Deine Mama hatte schon recht, Friede nicht Physik ...«

»Kommt, Euer Majestät«, sagte Rita. »Seine Hoheit stammt aus einem Geschlecht von Helden. Aber erst müssen wir Euch in Sicherheit bringen.«

Die vorstehenden Augen sahen sie an. »Also los«, sagte er plötzlich wieder lebhafter. »Wenn ich schon ersaufen soll, dann wenigstens mit einem jungen Mädchen in den Armen.«

Lächelnd schob sie ihn weiter. Pibble bekam das Gefühl hoher Geschwindigkeit wie ein Motorradfahrer, der zum erstenmal auf einer Maschine sitzt. Aber am Ufer sah er, daß das Boot kaum im Schrittempo vorankam. Das Geschwindigkeitsgefühl stammte teilweise von den vielen kurzen Wellen in der Bucht, aber draußen vor der Mündung sah er drohend die langen Wogen heranrollen.

Die Mündung der Bucht war bestimmt nicht schmal, aber es gelang ihm nicht, genau die Mitte anzusteuern. Er richtete zwar den Bug auf die Durchfahrt, die ihm am sichersten erschien, aber der von links wehende Wind drückte ihn unaufhaltsam auf die schwarzen Felsen zu. Dicht neben der Fahrtrinne ragte ein einzelner Fels zwei Meter aus dem Wasser und ließ die Brecher, die ihn trafen, zu weißer Gischt zerstieben. Pibble überlegte sich gerade, auf welcher Seite er an dem Fels vorbeimanövrieren sollte, da packte die erste richtige Woge das Boot und schüttelte es durch wie einen Würfelbecher. Er konnte sich gerade noch an der Pinne festklammern.

Dann griff der Wind voll in das Segel. Der Mast neigte sich so zur Seite, daß die Wellenberge dicht unterhalb der Deckskante entlangglitten, aber das Boot schlug nicht voll, und es neigte sich auch nicht schräger zum Wasser. Die nächste Welle rollte heran.

Diesmal kippte Pibble um. Die Leinen entglitten seiner Hand, die Enden wollten wie Schlangen davonhuschen, aber er bekam sie gerade noch zu fassen und packte wieder die schlagende Ruderpinne. Keuchend sah er sich um.

Der Mast stand aufrechter, da der Druck nachgelassen hatte, aber das Boot lief genau auf den Felsen zu. Pibble schob die Pinne nach der anderen Seite. Der Bug wandte sich zögernd ab wie die Nase seines mißtrauischen Hundes von der Hand eines Fremden. Die Welle hob sie hoch und senkte sie wieder hinunter ins Tal. Ein dumpfes Dröhnen schüttelte das ganze Boot, dann wurde die lebendige Bewegung des Schiffes vom Stein gebremst. Der mißtrauische Hund rieb sich am Bein des Fremden, um bei diesem Vergleich zu bleiben, die gleitende Bewegung hielt für eine Sekunde inne, dann platzte mit einem dumpfen Knall das vergessene Schlauchboot.

Die nächste Woge packte sie und schleuderte sie ein paar Meter von dem drohend aufragenden Felsen weg. Pibble blies die aufgestaute Luft aus den Lungen. Da überspritzte ihn weiße Gischt. Er schüttelte den Kopf. Sie hatten nicht viel Wasser übergenommen, aber Dorothy hatte es genau ins Gesicht bekommen und bewegte sich unruhig. Das Boot schien einem halbwegs geraden Kurs zu folgen, der von der Insel wegführte zu einem Punkt, wo Pibble den Leuchtturm, das erste Seezeichen auf ihrer Heimfahrt, auszumachen hoffte. Bis dahin müßte Sir Francis, der sich in diesen Gewässern auskannte, eigentlich wieder zu sich gekommen sein. Pibble versuchte, Wind und Wellen aufeinander abzustimmen.

Im Wellental lag die Bordwand tiefer als die gischtweiße See. Er kam sich jedesmal vor wie in einem Dorf unter einem berstenden Staudamm. Dann glitt das Boot den Wellenberg hinauf, blieb für eine Sekunde zitternd in der Luft hängen und tauchte wieder hinab. Nach einer Weile merkte Pibble, daß sich das Boot offenbar von allein zurechtfand. Er blickte über die rechte Schulter hinweg nach Osten.

Vom ersten Wellenberg aus sah er nichts weiter als wirbelndes Wasser und einen grauen Himmel. Vom zweiten aus erkannte er verschwommen den Horizont. Dort in der Ferne entdeckte er eine Weile später eine Stelle in der geraden Linie, wo der Bleistift in der Hand des Zeichners gezuckt haben mußte. Das konnte nur der Leuchtturm von Dubh Artach sein. Sobald er weit genug nach Norden gelangt und in Sicherheit war, mußte er diesen Punkt ansteuern. Von der Landkarte und vom Flug her erinnerte er sich, daß sie einen weiten Umweg nach Südosten um den Leuchtturm herum machen mußten, um den Firth of Lorne zu erreichen. Sonst liefen sie Gefahr, genau an demselben Felsen zu zerschellen wie David Balfour in ›Gekidnappt‹.

Bevor er den Kurs änderte, sah er sich noch einmal um. Clumsey Island lag als graue Felsklippe eine halbe Meile achtern. Weiß gischtete die Brandung vor dem dunklen Hintergrund. Pibble nahm die Leinen zwischen die Zähne und winkte der Insel zu.

Heimwärts, James!

8

Er schaffte die Wende nicht. Um ein Haar hätte er sie alle ertränkt.

Seine nautischen Kenntnisse hatte er lediglich vom Fernsehen und von ›Kapitän Hornblower‹ bezogen, aber er wußte zumindest, daß man mit einem Schiff nicht einfach wendet. Wenn man nur das Ruder herumschiebt, kommt irgendwann einmal der Punkt, wo der Wind hinter das Segel gerät und es scharf herumschlägt, so daß der Mast brechen kann. Kein Mensch konnte sagen, wie sich die Wellen dabei benehmen würden. Also mußte man den Bug gegen den Wind richten und dann wenden.

Die erste Phase verlief reibungslos, obgleich die Wellen wegen des veränderten Winkels nunmehr hoch über den Bug schlugen. Pibble veränderte auch zollweise den Winkel des Segels, damit es im geeigneten Augenblick keinen so großen Weg mehr zurückzulegen hatte. Dann kam ein Punkt, an dem sie scheinbar regungslos in einem Wellental hingen.

Da schob er die Pinne herum.

Es war ein Fehler gewesen. Das Segel blähte sich nicht mehr, sondern es begann wie wild zu flattern. Der Bug des Schiffes bohrte sich mitten in den nächsten Wellenberg hinein. Wasser und Schaum überfluteten das obere Deck und stürzten in den Bootsbauch hinab. Das Boot gehorchte dem Ruder nicht mehr. Pibble schob die Pinne zurück in die Stellung, die sie vorher gehabt hatte, und mußte in hilfloser Verzweiflung zusehen, wie eine halbe Tonne Wasser hereinschwappte und ihm um die Knöchel spülte. Das Segel füllte sich wieder. Das Boot machte wieder Fahrt, aber der Kurs hieß immer noch Nord.

Nach Vaters Tod hatte Mutter auf Tanzstunden bestanden, weil so etwas angeblich ›nützlich‹ sein sollte. Vielleicht war dies auch nur Teil einer halbherzigen Kampagne gegen Mr. Togers düsteren Puritanismus gewesen, jedenfalls mußte der kleine James am Sonntagnachmittag, wenn er normalerweise auf der Wiese gespielt hätte, seinen feinen Sonntagsanzug anziehen, dazu das weiße Hemd mit den Manschetten, und zu Miss Fergusson gehen, der Bischofstochter, die ihren Unterricht im ersten Stock von Pakenham Arms abhielt. Es waren vier Jungen und ein Dutzend Mädchen. Die Mädchen tanzten vergnügt miteinander, während die Jungen trotzig in der Ecke saßen. Aber dann sah Miss Fergusson vom Klavier auf, unterbrach ihr schrilles Eins-Zwei-Drei und merkte, daß sie im Begriff war, vier Elternpaare um je einen Shilling pro Stunde zu betrügen. Nun kam James' Seelenqual. Er bekam eine größere, erfahrene Tänzerin zugewiesen, und vier oder fünf Takte lang ging auch alles ganz gut, bis sich dann unerklärlicherweise zwischen ›Eins‹ und ›Zwei‹ ein unerwünschter Schritt einschmuggelte und er aus dem Takt geriet. Das Mädchen blieb stehen, zählte geduldigherablassend wieder eins-zwei-drei, und sie begannen für weitere fünf Takte. Dasselbe wiederholte sich noch und noch. Bis Miss Fergusson sich wieder über die Tasten beugte, einen Walzer spielte, in Jugenderinnerungen schwelgte und die Mädchen befreit miteinander weitertanzen konnten.

Die Wellen blieben jedoch nicht stehen. Die See hatte ihren eigenen Rhythmus, manchmal ging fünf Takte lang alles gut, aber dann geriet Pibble wieder ins Stolpern, und das Boot pflügte schwerfällig von einer Furche zur nächsten. Besonders schlimm wurde es, nachdem Pibble den Entschluß gefaßt hatte, weiter nach Norden zu segeln, in der Hoffnung, um Mitternacht auf Tiree ein Telefon aufzutreiben. Aber wenn sie weiter in nördlicher Richtung fuhren, war Oban nicht mehr zu erreichen. Und was würde der alte Mann sagen? Armer Pibble! Da war es vielleicht doch besser, noch einmal eine Wende zu versuchen.

Das Boot geriet ins Taumeln, und Dorothy wurde von ihrem Netzhaufen in das Wasser hinuntergestoßen, das auf dem Fußboden schwappte. Ein paar Sekunden lang lag sie mit dem Gesicht nach unten, dann stemmte sie sich schnaubend auf Händen und Knien hoch und funkelte Pibble an.

»Was zum Teufel soll das?« keuchte sie.

»Tut mir leid«, sagte Pibble, »in der Kabine sind noch trockene Sachen.«

Sie kroch in die dunkle Höhle hinein. Als sie nach langer Zeit wieder auftauchte, trug sie einen Pullover und Hosen und hatte Ölzeug unter dem Arm.

»Sie werden das brauchen«, brummte sie ärgerlich. »Was hat die verdammte kleine Hure bei Frank zu suchen?«

»Sie ist schizophren«, fauchte Pibble.

»Trotzdem ist sie eine verdammte kleine Hure.«

»Ohne sie wären wir noch nicht hier.«

»Immer mit der Ruhe. Ich war auch mal eine verdammte kleine Hure. Wo sind wir denn überhaupt?«

»Wir wollen dort hinüber«, sagte Pibble, »aber ich weiß nicht, wie man das Boot wendet. Beim letztenmal haben wir eine Menge Wasser übergenommen, deshalb wage ich es nicht noch mal.«

»Auch ein Trost. Ich dachte schon, das verdammte Boot ist leck. Geben Sie her, ich mache die Wende. Großer Gott, jetzt könnte ich einen Schluck gebrauchen.«

»Wir haben eine Flasche Whisky mit«, sagte Pibble zweifelnd. »Aber es wäre natürlich eine große Hilfe, wenn Sie es fertigbrächten . . .«

»O Gott«, unterbrach sie ihn, »schon wieder! Wenn mich der alte Frank nicht braucht, dann braucht mich irgendein kleiner Polizist, dessen Namen ich vergessen habe.«

»Pibble.«

»Schon gut, Mr. Pibble, ich werde mich nicht besaufen.«

Pibble holte die Flasche hervor und reichte sie ihr. Schwester

Dorothy nahm einen kräftigen Schluck und noch einen. Pibble klemmte sich die Leinen zwischen die Zähne und wollte ihr die Flasche entreißen, da drückte sie von selbst den Stöpsel hinein.

»So geht's mir schon besser«, sagte sie. »Geben Sie mir die Pinne.«

Sofort hörte das Schwanken des Bootes auf. Dorothy hob die Nase schnuppernd in den Wind, betrachtete das Segel, fummelte mit den Leinen und legte ganz lässig das Ruder herum. Das Boot drehte sich in den Wind und wurde, klug berechnet, von einer Welle herumgedrückt. Das Segel schlug um, alles neigte sich zur anderen Seite, Dorothy ließ das Segel beistehen und befestigte die Leinen, die Pibble so krampfhaft festgehalten hatte, und sie segelten ganz lässig nach Südost.

»Sehen Sie den Leuchtturm?« fragte Pibble.

»Ja. Schauen Sie mal nach, ob Frank und die Kleine in Ordnung sind. Dann können Sie mich wieder ablösen.«

Die Kabine war nicht viel größer als eine Hundehütte. Die Decke befand sich kaum einen Meter über dem Fußboden. Von einem Deckenbalken hing die rote Sturmlaterne, und in ihrem schummrigen Licht sah er gut einen Zoll hoch das Wasser in der Ecke stehen. Vorn im Bug hockten Rita und Sir Francis auf einem Haufen Leinwand. Sir Francis war bis ans Kinn mit sämtlichen vorhandenen Kleidungsstücken zugedeckt, so daß nur sein Kopf auf dem hageren Hals hervorragte. Vielleicht lag es an dem Licht, aber Pibble glaubte, einen neuen Ausdruck auf dem zerfurchten Gesicht wahrzunehmen. Es wirkte nicht mehr so wild, nicht mehr so egoistisch und so leer. Das Gurgeln, das Pibble hörte, stammte auch nicht nur vom Wasser, ein Teil des Geräusches kam zwischen Sir Francis' Lippen hervor.

Rita drängte sich, geistlos lächelnd, an ihn, so wie Liebe sich am Kai an Pibble gekuschelt hatte. Sie atmete schwer, und der Alte hatte seine Klaue mit den Fäustlingen unter ihren Pullover geschoben.

»Scheint alles in Ordnung zu sein«, berichtete Pibble.

»Den alten Gauner muß man bewundern, wie? Irgendwo ist eine Planke los, und Sie können mit dem Topf da das Wasser ausschöpfen. Eine vernünftige Pumpe hat der alte Kahn sicher nicht.«

Sie hatte recht. Pibble schob das lockere Brett beiseite und bückte sich.

»Auf einem Schiff taugen Sie nicht viel«, bemerkte sie.

»Ich hab's noch nie versucht. Sir Francis war weggetreten, bevor wir das Segel hochkriegten, aber ich habe ihn noch einmal wachbekommen, damit er uns aus der Bucht heraushalf.«

»Verdammt! Wie haben Sie das geschafft?«

»Ich habe ihm noch eine Pille gegeben.«

»Das genügt nicht.«

»Er hat sie versehentlich mit Whisky statt mit Wasser hinuntergespült.«

Dorothy lachte. »Schon möglich. Eine Zumutung! Wie hat er reagiert?«

»Er hat mich mit dem Spazierstock verprügelt.«

»Kann ich mir denken. Diese Behandlung ist er nicht gewöhnt.«

»Er hat die Addisonsche Krankheit, stimmt's?«

»Ja.«

»Ich habe in Bruder Gedulds Zimmer in einem Buch etwas darüber gelesen. Aber über die Perioden der Lethargie stand nicht viel drin.«

»Verstehen Sie etwas von alten Menschen, Mr. Pibble?«

»Meine Angehörigen sind jünger gestorben.«

Er bückte sich, schöpfte und rechnete nach. Ihre Stimme klang nicht mehr so scharf wie vorhin. Ungefähr drei Gallonen Wasser in der Minute, das sind dreißig Pfund. Dann brauche ich für eine Tonne . . .

»Sie hassen das Altsein«, erklärte Schwester Dorothy. »Selbst nette alte Damen sind nicht gern abhängig, sie hassen die Müdigkeit, die einsetzende Dummheit. Frank ist seinen eigenen Weg gegangen. Wenn er bei sich ist, dann ist er genauso normal wie früher. Wenn nicht, ist er einfach plemplem. Mit Halbheiten gibt er sich nicht ab. Entweder er ist ganz da, oder er resigniert. Dann gibt es für ihn die Welt nicht mehr, es sei denn, man verhätschelt ihn, bis er das Kommando wieder übernimmt.«

»Der Vierstundenzyklus kam mir auch nicht ganz natürlich vor.«

»Der ist inzwischen natürlich geworden. Aber er hat absichtlich damit angefangen, damit irgendein armes Luder wie ich an seiner Tür warten muß, bereit, aufzuspringen, sobald er zu sich kommt. Vierundzwanzig ist durch vier teilbar, deshalb passiert es jeden Tag sechsmal, genau um dieselbe Stunde.«

»Seit wann kennen Sie ihn?«

»Seit über dreiunddreißig Jahren. Ich war damals neunzehn. Ich habe ihn von einem eifersüchtigen achtundzwanzigjährigen Luder übernommen und nicht mehr losgelassen. Wo ist die Flasche?« Sie trank wieder einen Schluck und gab sie ihm. »Probieren Sie mal«, sagte sie. »Ich wäre nicht so wild auf das Zeug, wenn ich einen Menschen hätte, mit dem ich reden kann. Aber es ist zwanzig Jahre her, seit ich das letztemal richtig plaudern konnte. Und hier auf der verdammten Insel ist es immer schlimmer geworden.«

»Warum sind Sie hergekommen?« Das war für Pibble eins der größten Geheimnisse.

»Fragen Sie mich«, murmelte sie. »Natürlich waren wir verdammt arm. Frank hat sein ganzes Geld verschenkt, bis auf ein paar Buchrechte, aber das Geldausgeben konnte er sich nicht abgewöhnen. Er wollte auch keine Almosen annehmen. Wir waren schon vorher ein paarmal an dieser Küste gewesen, um ein wenig zu segeln und herumzuschnüffeln wie ein Hund, der nicht mehr weiß, wo er seinen Knochen vergraben hat. Aber es schwärmten dauernd Reporter mit ihren Notizbüchern um uns herum und Hoteliers, die uns alles doppelt berechneten, also gingen wir nach London zurück. Dann wurde er operiert. Er hat danach sein ganzes Geld weggegeben, alle seine Radiopatente und Aktien, um die Stiftung zu gründen. Danach bekam er den Friedensnobelpreis, und wir lebten ein paar Jahre davon. Als nur noch tausend Pfund übrig waren und von den Büchern nicht viel hereinkam, sagte er eines Morgens zu mir: ›Ruf Carter Paterson an, wir ziehen nach Clumsey Island.‹ Eine Woche später fuhren wir ab.«

»Das muß für Sie ein Schock gewesen sein.«

»Ich hatte mich inzwischen daran gewöhnt, daß die Welt gemein ist.«

»Wieviel ist denn von seinen Büchern noch eingegangen?«

»Zwei- bis dreitausend im Jahr. Ich habe noch nie einen Menschen so über seine Steuern fluchen hören wie Frank.«

»Ja, ich weiß«, sagte Pibble. »Er sagte mir . . . O Gott, was bin ich für ein Narr!«

»Nicht schlimmer als wir anderen auch. Lassen Sie nicht den Kopf hängen.«

»So habe ich's nicht gemeint. Er ist hergekommen, weil die Bruderschaft als wohltätige Institution anerkannt ist. Er hat ihr seine Rechte übertragen, und sie braucht keine Steuern zu bezahlen. Als er dann ʼein wirklich lukratives Buch schreiben wollte, paßte es ihm nicht, daß die Brüder das ganze Geld bekommen sollten. Er wußte, daß sie ihn nicht freiwillig gehen lassen würden, deshalb holte er mich. Aber inzwischen hatten sie sein Buch fotokopiert und in London verkauft. Das konnten sie, weil sie schon vorher in seinem Namen mit Agenten und Verlegern verhandelt hatten. Nur ein paar gefälschte Unterschriften waren dazu notwendig. Als ich auftauchte, wußten sie, daß wir über das Buch sprechen würden, deshalb beschlossen sie, ihn zu ermorden, indem sie ihm die Kortisontabletten wegnahmen.«

»Wovon zum Teufel reden Sie?«

Pibble erklärte ihr alles, während Clumsey-Island an Steuerbord immer größer emporwuchs.

»Himmel!« sagte sie. »Ich habe Ihnen ja gesagt, daß es Schweinehunde sind.«

»Aber eins haben Sie mir nicht gesagt: Warum hat er überhaupt sein Geld weggegeben?«

»Das hat er mir auch nie erzählt. Aber ich glaube, ich weiß es. Was Geld betrifft, war er immer schon komisch. Er war verdammt reich, benahm sich aber so, als wäre es ihm egal. Geld war für ihn nur eine Notwendigkeit, aber er hing nicht daran wie die meisten Reichen. Es war für ihn, als hätte er das Geld irgendwo auf der Straße gefunden. Ich will damit nicht sagen, daß er großzügig war, ganz im Gegenteil. Nach seiner Operation überfiel ihn diese Krankheit, und er bekam Angst. Das war vor fast zehn Jahren. Er glaubte, sterben zu müssen, und wollte vorher noch an der Welt Rache nehmen.«

»Rache wofür?«

»Für alles. Sehen Sie, Mr. Pibble, Sie wachen doch sicher auch manchmal mitten in der Nacht auf und verfluchen sich, weil Sie dieses oder jenes getan haben, Sie verfluchen die Welt, weil sie Ihnen so viel angetan hat. Sie hadern mit Ihrem Schicksal, aber eben nur manchmal. Frank hadert immer. Er fühlt sich seit jeher unfair behandelt. Er bekam ein phantastisches Blatt ausgeteilt, dann beschwindelte ihn Gott. Mein Leben war vielleicht manchmal verdammt hart, aber unfair war es nicht. Frank ist gekränkt. Er war es in jeder Sekunde seines Lebens.«

Pibble schöpfte schweigend weiter.

»Die Ärzte gaben ihm noch etwa sechs Jahre Zeit«, sagte Dorothy. »Natürlich ließ sich das nicht genau abschätzen, weil bisher noch niemand in Franks Alter die Addisonsche Krankheit gehabt hatte. Deshalb gründete er die Stiftung, weil er dann bestimmen konnte, was mit dem Geld geschah, hauptsächlich jedoch, weil er unter allen Umständen den Friedensnobelpreis bekommen wollte. Er hat sich ganz genau umgehört, was der Jury in die Augen stechen würde, und die Stiftung als Köder benutzt. Auf einmal war er nett zu Zeitungsreportern und spielte in der Öffentlichkeit den Heiligen. Wahrscheinlich steht in seinem Buch genau beschrieben, wie er das ganze Establishment an der Nase herumführte. Er wird auch gegen Einstein vom Leder ziehen – er hat ihn immer gehaßt – und erklären, welch eine furchtbare Sache der Friede ist und daß Kriege immer die richtigen Leute nach oben schwemmen.«

»Das ist ein weiterer Grund dafür, daß er entkommen mußte«, sagte Pibble.

»Das verstehe ich nicht.«

»Nach seinem Tod hätte niemand so etwas abgedruckt.«

»Warum hat er Sie ausgesucht?«

»Er stieß in einem Zeitungsausschnitt auf meinen Namen. Mein Vater hat vor dem Ersten Weltkrieg bei ihm gearbeitet.«

»Das ist ein eigenartiger Grund, um Vertrauen zu haben. Sonst vertraut Frank nämlich nicht jedem.«

»Mir hat er auch nicht vertraut. Er hat Vorsehung einen versiegelten Umschlag geschickt – Sie haben ihn mir gegeben – für den Fall, daß ich versuchen sollte, ihn in irgendeiner Weise auszunutzen. Vorsehung muß das Siegel erbrochen haben, denn er warf mir vor, ich hätte irgendwelche mysteriösen Ansprüche auf Sir Francis' Vermögen erhoben, und Sir Francis selbst fragte mich, ob mein Vater jemals etwas darüber gesagt hätte, daß er von Rechts wegen hätte verdammt reich sein müssen. In meiner Familie gab es wohl eine Legende, daß Sir Francis meinem Vater etwas gestohlen hatte, aber es war nicht Geld, sondern eine Idee.«

»Sehr komisch«, sagte Dorothy. »Ich kenne ihn schon sehr lange. Zuerst hat er immer wie ein Verrückter geschuftet. Manchmal tauchte er für ein paar Tage aus der Arbeit auf und stürzte sich ins Vergnügen wie ein Seemann auf Landurlaub, aber meistens sprach er wochenlang kein Wort, kein Dankeschön, nicht einmal im Bett. Er machte nur einfach weiter. Ich kannte ihn zwar schon, aber ich wußte nicht viel über ihn. Nach dem Krieg – er liebte den Krieg – wurde er älter und langsamer. Damals begann er so viel zu reden. Er tut es, um den anderen Idioten nicht zuhören zu müssen. Und da er nichts Rechtes zu tun hatte, redete er meistens mit mir. Er war zwar immer noch sehr rüstig, fand aber niemanden, der ihn haben wollte, weil ihn alle Leute als unverträglich kannten. Selbst Berkeley wollte ihm keinen Job geben.«

»War er nicht reich genug, um ein eigenes Unternehmen aufzubauen?« fragte Pibble. Er hockte sich anders und nahm den Topf in die linke Hand. Das Wasser schien um einen Zentimeter gesunken zu sein.

»Großer Gott!« sagte Dorothy. »Sie machen sich ja keinen Begriff, was Franks Spielsachen heutzutage kosten. Man stellt ein Vakuum her, zündet darin eine Art Atomexplosion und versucht, sie durch magnetische Felder zu kontrollieren. Zuerst sind das nur Berechnungen, aber dann muß man das verdammte Ding bauen und zusehen, ob es auch funktioniert. Das ist bisher nicht geschehen, und natürlich sagt Frank, es liegt nur daran, daß man ihn nicht fragen will. Aber nehmen wir einmal an, irgendein Fanatiker gibt ihm die entsprechende Einrichtung, dann könnte er nicht einmal die laufenden Kosten bestreiten, und er war zweifacher Millionär. Das habe ich herausgehört. Er redete viel und wiederholte sich nicht so oft, wie alte Männer es für gewöhnlich tun, aber er hat mit keinem Wort erwähnt, woher der erste große Haufen Geld kam. Ich weiß nur, daß er in Cambridge arm war und nach dem Krieg reich. Ich erinnere mich an eine Gartenparty im Buckingham Palace, wo er einen netten, alten General damit ärgerte, daß er als kluger Mann vom Krieg profitiert habe, während die Dummen im Dreck sterben mußten . . . Was gibt's?«

»Mir wird schlecht«, murmelte Pibble, denn der Magen drehte sich ihm um.

»Da kann man nichts machen«, sagte Dorothy, ohne einen Anklang von Mitleid oder Verachtung. Als Pibble sich endlich wieder aufrichtete, fiebrig und mit eiskaltem Schweiß bedeckt, fuhr sie fort: »Als ich ihn kennenlernte, hatte er sein Geld in eine Menge Radiopatente und Rundfunkgesellschaften gesteckt. Auch im Zweiten Weltkrieg hat er eine Menge verdient. Herr Gott, mir tut's wirklich nicht leid, wenn ich die Insel nie wiedersehe.

Sie deutete mit einer Kopfbewegung nach Westen, bergauf in dem schrägliegenden Boot. Pibble kniete auf den Netzen und sah sich um. Sie liefen jetzt wieder an dem weit ausladenden Keil von Clumsey Island vorbei, an dessen schmalerem Ende die Gebäude aufragten. Die Ungenauigkeit der senkrechten Linien, die amateurhafte Planung der Anlage trugen dazu bei, das Ganze wie ein unnatürliches Gewächs erscheinen zu lassen, aufgekeimt aus der sauren Erde, eckig, mit schimmernden Schieferplatten. Pibble starrte das Bauwerk an und brachte die ästhetische Energie nicht auf, es als häßlich zu bezeichnen.

Aus diesem Gewächs erhob sich ein Insekt und hing als schwarzer Punkt links von dem Turm. Pibbles plötzliche Panik legte sich rasch wieder. Am Steuer des Hubschraubers mußte wohl Hoffnung sitzen, und vermutlich flog er Duldsamkeit ins Krankenhaus aufs Festland. Auch Vorsehung würde gewiß dabei sein. Sie würden in Oban die Behörden aufrütteln und feierlich erklären, ein geistesgestörter Polizeibeamter sei in das Kloster eingedrungen, habe den großen Sir Francis und zwei Nonnen entführt und einem harmlosen Klosterbruder schweren körperlichen Schaden zugefügt, ganz zu schweigen von dem Schaden an den Gebäuden.

Konnte das funktionieren? Behörden sind manchmal unberechenbar. Pibbles angebliche Ansprüche an den Greis konnten leicht als die Phantasien eines Irren ausgelegt werden; Rita und Dorrie taugten als Zeugen nichts. Aber Sir Francis mußte, wenn er bei Sinnen war, die anderen alle wettmachen. Wenn aber das Boot während einer seiner senilen Perioden in Oban anlegte, wenn man dann versuchte, den Alten wegzuschleppen, um ihn in Verwahrsam zu nehmen, bis er aus Mangel an Kortison ganz zusammenbrach . . .

Aber wenn es Pibble erst einmal gelang, einen Polizisten zu erreichen, ein Telefon, wenn er wieder in seiner eigenen Sphäre arbeitete, dann mußte er doch fähig sein . . .

Doch das war Vorsehung bestimmt auch klar. Sie würden versuchen, ihn an der Rückkehr zu hindern – vielleicht, indem sie in Oban ein Boot mieteten und im Dunkeln zu ihnen an Bord kamen. Ja, das konnte funktionieren.

»Hier können sie uns doch nichts anhaben, oder?« fragte Dorothy.

»Ich glaube gar nicht, daß sie das wollen«, sagte Pibble. »Sie fliegen auf Oban zu.«

»Bei diesen Gaunern weiß man nie, was sie wollen«, murmelte sie.

Mit dem Wind drang das Dröhnen von Rotoren an ihr Ohr. Der Hubschrauber mußte ganz in der Nähe vorbeikommen, er konnte direkt nach Oban fliegen, während das Boot den weiten Umweg um den Leuchtturm von Dubh Artach machen mußte. Der Vogel passierte das Boot etwa fünfzig Meter achtern. Pibble konnte die beiden Köpfe hinter dem Sicherheitsglas der Kabine erkennen, aber nicht, welchen der Tugenden sie gehörten. Einer der Köpfe bewegte sich, sein Besitzer hantierte an der Tür.

Wieder packte Pibble Panik, als die häßliche Maschine im Wind tanzte und dem nicht ganz geraden Kielwasser des Schiffes folgte. Der Hubschrauber donnerte auf sie zu. Hoffnung würde die Steuerung übergeben, an einem Seil herunterklettern und ihm alle Knochen im Leib brechen, traurig, aber skrupellos.

»Können Sie nicht mehr in den Wind gehen!« schrie er.

Das Boot schwenkte herum. Pibble hatte einmal im Moor von Cobham drei Tage lang von einem Hubschrauber aus die Suche nach einem vermißten Schulmädchen geleitet und wußte, wie schwer es für einen Helikopter ist, im Fallwind zu schweben. Entweder hatten sie Duldsamkeit nicht mitgenommen, oder er war ohnmächtig geworden, denn der erfahrene Pilot hätte es ihnen sagen müssen.

»Holen Sie ein Messer«, schrie Dorothy, »unten liegt eins!«

Er rannte dorthin, wo das zweite Fischmesser im Holz steckte. Es gab nur eine Chance für ihn: Er mußte den heiligen Grobian in dem Augenblick erwischen, wenn er landete. Er kletterte aufs Vordeck, um eine bessere Ausgangsposition zu haben. Dorothy schrie etwas, doch ihre Stimme ging im Dröhnen der Rotoren unter. Das Segel wurde im Abwind schlaff, das Boot verlor plötzlich an Fahrt. Die Maschine hatte den Mast überflogen und schaukelte, als ob die Mannschaft oben einen Ringkampf aufführte.

Einer von ihnen war herausgefallen!

Die schwarze Masse, zu klein und zu kompakt für einen Menschenkörper, sauste herab und verschwand drei Meter vor dem Bug. Erst als sich die Spritzer gelegt hatten, wurde Pibble klar, daß sie einen Felsbrocken abgeworfen hatten. Eine steinerne Bombe. Die Bruderschaft war im Begriff, das Problem Pibble in der typischen Manier der Ewigen Stadt zu lösen.

Benommen sah er zu, wie der Hubschrauber kreiste und sich erneut in Position brachte. Diesmal hatten sie schon mehr Übung im Zielen. Sie würden ihre Steinbombe früher abwerfen.

»Was war los?« schrie Dorothy.

»Sie haben versucht, einen Steinbrocken auf uns herunterzuwerfen, aber wir wurden durch den Abwind langsamer, da sind sie über das Ziel hinausgeschossen. Sie versuchen es gerade noch einmal.«

Dorothy begann zu fluchen. Die ordinären Ausdrücke eines Fischweibs klangen aus ihrem Mund wie die Verwünschungen einer Hexe.

»Können Sie nicht ein Ausweichmanöver versuchen?« fragte er.

Das Boot, bis jetzt ein winziger Punkt im weiten Meer, vergrößerte sich in Pibbles Angst zu einer gewaltigen Zielscheibe, die niemand verfehlen konnte.

»Wenn wir anhalten könnten, bevor der Hubschrauber wieder vor dem Mast ist, schießen sie vielleicht wieder übers Ziel hinaus«, sagte er.

»Großer Gott«, murmelte sie, »wir können es ja versuchen. Nehmen Sie die Sperre vom Zahnrad, und halten Sie die Kurbel fest. Wenn Sie dann loslassen, kommt die Gaffel herunter, und wir bleiben auf der Stelle liegen.«

Pibble rannte zur Winde und drehte den Griff ein Stück vor, bis er die Sperre aus dem Zahnrad lösen konnte. Dann kniete er nieder und beobachtete den Feind. Diemal kam der Hubschrauber langsamer heran. Pibble war jetzt sicher, daß Hoffnung am Steuer saß. Ein blasser, runder Fleck ragte seitlich aus der Glaskabine heraus: Vorsehung. Als der Hubschrauber zwei Meter achtern war, schrie Pibble Dorothy eine Warnung zu. Sie legte die Pinne herum.

Zu früh. Die Maschine flog über das Boot hinweg, als es sich schwerfällig nach links legte, aber sie warfen die Bombe nicht ab. Nach einem knappen Kreis kam der Hubschrauber wieder von achtern, und Pibble schrie erneut. Ein Brecher traf seinen Nacken, das Boot schwenkte nach rechts, das Segel hing schlaff am Mast. Dorothy holte es ein, aber diesmal war Hoffnung ihnen gefolgt. Die brüllende Hummel schwankte, als Vorsehung mit dem nächsten Felsbrocken hantierte. Nun ging es um Sekunden. Pibble sah schon den kantigen Stein, stieß einen Schrei aus und ließ den Handgriff los. Das Segel krachte herab und begrub ihn unter seinen Falten. Er spürte, wie das Boot auf und ab tanzte, ein Spielzeug der Wellen. Als er seinen Kopf frei hatte, sah er den Helikopter, vom Wind getrieben, nach vorn schnellen. Eine Hand hielt den Stein noch fest, und wollte ihn wohl zurückhalten, aber sie war nicht stark genug. Langsam, wie ein Tropfen Honig, der vom Löffel fällt, kippte der Stein über die Kante und sauste herab.

Diesmal spritzte das Wasser schon näher am Schiff auf. Da sich das Boot nicht mehr im Wind bewegte, konnte Pibble die Kreise sehen, die sich von der Stelle, wo der Stein aufs Wasser aufgeschlagen war, ausbreiteten. Dann klatschte die nächste Woge gegen den Bug.

»Ziehen Sie das verdammte Segel hoch«, schrie Dorothy.

Er versuchte krampfhaft, die Winde vom Segeltuch freizubekommen, dann begann er zu kurbeln, gepeitscht von den eisenharten Falten, die hin und her flatterten. Als sich das Segel wieder blähte, rannte er nach achtern zu Dorothy, die sich Mühe gab, mit einer Hand die Segelleine zu dirigieren, mit der anderen zu steuern.

»Ich übernehme das Segel«, keuchte er, nahm ihr die Ecke der Leinwand ab und beugte sich so weit wie möglich hinaus. Eine Hand ergriff seinen Hosenbund, harte Knöchel bohrten sich in sein Rückgrat. Er beugte sich weiter vor, die Leinwand beschrieb einen Bogen – aber auf der falschen Seite des Bootes. Ach ja, nur gegen den Wind konnte man wenden. Er strengte alle Muskeln an. Ein Brecher kam über.

»Gut«, sagte Dorothy.

Er ließ das Segel los. Es schnellte an seine richtige Stelle zurück. Das Boot glitt wieder normal durchs Wasser.

Besorgt sah er sich nach dem Hubschrauber um. Die Maschine flog in Richtung Clumsey Island davon.

»Glauben Sie, die versuchen es noch einmal?« fragte Dorothy.

»Jetzt müssen sie«, entgegnete Pibble. Der kleine Hubschrauber flog dicht über den Wellen.

»Was zum Teufel haben sie eigentlich vor?«

»Sie wollen Sir Francis und mich umbringen. Sie und Rita spielen dabei wohl keine Rolle. Ich werde ein paar Netze vorbereiten. Vielleicht ist sogar eine Signalrakete da. Wenn wir so nahe an den Leuchtturm herankommen, daß uns die Mannschaft sieht, werden sie es nicht mehr riskieren, uns mit Bomben zu bewerfen.«

»Verdammtes Meer«, knurrte Dorothy, »verdammte Boote. Ich habe beides immer gehaßt, aber ich mußte Segeln lernen. Bis sie zurückkommen, können wir unmöglich in der Nähe des Leuchtturms sein. Gibt es denn in dem stinkigen Kahn kein Rettungsboot?«

»Das ist an einem Felsen zerplatzt«, sagte Pibble. »Was halten Sie von den Netzen?«

»Die kriegen Sie nie rechtzeitig zusammen. Was ist das?«

Pibble kniete zwischen den Netzen und grub nach einem Bündel, das halb darunter lag. Schließlich holte er ein großes

Paket aus zusammengefaltetem Gummizeug hervor: Ein-zweites aufblasbares Rettungsboot aus Armeebeständen. Er stützte es an die Wand und drehte sich zur Kabinentür.

»Blasen Sie doch das verdammte Ding auf!« schrie Dorothy hinter ihm mit einem hysterischen Unterton in der Stimme.

Er kniete nieder, löste die Befestigung, entdeckte einen fünfzig Zentimeter langen, gelben Metallzylinder und begann mit dem Handblasebalg zu arbeiten. Das Boot ließ sich leicht aufblasen. Wenn es ihm gelang, es rasch genug hin und her zu bugsieren, dämpfte es vielleicht den Aufprall des herabfallenden Steins so stark, daß die Balken darunter heil blieben. Dafür durfte das Boot aber nicht zu prall aufgepumpt sein. Während er pumpte, betrachtete er verständnislos das Bild auf dem gelben Zylinder, das einen Piloten zeigte, der bequem in seinem Rettungsboot hockte und mit Streben und Stoff hantierte. Auf dem Zylinder standen ein paar Anweisungen, doch wegen der Rundung konnte Pibble nur die letzte entziffern: 6. Nach Gebrauch wird der Drachen eingeholt, indem die Leine um den Behälter gewickelt wird.‹

Die Insel war schon kleiner geworden. Bald würde sie nur noch ein grauer Buckel sein. Der Himmel über ihnen war leer.

Das Stichwort ›Drachen‹ löste in Pibble eine vage Erinnerung aus. Ja, mit einem Drachen konnte der gerettete Pilot auf sein Schlauchboot aufmerksam machen. Wahrscheinlich war das Ding von greller Farbe und fiel mehr auf als ein Gegenstand im Wasser. Wenn er den Drachen zum Fliegen brachte, sah man ihn vielleicht vom Leuchtturm aus. Aber die Pibbles hatten offenbar keine Hand für Drachen.

In dem Metallzylinder befand sich ein kleiner, gelber Karton, der laut Gebrauchsanweisung dreiunddreißig Meter Schnur enthielt. Pibble kippte die Rolle heraus und betrachtete die Aluminiumstreben darunter. Sie ließen sich ein Stückchen herausziehen, verfingen sich aber dann unter dem vorstehenden Rand des Zylinders. Wenn er eine freibekam, klemmte die nächste auf der anderen Seite. Ungeduldig fummelte er sie nacheinander heraus und entdeckte, daß die Streben auf der anderen Seite in gelbes Tuch eingewickelt waren. ›Gummischnüre vom Stoff entfernen, vier Hauptstreben zusammensetzen, indem die offenen Enden in die entsprechenden Teile geschoben werden.‹

Nun war das Spielzeug gut einen Meter lang, und unter dem gelben Tuch versteckten sich weitere Metallstreben.

›Drachen durch Schütteln halb öffnen. Streben auf beiden Seiten nach außen drücken, bis sie einrasten (siehe Illustration).‹

Dann wurde der Dosendrachen in seinen Händen lebendig wie ein Kettenhund, der sich gegen seine Leine aufbäumt.

›Sollte Windgeschwindigkeit unter 30 km/h liegen, muß Flugleine am untersten Haken am Drachen befestigt werden – wichtig!‹

Auf dem straffgespannten Tuch des Drachen waren derselbe Text und weitere Zeichnungen aufgedruckt. Diesen Drachen hätte selbst ein Narr wie Pibbles Vater zum Fliegen gebracht, allerdings unter der Voraussetzung, daß er zufällig einen Windmesser dabei hatte.

»Wie ist die Windgeschwindigkeit?« schrie er.

»Zwanzig Knoten, würde ich sagen, warum?«

»Wenn ich das Ding hochkriege, sieht man es vielleicht vom Leuchtturm aus.«

»Ausgeschlossen. Aber die Kordel wirkt vielleicht wie ein Sperrballon.«

»Hm.« Selbst Duldsamkeits müde Rotoren würden die Schnur durchschneiden. Wenn er Draht hätte . . .

Er trug sein Spielzeug aufs Vorderdeck, hakte den Karabinerhaken der Schnur bei dreißig km/h ein, hielt den Drachen hoch und ließ ihn los. Der Drachen schwankte eine Weile im Lee des Segels, dann schnellte er in die Höhe. Als Pibble die Schnur langsam auslaufen ließ, stieg er fast senkrecht hoch, aber er begann sofort wie ein angeschossener Fasan zu taumeln, als Pibble zu schnell machte. Zweimal kurz geruckt, und der Drachen kletterte wieder. Pibble knotete das Ende der Schnur am Bug fest und lief nach achtern, um irgend etwas zu suchen, was fest genug war, um ein Rotorblatt zerschlagen zu können. Vielleicht fand er doch noch eine Signalrakete, die er auf sie abschießen konnte, obgleich schon unverschämtes Glück dazu gehörte, ein solches Ziel zu treffen.

Da er zwischen den Netzen nichts Brauchbares fand, bückte

er sich in die Kabine. Rita schlief jetzt, den Kopf an die Schulter des alten Mannes gelegt; ihre langen Locken fielen über seine steifen Schnurrbarthaare. Sir Francis blinzelte in die schwankende Laterne und murmelte vor sich hin. Das Wasser auf dem Fußboden war fast ganz verschwunden. Also hatte das Lenzen doch Erfolg gehabt. Pibble suchte in den Fächern.

Es hatte einmal eine Signalrakete gegeben, aber ein schwerer, scharfer Gegenstand war darauf gefallen, und nun klaffte sie wie ein ausgenommener Fisch. Die pulvrigen Überreste lagen in dem Fach. Ein anderer Schrank enthielt Anglerrollen, Gewichte und Köder, dann Blocks und Schnüre, aber nichts, was dünn genug gewesen wäre, um einen Drachen damit fliegen zu lassen.

Das Boot machte einen wilden Satz. Pibble stolperte und fiel zu Boden. Dann holte er eine Drahtrolle aus dem Fach und kroch hinaus, um zu sehen, was geschehen war.

Dorothy saß wieder an der Pinne, aber sie mußte ihren Platz verlassen haben, denn sie hielt sich die Flasche wie eine Trompete an die Lippen. Pibble stolperte über die Netze und nahm sie ihr weg. Dabei spritzte ihr der blaßgelbe Schnaps über die Wange. Sie packte Pibble beim Arm, aber er hielt die Flasche über die Bordwand.

»Ich lasse sie fallen«, drohte er.

Sie nickte, fuhr sich mit der Hand übers Gesicht und leckte die Handfläche ab. Pibble entdeckte zu ihren Füßen den Kork, stöpselte die Flasche zu und klemmte sie sich unter den Arm. In der Ferne über Clumsey Island sah er einen dunklen Punkt aufsteigen. Der Leuchtturm schien noch um keinen Meter näher gerückt zu sein.

»Sie sind genauso ein verdammter Gauner wie die anderen«, sagte sie mit schwerer Zunge. »Warum laßt ihr mich nicht wenigstens in Frieden sterben?«

Ihre vernünftige Sachlichkeit nach den ersten Schlucken war dahin. Sie war wieder betrunken. Schon jetzt steuerte sie das Boot mit gewaltigen Gesten, die es hin und her schwanken ließen.

Pibble stellte die Flasche auf dem Vorderdeck in eine Taurolle und zupfte an der Drachenschnur, während er mit der anderen Hand die Drahtrolle hochhob und sich überlegte, wieviel der

Drachen wohl tragen konnte. Das war genauso hoffnungslos wie der Versuch, die Rosinen in Marys Kuchen zu zählen, den sie für irgendeinen Wohltätigkeitsbasar gebacken hatte. Ungefähr die Hälfte des Drahtes, überlegte er. Er kniete auf dem Deck nieder, um das federnde Zeug abzumessen, das sich immer wieder verwickelte. Dann holte er von achtern die Kurbel der Winde, legte den Draht auf die Bordwand und klopfte mit dem Eisen darauf. Natürlich blieb die Drahtschlinge nicht senkrecht stehen, und der Draht hüpfte in seiner linken Hand. In einem glücklichen Augenblick gelang ihm dann doch ein Treffer. Er stand genau über der Kabine. Von unten drang ein heiseres Krächzen herauf – geschieht dem alten Skorpion ganz recht! Pibble bog die angeknickte Stelle nach der anderen Seite und hämmerte wieder drauflos. Dann drehte er mit beiden Händen den Draht hin und her, bis er an der Knickstelle gebrochen war. Pibble warf einen Blick über die Schulter.

Der Hubschrauber war zu einem großen Insekt angewachsen. Vielleicht noch vier Minuten entfernt.

Als Pibble die Drachenschnur an dem Draht befestigte, kam ihm eine bessere Idee. Er band den Draht fest und rannte in die Kabine. Sir Francis verfluchte ihn. Er probierte die Angelrollen aus. Eine von den größeren lief noch glatt, und auch die Einstellung ließ sich bewegen: einrollen, abrollen, fest. Er band die Angelschnur an die Drachenschnur, so daß der Draht frei herunterhing. Dann ließ er Draht und Angelschnur gemeinsam durch die Hand laufen. Der Drachen stieg und trug das zusätzliche Gewicht ohne Schwierigkeiten. Durch die gestraffte Schnur spürte Pibble die Kraft des Windes, dann kam aber auch schon das Ende des Drahtes. Er ließ los. Durch Wind und Wellen war das dumpfe Dröhnen der Rotoren zu hören. Er mußte noch nach achtern, um den Draht so nahe wie möglich über den Mittelpunkt des Bootes herabhängen zu lassen.

Aber nein, die Maschine flog parallel zu ihrem Kurs, etwa hundert Meter entfernt. Ihr Schwanz richtete sich hinter der runden Kabine mit den zwei heiligen Mördern ziemlich steil auf. Sicher machten sie sich Gedanken über Pibbles Spielzeug, aber er hoffte, daß sie durch das verzerrende Plexiglas wenigstens den Draht nicht erkennen konnten.

Ohne viel zu überlegen, ließ Pibble den Drachen noch höher steigen.

Dreihundert Meter vor dem Boot schwenkte der Hubschrauber ein, ging tiefer und kam genau auf sie zu. Die Mönche waren dahintergekommen, daß es falsch war, mit dem Wind anzugreifen. Pibble schrie Dorothy eine Warnung zu und deutete die Drachenschnur entlang. Sie schrie zurück, legte die Pinne um, ließ das Segel ein Stückchen nach, und sie liefen genau auf den kläglichen Schutz des herabhängenden Drahtes zu. Die sechs oder sieben Meter von dem federnden Zeug wurden noch dadurch gekürzt, daß sich der Draht ringelte. Hoffnung konnte ihm sicher ausweichen.

Der Hubschrauber war inzwischen ihrem neuen Kurs gefolgt. Noch hundert Meter. Das Flugzeug schwankte, als der Steinbrocken zur Kabinentür gerollt wurde.

Diesmal kamen sie sehr tief heran. Sie hatten den Draht gesehen und wollten ihn unterfliegen. Verzweifelt begann Pibble die Angelschnur einzuholen, aber die Zeit reichte nicht.

Er drückte auf den Messingknopf und ließ die Sperre los.

Der Drachen schwankte hin und her und taumelte dann vom Himmel herab wie jeder Drachen, den Pibble bisher besessen hatte. Auch das baumelnde Drahtende schwankte und kam herunter. Der Hubschrauber reagierte schwerfälliger und wich zu spät nach links aus. Der Drachen schoß noch einmal hoch, als hätte sich seine Schnur für einen Augenblick gespannt, dann torkelte er wieder.

Aber auch der Hubschrauber torkelte. Ein anständiger Brokken vom Rotorblatt flog davon. Die Maschine tanzte so wild, daß der Felsbrocken, der schon auf der Türschwelle lag, ins Meer geschleudert wurde. Er war größer als die beiden ersten Geschosse, ein richtiger Megalith. Von dem zusätzlichen Gewicht befreit, taumelte der Hubschrauber langsamer herab, wobei der nicht mehr ausbalancierte Rotor dröhnend schlug.

»Auf sie zusteuern«, schrie Pibble, rannte nach achtern und packte das Rettungsboot. Seine Hände glitten von dem Gummiwulst immer wieder ab, doch dann lehnte es an der Bordwand. Er schob von der anderen Seite nach, bis er ihm nur noch einen kleinen Ruck zu geben brauchte.

Die Kabine des Helikopters befand sich noch über Wasser, aber der Rotor war stehengeblieben. Das Schwanzende versank, das Gewicht der Rotorachse ließ die Maschine zur Seite kippen. Pibble stemmte sich gegen das Schlauchboot. Dann war es über Bord, wurde von einer Welle erfaßt und nahe an die Kabine des sinkenden Flugzeugs herangetrieben.

Vorsehung sprang auf, schrie etwas, umklammerte mit der Hand den Türrahmen, aber da kam hinter ihm ein brauner Ärmel, packte ihn am Hals und zerrte ihn auf seinen Sitz zurück.

Vorsehung schrie immer noch, aber neben ihm saß Hoffnung mit seinem unbewegten Engelsgesicht und hielt ihn eisern auf seinem Sitz fest. Die nächste Woge ließ die Maschine umkippen. Die Nase erhob sich steil in den Wind.

Eine weitere Welle übersprühte die Kanzel mit weißer Gischt wie einen unterseeischen Fels, und als der Schaum herabsank, war der Hubschrauber verschwunden. Nicht einmal eine Luftblase war zu sehen.

Das Gummiboot tanzte auf und ab und paßte sich dem Atemzug des Meeres an.

»Sollen wir nach den Schweinehunden suchen?« fragte Dorothy.

»Nein.«

9

»Sie können ihn jetzt sprechen«, sagte die Stimme. »Was haben Sie mit der verdammten Flasche gemacht?« fügte sie hinzu.

Pibble ächzte im Traum. Er lag bäuchlings auf dem Vorderdeck, weil ihm jede andere Stellung Qualen bereitete. Er hatte nicht bemerkt, daß sie den Leuchtturm von Dubh Artach passiert hatten, die sieben Meter hohe weiße Brandung an den tödlichen Felsen. Er hatte auch die kitschige Pracht des Sonnenuntergangs über den Hebriden verpaßt. In wachem Zustand hatten ihn Schuldgefühle wegen der beiden toten Männer bedrückt, und im Traum jagten sich die verschiedensten Bilder. Vater, ein

Mann in den Vierzigern, brachte dem schnurrbärtigen, nörglerischen Sir Francis ganze Tassen voll brauner Schmiere, Flammen züngelten in Thermosflaschen, wie man sie zu einem Picknick mitnimmt, Duldsamkeit zog eine Radioröhre aus der Fassung und sagte: ›Verdammt komisch, was?‹ Mr. Toger stand auf der Schwelle, schnüffelte und bemerkte: ›Ich wußte gar nicht, daß es hier nach Geld riecht.‹ Mutter stand lachend in ihrem bedruckten Baumwollkleid mit dem neuen Hut da und riß den alten Pyjama entzwei, weil sie sich den Drachen aus dem Schaufenster nicht leisten konnten. Vater setzte seine Brille auf und betrachtete im zuckenden Gaslicht ein riesiges Foto von Sir Francis Francis, wie er auf den Treppen der Börse stand. Der Mieteinnehmer ging die Straße entlang und klopfte an alle Türen, nur nicht an die Tür Nummer acht. Der klapprige Sir Francis neckte einen medaillengeschmückten General, indem er wie durch Zauber aus seinem Ohr einen Matrosenanzug, ein paar Sonntagsschuhe und ein Rüschenhemd zog. Der Schuldirektor ging auf dem Podium vor seiner Klasse auf und ab und redete, während er mit den Fingerspitzen über den Rohrstock strich, über Gebühren. Vater lag in seinem nach Medikamenten riechenden Zimmer und verzichtete auf die Erklärung, daß die Kastanien, die Klein-James aus dem Park mitgebracht hatte, längst verhutzelt sein würden, bevor er sie am Abend nach dem Begräbnis mit der Kohlenzange ins Feuer werfen konnte, und Sir Francis fauchte, das alles sei vor dreiundvierzig Jahren gewesen. Eine Brieftasche voll neuer Pfundnoten, die Mutter aus Vaters Jacke zog, um die Medizin zu kaufen, die sie abends benommen und morgens gereizt werden ließ. Wieder stand Mr. Toger auf der Schwelle.

Ja, dachte Pibble und richtete sich mühsam auf, Mr. Toger wäre selbst zu einer hübschen Witwe nie so aufmerksam gewesen, wenn es kein Geld im Hause gegeben hätte. Es war fast dunkel.

»Soll ich helfen?« fragte Dorothy.

Zu den Wunden vom Morgen hatten sich alle möglichen anderen Wehwehchen gesellt, die sich über den ganzen Körper verbreiteten. Pibble wollte sich matt aufrichten, aber es gelang ihm nicht.

»Schon gut«, knurrte er. »Dann krieche ich eben zu ihm hin.«

»Das werden Sie nicht«, sagte sie. »Das ist meine Sache.«

Oberhalb seines Kopfes hörte er ein seltsames Geräusch, und er sah hoch. Schwankend und schluchzend hielt sie sich am Mast fest. Pibble kroch, bis zur Kante des Vorderdecks, ließ die Beine herabbaumeln und stand im Fischbehälter. Dann tastete er sich nach achtern, indem er sich mit beiden Händen an der Bootskante entlangzog; eine geduckte Gestalt hockte an der Ruderpinne, eine Silhouette, die alle dreißig Sekunden vom Leuchtturm dahinter angestrahlt wurde. Sir Francis trug seinen Western wie einen Strohhut.

»Der Schnüffler?« krächzte die verhaßte Stimme.

»Ja, Sir.«

»Hinsetzen.«

Da das Sitzen ebenso schmerzte wie alles andere, setzte sich Pibble.

»Dorrie sagt, Sie haben zwei unserer Brüder getötet.«

»Sie wollten uns mit Steinen versenken, aber ich habe den Hubschrauber mit einem Drachen heruntergeholt.«

»Verdammte Idioten, können nicht einmal Sie übertölpeln. Das wird vor Gericht nicht gut aussehen, stimmt's, Pibble?«

»Es wird eine Untersuchung geben, aber ich weiß nicht, wieviel davon zur Sprache kommen muß. Falls uns nicht jemand vom Leuchtturm aus mit einem Feldstecher beobachtet hat, ist Dorothy die einzige Zeugin und . . .«

»Für Sie immer noch Miss Machin, Sie verdammter Emporkömmling.«

»Ich glaube nicht, daß Miss Machin mit den Reportern sprechen wird.«

»Sie verlassen sich also darauf, daß ich sie von der Flasche fernhalte, wie?«

Pibble schwieg.

»Sie haben mich von der Insel weggeholt, Pibble. Ja?«

»Bis hierhin jedenfalls.«

»Aber Sie hätten es ohne mich nicht geschafft.«

»Ich hätte es auch nicht ohne Rita und Miss Machin geschafft.«

»Sie sind ein verdammt frecher Großkotz, Pibble. Und jetzt

glauben Sie, ich werde Ihnen etwas über Ihren verdammten Vater erzählen, um Ihnen zu zeigen, wie dankbar ich bin. Bilden Sie sich das ja nicht ein.«

»Gut. Dann werde ich Ihnen erzählen, was meiner Meinung nach geschehen ist, und Sie können mir ja sagen, ob es stimmt oder nicht.«

Sir Francis schnaubte nur.

Pibble begann: »Etwa um neunzehnhundertzehn versuchten Sie, größere und bessere Vakuumkammern für Ihre Arbeit an Gasplasmen zu bauen. Mein Vater war Ihr Glasbläser. Ich kann mir vorstellen, daß Sie die Arbeit, für die Sie später den Nobelpreis erhielten, schon abgeschlossen hatten, aber Sie wollten von dort aus weitermachen.«

Sir Francis setzte zu einem Einwand an, schwieg aber.

»Mein Vater hing sehr an Ihnen und Ihrer Arbeit. Er war fast besessen davon. Er machte theoretische Vorschläge, die Sie für vorlaut hielten, aber er suchte auch nach einer technischen Lösung für eine Dichtung zwischen Metall und Glas, die selbst extremen Temperaturen standhielt. Seine Lösungen taugten alle nichts, aber eine davon – wahrscheinlich verwendete er ein Härtemittel ähnlich den modernen Kunstharzen – entpuppte sich später als wertvoll für andere Vorgänge. Ich glaube, es hatte etwas mit Radiotechnik zu tun und verbilligte möglicherweise die Herstellung von Radioröhren. Diese muß gegen Ende des Ersten Weltkrieges ein Problem gewesen sein, und aufgrund Ihrer Arbeit über Gasplasmen erhielten Sie vielleicht einen Forschungsauftrag von der Rüstungsindustrie, bei dem es um Radioröhren und folglich auch um Vakuen ging. Sie haben sich Vaters Doppeldichtung patentieren lassen. Nach dem Krieg erlebte die Radioindustrie einen ungeheuren Aufschwung, und Sie verdienten viel Geld. Sie haben aber auf diesem Sektor nie intensive Forschungen betrieben, denn bekanntlich arbeiteten Sie auch weiterhin auf Ihrem ursprünglichen Gebiet. Doch nebenberuflich beschäftigten Sie sich mit Radiopatenten und wurden mit der Zeit ein reicher Mann. Irgendwann nach dem Ersten Weltkrieg dürfte mein Vater Ihren Namen in der Zeitung gelesen haben, nicht im Zusammenhang mit Ihrer theoretischen Arbeit, sondern im Zusammenhang mit dem Hinweis, daß Sie durch die Erfindung einer Dichtung für Radioröhren wohlhabend geworden seien. Er besuchte Sie. Ich glaube, er ging Sie um einen Job an, aber Sie hatten es nicht mehr nötig, sich Ihre Apparate von einem einzelnen Mitarbeiter basteln zu lassen. Er war Ihnen lästig, und Sie brachten ihn mit Geld zum Schweigen. Vermutlich kauften Sie ihm das Haus in Clapham und zahlten uns später eine Art Pension, denn soweit ich mich erinnere, waren wir abwechselnd wohlhabend und arm . . .«

»Ich war auch arm«, unterbrach ihn Sir Francis gereizt. »Verdammt arm, und für mich war das schlimmer, weil ich das Gegenteil kannte und wußte, wie es ist, wenn man zwei Pferde besitzt, einen eigenen Bereiter dafür, ein eigenes Fischwasser, wenn man vom Fenster des Kinderzimmers aus die eigenen Wiesen überblickt und am Geburtstag ungezählte Pakete zu öffnen hat. Dann ging mein idiotischer Vater an seinen verdammten Otterhunden pleite, ich mußte eine zweitklassige Schule und eine zweitklassige Universität besuchen und zusammen mit den Söhnen von Krämerseelen studieren, mich mit vierzig von ihnen um die einzige verdammte Pumpe im ganzen Labor streiten. Ich mußte die zehn Shilling zusammenkratzen, die ich Everett für eine Unterrichtsstunde im Glasblasen zu bezahlen hatte. Ich mußte vor den Mechanikern auf dem Boden kriechen, damit sie mir vierzehn Tage später ein Stück Blechrohr zurechtbogen. Ich mußte am Sonntag ins Cavendish-Labor laufen und im Gestank von Gas und Akkumulatorensäure schuften, weil ich keinen Mechaniker dafür bezahlen konnte, daß er mir übers Wochenende das Vakuum aufrechterhielt. Was glauben Sie wohl, woher ich dieses Gewässer kenne? Weil man nirgendwo auf der Welt billiger Urlaub machen konnte. Ich erinnere mich noch an drei lange Jahre, in denen es mich krank machte, im selben Zimmer mit Jeans sein zu müssen, der eine reiche amerikanische Frau und einen Besitz in Dorking hatte. Jeans fuhr mit seinem verdammten Auto davon, während ich durch Staub und Gestank auf einem rostigen Fahrrad hinterherstrampeln mußte.«

»Dann wurden Sie wieder reich«, sagte Pibble.

»Ja, dann wurde ich wieder reich. Ich hätte nie arm sein müssen.«

»Aber Sie haben alles verschenkt.«

»Was hätte ich sonst machen sollen? Verdammt noch mal, es war mein Geld, sollte ich da lächelnd zusehen, wie eine kleinherzige Regierung es verplemperte, um den Mob zu besänftigen oder um irgendwelche unnützen Luftfahrtforschungen zu bezahlen? Alles begann damit, daß eine undichte Stelle beseitigt wurde – warum sollte es damit aufhören, daß es nur noch undichte Stellen gab? Sobald ich tot bin, ist ohnehin alles futsch, aber ich will dafür sorgen, daß es wenigstens in meinem Sinn verschwendet wird.«

»Wieviel brachte Ihnen der Nobelpreis neunzehnhundertzwölf ein?«

»Geht Sie nichts an. Genug, daß ich meine Ferien hier bezahlen konnte, aber nicht genug, daß ich frei war. Natürlich hat man mir viele Posten angeboten, aber ich bekam keinen Penny extra im Cavendish-Labor, und ich mußte dort bleiben, an J. J.'s todlangweiligen Teepartys teilnehmen und mich von ihm anbrüllen lassen, wir hätten gefälligst zu fachsimpeln.«

»Warum mußten Sie bleiben?«

»Wenn Sie kein so verdammter Analphabet wären, müßten Sie wissen, daß die Arbeit, für die ich den Nobelpreis erhielt, nie beendet wurde. Wir konnten den verdammten Apparat einfach nicht bauen. Zwanzig Jahre nach meiner Zeit ist es schließlich gelungen, weil man Millionen dafür ausgeben konnte. Aber damals konnte ich das, was ich brauchte, nur in Cavendish finden, oder ich hätte zu den Affen nach Amerika gehen müssen. Ich bin geblieben, ich ging zu Teepartys, ich fachsimpelte und wartete darauf, daß Ihr verdammter Vater eine Lösung fand.«

»Er hat sie aber nicht gefunden.«

Sir Francis schnaubte.

»Ich nehme an, der Vertrag wurde gelöst«, sagte Pibble schließlich.

»Es gab keinen Vertrag. Keinen Fetzen Papier.«

Pibble hörte förmlich, wie Sir Francis grinste.

»Vielleicht nicht«, sagte er. »Sie haben manches vor mir verheimlicht, aber ich glaube, daß Sie mir die Wahrheit gesagt haben, mit zwei Ausnahmen.«

»Wie bitte?«

»Sie lachten, als Sie hörten, daß mein Vater am Fahrkartenschalter arbeitete, aber Sie müssen es gewußt haben. Und Sie haben behauptet, meine Mutter nie kennengelernt zu haben.«

»Pibble, Sie sind ein Narr. Wenn ich mir vorstelle, wie Ihr Vater nach Luft schnappenden Cockneys in den Zug hilft, muß ich einfach lachen, und ich hab' Ihnen gesagt, daß er nie über Ihre Mutter gesprochen hat, weil das stimmt. Sie hat's mir erzählt.«

»Ach so. Sie haben aber auch versprochen, mir alles über meinen Vater zu erzählen, vorausgesetzt, daß ich Sie von der Insel fortschaffe.«

»Sie haben mich nicht fortgeschafft, Sie impertinenter Einfaltspinsel. Ich habe Sie fortgeschafft. Wo wären Sie jetzt ohne mich?«

»Dasselbe könnte ich Sie fragen, Sir.«

»Wenn Sie nicht so schnell gekommen wären, Pibble, hätten mich diese braunen Affen nicht um mein Kortison beschwindelt. Ohne Sie könnte ich jetzt ganz bequem in meinem Zimmer sitzen, anstatt hier auf dem verdammten Ozean vor Kälte sterben zu müssen.«

»Die Schulkreide, die zur Fälschung Ihrer Pillen diente, haben die Brüder schon gekauft, bevor sie irgend etwas von mir wußten. Außerdem haben Sie ja um meinen Besuch gebeten.«

»Ein alter Mann darf doch wohl noch seine Launen haben, ohne daß ein verdammter Schnüffler sie ihm vorhält.«

»Ich will Ihnen nichts vorhalten, Sir.«

»Hoffentlich nicht! Ich brauche Ihren Vorgesetzten ja nur zu erzählen, was Sie mit dem verdammten Hubschrauber gemacht haben, wie?«

»Darüber werde ich selbst einen Bericht schreiben.«

Der Greis schnaubte und schwieg dann. Er ließ das Segel um ein paar Zentimeter nach, dann schnaubte er wieder.

»Zweiundneunzig Jahre!« schrie er. »In der Zeit sollte man sich eigentlich an Idioten gewöhnt haben. Habe ich auch, habe ich auch. Aber eingebildete Idioten regen mich immer noch auf. Oder wollen Sie mir etwa weismachen, daß Ihr Märchen die reine historische Wahrheit ist, wie?«

»Spielt keine Rolle«, murmelte Pibble, »Sie haben den Mann, der Ihnen den Zeitungsausschnitt mit meinem Namen schickte,

›boshaft‹ genannt. Ich bin daher ziemlich sicher, daß zwischen Ihnen und meinem Vater etwas vorgefallen sein muß und daß andere Wissenschaftler darüber Bescheid wissen. Eines Tages wird es herauskommen, aber das interessiert mich nicht. Selbst wenn ich irgendeine Forderung an Sie haben sollte, werde ich sie nicht geltend machen. Ich will nur wissen, wie mein Vater war und warum er so enden mußte. Ich kann Sie nicht zwingen, mir zu erzählen, was geschehen ist, und ich werde es auch nicht versuchen. Sie haben gesagt, ich sei ein Erpresser, genauso wie meine Angehörigen – das ist wieder ein anderer Punkt –, aber wenn Sie nicht wollen, brauchen Sie mir ja nichts zu erzählen.«

»Mit Vererbung ist das eine komische Sache«, knurrte Sir Francis. »Ihr Vater war ein Kerl, der immer mit flehenden Hundeaugen herumstand und darauf wartete, daß ihn jemand streichelte, und nun kommt sein Sohn daher, fragt mich nach fünfzig Jahren meines Lebens aus und tut dasselbe.«

»Der Hund ist umgekommen«, bemerkte Pibble.

»He!«

»Entschuldigung, ich bin abgeschweift. Auf der Insel gab es einen Hund namens Liebe. Er hat mich verfolgt, aber ich glaube, er ist jetzt tot.«

»So gehen die Jahre dahin, wie? Los, holen Sie die Positionslampe.«

Beide Frauen schliefen. Dorothy lag schnarchend auf einem Segel, Rita rutschte fast von dem Leinwandballen. Als Pibble versuchte, sie bequemer zu betten, schlang sie ihm schläfrig die weichen Arme um den Hals und murmelte etwas Unverständliches. Er legte sie auf den feuchten Boden und bereitete ihr auf der Segelleinwand ein Bett. Sie klammerte sich schwer an ihn, als er sie wieder zurücktrug. Er mußte sich ihr förmlich entwinden, bevor er sie zudecken konnte. Dann holte er die grüne Positionslampe aus dem Fach und zündete sie an der roten an.

Da er die Laterne im Heck nirgends aufhängen konnte, stellte er sie auf die Sitzbank, wo ihr Lichtschein von der Seite auf Sir Francis' hartes Gesicht fiel und seine Augen wie die eines Venusbewohners grün aufleuchten ließ. Der Alte faltete ein Blatt auseinander.

»Setzen Sie sich hin, und sehen Sie sich das an«, krächzte er.

Er hielt das Blatt so, daß das Licht darauf fiel, Pibble es aber nicht erreichen konnte. Oben stand eine Zeile in seiner kräftigen Handschrift, darunter befanden sich die Worte ›Willoughby Pibble‹ mit dem typischen schwungvollen Aufstrich beim großen W und der ebenso typisch zittrigen Fortsetzung. Darunter schlicht und eckig ›Mable Pibble‹.

»Was ist das? Warum tragen Sie das Blatt mit sich herum?«

»Natürlich trage ich es nicht mit mir herum«, sagte der Alte. »So wichtig ist es nicht. Ich habe es herausgesucht, als ich hörte, daß Sie kommen. Aber jetzt ist die Sache erledigt, nicht wahr?«

Pibble starrte das Blatt an, blicklos und stumpf wie ein Gärtner, der sich auf seinen Spaten stützt und ins Feuer starrt. Er reagierte zu spät, als die alte Klaue es losließ. Das Papier flatterte an ihm vorbei und senkte sich hinter dem Boot ins dunkle Wasser hinab. Er hielt die Laterne hoch und sah es auf einem Wellenberg tanzen, wie ein Log, das man auswirft, um die Geschwindigkeit des Bootes zu messen. Dann kehrte Pibble an seinen Platz zurück.

»Sie haben ihn getötet«, sagte er.

»Wie bitte?«

»Zweimal.«

»Quatsch! Er wäre auf jeden Fall in den Krieg gezogen, er war so einer.«

»Als er sehr krank war, schickte Ihnen meine Mutter eine Nachricht. Da sahen Sie das Haus, und er bemerkte das Stück Ring an Ihrer Uhrkette. Sie wollten nicht mehr belästigt werden. Ich weiß nicht, was auf dem Papier stand, aber vermutlich unterschrieben beide eine Art Vertrag, in dem sie versprachen, Sie in Ruhe zu lassen; dafür garantierten Sie meiner Mutter nach dem Tod meines Vaters eine Pension, die für unseren Lebensunterhalt und für meine Ausbildung ausreichte. Sie hätten mir die Vereinbarung zeigen können, wenn sie nicht so abgefaßt gewesen wäre, daß ihn das Leben danach nicht mehr interessierte. Meine Mutter hätte das nie erkannt. Ich ging an jenem Abend in sein Zimmer, um ihm ein paar Kastanien zu zeigen.«

»Das Peinlichste, woran ich mich erinnere«, sagte Sir Francis, »war mein Vater, als er weinte, nachdem er einen seiner verdammten Hunde erschießen mußte. Das hat er immer selbst getan. Er überließ es nicht den Jägern. Ich habe eine Menge für Sie getan, Pibble, und allmählich erkennen Sie es. Ich werde noch etwas tun, und das ist sehr viel nützlicher, als über die Vergangenheit zu quatschen. Hier, legen Sie Ihre Hand unter meine, dann zeige ich Ihnen, wie man mit einem Boot umgeht. So etwas lohnt sich immer zu wissen.«

Die Hand in dem Fäustling war kalt wie Stein, aber ruhig und sicher. Unter ihrer Anleitung bekam Pibble ein Gefühl für die See, für die winzigen Ruderbewegungen, mit denen man Wellenberge und Täler besser ausnutzt und den Keil ruhiger hält. Es war ein Erlebnis, das ihm unter die Haut ging.

»So wird's gehen«, sagte die alte Stimme schließlich. »Aus Ihnen wird nie ein guter Seemann, aber es reicht. Jetzt können Sie uns nach oben bringen. Ich glaube nicht, daß ich Ihnen den Weg zweimal beschreiben muß, da Sie ohnehin so begierig an meinen Lippen hängen.«

Verwirrt lauschte Pibble den Erklärungen über Lichter und Inseln. Sie fuhren in nordöstlicher Richtung in den Firth of Lorne ein, und Oban lag weit hinten auf der rechten Seite. Wichtig waren nur drei Lichtzeichen, und Pibble brachte es sogar fertig, sich ihre Position einzuprägen.

»Gut«, sagte Sir Francis. »Wenn Sie das Licht von Lady Rock am Sund von Mull deutlich auf der linken Seite liegen sehen, werden Sie rechts ein weiteres Licht wahrnehmen. Dann zurren Sie die Pinne fest und holen Dorrie. Sie wird Ihnen zeigen, wie man kreuzt, bis ich das Anlegemanöver übernehmen kann. Versuchen Sie es ja nicht selbst, sonst laufen wir bei Ihrer Ungeschicklichkeit noch in Kerrera auf. Kapiert?«

»Ja, Sir.«

»Dann sitzen Sie nicht so albern herum, sondern holen Sie Dorrie. Sie kann mich hineinbringen und einhüllen, dann soll sie schlafen. Ich brauche sie in Oban.«

»Warum haben Sie mich kommen lassen?«

»Damit ich mit meinem Buch von der Insel wegkomme, bevor es in die Klauen der braunen Holzköpfe gerät. Ich habe vierzig verdammt langweilige Briefe geschrieben und den an Sie dazwischengemischt. Ich wußte, daß höchstens zwei oder drei zensiert werden.«

»Aber warum ich?«

»Wer war denn sonst da, Sie Affe? Holen Sie Dorrie.«

Ja, wer sonst, überlegte Pibble, während er sich nach vorne tastete. Nur ein einziger Mensch hatte das alte Scheusal je geliebt, deshalb hatte er seinen Sohn kommen lassen. Und dann hinterging er ihn – wie der Skorpion in der Fabel den Frosch hintergeht, der ihn über den Fluß gebracht hat. Er wußte, daß die Mönche seine Briefe öffneten.

Dorothy war fast besinnungslos, aber Rita lag wach.

»Ich hoffe, Sie haben gut geschlafen, Komteß«, sagte er.

Sie sah ihn voll hochmütiger Abwehr an. Vielleicht war sie doch mit den Howards verwandt.

»Seine Majestät haben mir die Ehre erwiesen, mir Rang und Würde einer Erzherzogin zu gewähren«, sagte sie.

»Meinen Glückwunsch.«

»Es bekümmert mich sehr, zu hören, daß Sie nicht der wahre Erbe Seiner Majestät sind, Sir.«

»Na ja. Jedenfalls wäre Seine Majestät sehr dankbar, wenn Sie ihm jetzt in die Kabine helfen würden.«

»Ich folge stets seinem Befehl.«

Sie stand auf und lief leichtfüßig in die Dunkelheit, unbekümmert durch das Schaukeln des Bootes. Pibble stolperte hinter ihr her.

»Warum die Schwachsinnige?« schrie Sir Francis. »Wo bleibt Dorrie?«

»Miss Machin schläft. Wie ich höre, Sire, haben Sie unsere Begleiterin in den Rang einer Erzherzogin erhoben und ihr gesagt, daß ich nicht der wahre Erbe Eurer Majestät bin.«

Sir Francis lachte. »Komische Sache«, krächzte er schließlich. »Wenn ich noch einmal Zeit hätte, würde ich mich ein paar Jahre mit dem zweiten Gesicht beschäftigen. Höchste Zeit, daß sich jemand darum kümmert, wie? Nehmen Sie die Pinne, Pibble, passen Sie auf, daß Sie uns nicht ertränken. Euren Arm, Mylady.«

Es war eine graue, triste Nacht. Unter Pibbles unkundiger Hand wurde das Boot widerspenstig, aber das spielte bei dem geringen Wellengang keine so große Rolle. Die dunkle Küste von Mull schien sich in der Form kaum zu verändern, und sie glitten langsam den langen Trichter hinauf, der mitten ins Herz von Schottland führt. Der Leuchtturm von Garvalloch näherte sich, und bald darauf mußte Sir Francis wiederkommen. Der Gedanke, ihm wieder gegenübertreten zu müssen, war Pibble unangenehm. Aber er kam nicht. Der Fjord wurde schmaler. Die Tide schlug um, die Wellenform änderte sich. Die Nacht zog sich in die Länge. Eine Stunde vor der angegebenen Zeit zurrte er die Pinne fest und ging Dorothy wecken. Rita hockte schlafend auf dem Fußboden, ihren Kopf hatte sie auf den Schoß des Alten gebettet. Die krumme, alte Hand spielte in ihrem glänzenden Haar. Dorothy schnarchte, wurde aber sofort wach, als Pibble sie schüttelte, warf einen verächtlichen Blick auf das ungleiche Liebespaar und folgte ihm hinaus.

»Die Flasche steckt in der Dose, in der der Drachen war«, sagte er.

»Pah.«

»Kann ich mit Ihnen sprechen?«

»Reden Sie nur.«

Er wiederholte alles, was er Sir Francis erzählt hatte. Dabei gab er sich Mühe um jede Einzelheit, weil er nie wieder mit einem Menschen darüber sprechen wollte.

»Und was hat Frank dazu gesagt?« fragte sie, als er fertig war.

»Nichts.«

»Dann muß es ungefähr stimmen. Wenn Sie sich geirrt hätten, wäre er Ihnen schon entsprechend über den Schnabel gefahren. Da, trinken Sie noch einen Schluck, bevor das Zeug weg ist.«

Er trank einen kleinen Schluck und gab ihr die Flasche zurück. Während ihrer Unterhaltung hatte sie etwa sechs Doppelte zu sich genommen.

»Was werden Sie machen?« fragte sie.

»Nichts.«

»Er ist ein Gauner und wird bis zu seinem Tod einer bleiben«, erklärte sie. »Glauben Sie, daß zwischen ihm und Ihrem Vater eine homosexuelle Beziehung bestand?«

»Nein«, antwortete Pibble ungerührt. »Mein Vater muß ihn verehrt haben, und auch Sir Francis dürfte eine Spur von Achtung und Zuneigung gegenüber meinem Vater empfunden haben. Mein Vater hat ihm neunzehnhundertvierzehn die Hälfte eines Goldrings geschenkt, und er trug ihn fünfzig Jahre lang an seiner Uhrkette.«

»Das war es also«, murmelte Dorothy. »Teufel, ich habe Schluckauf. Wissen Sie, was ich glaube? Seine Mutter starb bei seiner Geburt, sein Vater war ein Dickschädel, und wir Frauen waren für ihn immer nur Huren, die er nachts kurz gebrauchte und die ihn tagsüber bedienen mußten. Haben Sie den Film ›Alice im Wunderland‹ gesehen? An einer Stelle muß sie sich auf den Fußboden legen, um einen Blick durch den Torbogen in den Garten zu werfen, in den sie nicht hinein kann, weil sie zu groß ist. Frank wußte, daß er etwas versäumt hatte, was ihm fehlte, und das konnte er nicht ertragen. Ich wette auch, daß ihm der Gedanke keine Ruhe ließ, Sie könnten eine Forderung an ihn haben, die er nicht begleichen könnte. Ich kenne doch Frank.«

»Er hat meinen Vater am Ende bezahlt.«

»Damit hat er nur die finanzielle Seite geregelt. Verzeihung. Die andere Seite hat ihm sein Leben lang zugesetzt wie eine Beule im Nacken, an der man dauernd herumtastet.«

»Ich habe den Eindruck«, erklärte Pibble, »daß er die Ideen der Bruderschaft sehr viel ernster nahm, als er nach Clumsey Island kam. Er sagte mir, er habe den Jargon einmal gut beherrscht.«

»Was zum Teufel hat das damit zu tun?«

»Ich glaube, er wollte zunächst den Reportern und den Steuern entgehen, und beides ist ihm gelungen. Aber die Brüder auf der Insel vertraten in ihrer verrückten Übertreibung etwa dieselben Ideen wie mein Vater. Er war ein bißchen weltfremd und bestimmt ein guter Mensch. Diese Leute waren außerordentlich weltfremd und gaben sich extrem tugendhaft. Sie sprachen vorhin von Alices Tor – vielleicht kamen ihm gerade die Übertreibungen der Tugenden wie ein großes Tor vor, das selbst für jemanden von Sir Francis' Wuchs groß genug war.«

»Bei dem alten Gauner weiß man nie«, sagte Dorothy. »Aber er ist nicht lange heilig geblieben. Er sagte ganz offen, daß er

alles für Quatsch hält. Als ihm der alte Professor den Zeitungsausschnitt über Sie schickte, begann ihn die Beule wieder zu juk-
ken, und er konnte nicht widerstehen: Er tastete daran herum.
Aber er hatte immer noch Angst. Er wollte ganz sicher sein, daß
er Ihnen nicht trauen konnte. Er wollte bestätigt bekommen,
daß Sie aus schmutzigen Motiven handeln, und er wollte sich beweisen ... Verzeihung, wo war ich stehengeblieben?«

»Er wollte beweisen, daß es das Tor nie gegeben hat und er
nichts versäumt hatte.«

Überraschenderweise begann Dorothy im Dunkeln zu
schluchzen. Dann fragte sie plötzlich: »Wie weit müssen wir
noch diesen verdammten Fjord hinauffahren?«

Betroffen sah sich Pibble um. Links leuchteten in gleichmäßigen Abständen drei Lichter, rechts zwei weitere, aber dichter
beisammen.

»Wir sollen hier kreuzen, bis er wieder herauskommt«, antwortete er. »Oder können Sie uns in den Hafen von Oban
steuern? Da drüben liegt er.«

»Unmöglich«, knurrte sie.

So kreuzten sie eine Stunde lang sinnlos im Fjord. Pibble
holte sich die letzte Brotkante aus der Kabine und kaute darauf
herum. Dann ertönte vorn am Bug ein heiserer Schrei, ähnlich
dem Brunstruf einer Wildgans. Wortlos stand Dorothy auf und
half dem boshaften Genie über die Netze hinweg zur Ruderpinne. Sir Francis sah sich schnaubend um, nahm Pibble das
Ruder aus der Hand und steuerte das doppelte Licht an.

»Jetzt können Sie wieder Taschendiebe fangen«, fauchte er.

»Ja.«

»Und alles vergessen, wie?«

»Wenn möglich.«

»Selbst ein Einfaltspinsel zeigt manchmal eine Spur Vernunft.«

Während des langen Turns nach Süden wechselten sie kein
weiteres Wort mehr. Mit zwei Wenden gelangten sie in die
schmale Bucht, und Sir Francis bellte nur kurze Kommandos.
Dorothy sang, unterbrochen von ihrem Schluckauf, ›Smoke
Gets in Your Eyes‹. Sie hatte einen recht hübschen Tenor.

Am Kai strahlten Lichter, Stimmen klangen durcheinander.

Zwei Motorboote setzten sich in Bewegung. Ein Suchscheinwerfer flammte auf. Pibble entdeckte die Ambulanz und einen Schwarm Journalisten, Filmkameras und weitere grelle Lichter.

»Ahoi!« dröhnte ein Lautsprecher von dem größeren Boot. »Ist Sir Francis Francis an Bord?«

»Ja«, schrie Pibble.

Das andere Boot umkreiste sie wie ein Jagdhund. Im Bug stand ein Kamerateam.

»Hauptsegel 'runter, Sie Trottel«, rief Sir Francis.

Pibble löste die Winde. Das Segel kam klatschend herunter. Er raffte es mühsam zusammen. Mit genau berechneter Geschwindigkeit glitt das Boot auf die Kaimauer zu. Ein Dutzend Reporter wartete, um das Boot zu entern. Pibble raffte seinen letzten Rest von Autorität zusammen.

»Bleibt alle drüben!« schrie er. »Wir kommen an Land!«

Es gab einen dumpfen Stoß, der Dorothy beinahe über Bord warf, aber sie konnte sich gerade noch festhalten und schleuderte ein Tau mitten in die Menge hinein. Es traf einen Mann mit Mikrofon genau im Gesicht. Irgend jemand machte es fest. Sir Francis zeigte schreiend mit seinem Spazierstock auf ein zweites Tau im Heck, und Pibble warf es ebenfalls hinüber. Es straffte sich mit ein paar Rucken.

Es dauerte zwei Minuten, bis Sir Francis über die vier rostigen Leitersprossen auf die rutschigen Steine hinuntergeklettert war. Dann drehte er sich um und brüllte: »Sie da! Pibble! Holen Sie mein Paket!«

Es lag auf dem Schränkchen in der Kabine. Pibble hob es auf und rüttelte Rita an der Schulter. Sie schlug die Augen auf und zuckte vor seiner Berührung zurück.

»Wir sind da«, knurrte er mürrisch.

Mit hocherhobenem Haupt und ohne ein Wort des Dankes stolzierte sie über die Netze hinweg die Leiter hinab. Im ersten Augenblick betrachtete sie verwirrt die Menschenmenge, aber dann stellte sie sich neben die alte Vogelscheuche und drängte sich eng an sie. Blitzlichter flammten auf, aber Rita lächelte nur mild wie eine ferne Märchengestalt. Sir Francis drückte sie grinsend an sich und beantwortete betont grob die Fragen, mit denen der ›Abschaum der Erde‹ ihn bombardierte.

Pibble betrachtete die Szene vom oberen Ende der Leiter aus und drehte das Paket zwischen seinen Händen hin und her. Wenn er es jetzt, wo ihn niemand beobachtete, ins Hafenwasser fallen ließ, würde das Salzwasser innerhalb von Minuten all das verspritzte Gift auslöschen, und nur Sir Francis allein würde wissen, daß es kein Unfall war, so wie er, Pibble, als einziger wußte, was seinem Vater zugestoßen war. Das wäre sicherlich die gerechte Strafe.

Aber da legte sich ungeschickt und liebevoll ein Arm um seine Schulter. Dorothy lehnte sich, nach Knoblauch und Whisky duftend, an ihn und hob zum Toast die leere Flasche. »Verdammt noch mal, keiner weiß, wer der wirkliche Held ist, wie?« schrie sie.

Ein paar Köpfe drehten sich herum. Eine Frage wurde gestellt. Pibble löste sich von Dorothy und klemmte sich das Manuskript unter den Arm. Sir Francis' heisere Stimme krächzte so unmelodisch wie die eines liebestollen Fasans.

» . . . und dann hätte er uns um ein Haar alle versenkt. Ich kannte schon seinen Vater – der war genauso ein Klugscheißer.«

ENDE